新时代创新驱动研究书系

四川省软科学研究计划重点项目"四川省系统推进全面创新改革的可持续金融对接机制研究",
项目编号：2017ZR0013；
四川省软科学研究计划一般项目"创新驱动四川省县域经济高质量发展的金融支持研究",
项目编号：2019JDR0039；
成都市软科学研究项目"成都系统推进全面创新改革的金融支持研究",
项目编号：2016-RK00-00153-ZF

经济高质量发展背景下

西部欠发达地区创新金融支持研究

王玉峰　李　松／著

西南财经大学出版社

中国·成都

图书在版编目(CIP)数据

经济高质量发展背景下西部欠发达地区创新金融支持研究/王玉峰,李松
著.—成都:西南财经大学出版社,2022.4
ISBN 978-7-5504-5261-9

Ⅰ.①经…　Ⅱ.①王…②李…　Ⅲ.①不发达地区—区域经济发展—金融
支持—研究—中国　Ⅳ.①F127②F832.7

中国版本图书馆 CIP 数据核字(2022)第 016051 号

经济高质量发展背景下西部欠发达地区创新金融支持研究

JINGJI GAO ZHILIANG FAZHAN BEIJING XIA XIBU QIAN FADA DIQU CHUANGXIN JINRONG ZHICHI YANJIU

王玉峰　李松　著

责任编辑:王利
责任校对:植苗
封面设计:墨创文化
责任印制:朱曼丽

出版发行	西南财经大学出版社(四川省成都市光华村街55号)
网　址	http://cbs.swufe.edu.cn
电子邮件	bookcj@swufe.edu.cn
邮政编码	610074
电　话	028-87353785
照　排	四川胜翔数码印务设计有限公司
印　刷	郫县犀浦印刷厂
成品尺寸	170mm×240mm
印　张	14.25
字　数	275 千字
版　次	2022 年 4 月第 1 版
印　次	2022 年 4 月第 1 次印刷
书　号	ISBN 978-7-5504-5261-9
定　价	78.00 元

前　言

　　党的十九大报告指出，我国经济已由高速增长阶段转向高质量发展阶段。高质量发展是更好地满足人民日益增长的美好生活需要的必然要求，是应对国际环境不稳定性不确定性的根本出路。当前，我国经济发展正处在转变发展方式、优化经济结构、转换增长动力的攻关期，实现经济高质量发展就必须坚持把创新、协调、绿色、开放、共享的新发展理念作为基本遵循，充分发挥好西部地区在我国构建国际国内"双循环"新发展格局中的战略性优势，加快形成西部大开发新格局，尽快实现经济发展质量变革、效率变革、动力变革，推动西部地区经济高质量发展。

　　金融是经济发展的血液，是现代经济的核心。习近平总书记曾强调："金融活，经济活；金融稳，经济稳；经济兴，金融兴；经济强，金融强。"加快西部地区金融业创新，积极融入高质量发展大局是金融行业发展的职责所在、命运所系。相对于我国东部沿海地区而言，西部欠发达地区的经济发展水平以及金融发展水平均与之存在较大差距。而且，随着近年来我国经济的迅速进步和金融体系的快速发展，金融发展的区域性特征也逐渐显现，金融资源配置不均衡的状况日益明显。因此，我们需要根据西部欠发达地区经济金融基础、高质量发展需求，系统地研究金融发展促进西部经济高质量发展的短板、发展思路和实现路径。

　　西部大开发战略从提出至今，西部地区经济总量增长近11.1倍，高于全国平均水平，但西部地区的人均地区产值与人均可支配收入仍然落后于全国整体发展水平。随着我国要素市场化配置改革向纵深推进，我们需要系统思考进入经济高质量发展阶段，西部欠发达地区经济高质量发展水平如何，制约西部欠发达地区经济高质量发展的因素是什么，金融支持西部地区经济高质量发展的实际效果如何，如何创新金融工具、优化政策和机制，以及如何防范可能的地方财政和金融风险。为了解决上述问题，本书围绕"经济高质量发展背景下西部欠发达地区创新金融支持研究"这一主题展开相应研究。

二

探索经济高质量发展背景下西部欠发达地区创新金融支持，首先要对西部欠发达地区的经济高质量发展现状有充分的认识。本书通过文献和理论研究，选择从经济增长、创新、协调、绿色、开放、共享六个方面运用因子分析法，以省（自治区、直辖市）为单位，对全国 31 个省份（不含我国港、澳、台地区）进行经济高质量发展水平的综合评价，并进行区域比较。结果显示：我国省域经济高质量发展水平呈现东、中、西部逐级递减趋势，与进入经济高质量发展之前，各地区的发展水平大体一致。而西部地区仅重庆、四川、陕西的经济高质量发展水平相对较高，但仍落后于东部地区。

为了进一步研判金融体系对西部欠发达地区经济高质量发展的支持作用，我们运用金融功能观构建理论框架，研究西部欠发达地区经济高质量发展的实现路径以及创新金融支持机理。首先，详细阐述了金融发展支持经济发展的一般机制和金融支持西部地区经济高质量发展的促进机制。其次，分别就金融对西部地区创新发展、协调发展、绿色发展、开放发展、共享发展的影响进行理论支持和实证研究。研究发现：金融创新对西部欠发达地区经济的发展有显著正向作用，并且创新在金融支持西部欠发达地区经济高质量发展过程中存在明显的中介效应；在协调发展方面，采用固定效应模型及系统 GMM（高斯混合模型）估计发现，金融规模、金融结构与金融效率对区域经济协调发展有显著的正向影响，提高了西部地区经济区域协调发展程度；在绿色发展方面，西部欠发达地区的绿色金融发展水平较低，部分地区波动较大，绿色金融发展水平逐年降低，且相互之间的空间自相关性较弱；在金融支持经济高质量发展中，金融规模以及金融结构的变化对西部地区对外贸易开放规模整体没有显著影响，但是金融规模上升显著提升了西部欠发达地区对外贸易开放的质量，直接融资占比提升将会提高西部欠发达地区对国外直接投资的吸引力，而区域金融规模以及金融机构均对本地企业对国外的直接投资没有显著影响；在共享发展方面，数字普惠金融能显著促进西部欠发达地区的共享发展水平，提高西部欠发达地区居民的共享能力，主要体现为对西部欠发达地区的经济共享、文化共享以及社会共享发展水平具有显著的积极影响。最后，本书对西部欠发达地区财政与金融风险进行研究。研究发现：西部欠发达地区大部分省份的财政情况常年处于重度风险区域，金融风险累积程度呈现出显著的地区差异，笔者据此提出了西部地区经济高质量发展进程中财政与金融风险防范策略。

三

沿着上述思路，本书的研究内容为三大部分，共十一章。第一部分包括第一章至第四章为理论基础篇，这一部分是整个研究的逻辑起点，包括文献综述、理论基础。第二部分包括第五章至第九章为金融创新篇，系统研究金融对西部地区五大新发展理念的支持现状、不足与创新政策，这一部分是本研究的核心部分。第三部分包括第十章到第十一章为风险防范篇，这一部分是经济高质量发展背景下，西部欠发达地区的财政风险与金融风险防范研究。具体来说：

第一章为绪论，包括研究背景、研究意义、研究内容及研究创新等。

第二章是经济高质量发展的理论基础与路径分析，分别对金融发展、经济高质量发展进行概念界定；系统地阐述金融发展、经济高质量发展的相关理论，指出西部欠发达地区经济高质量发展可能的实现路径。

第三章为西部欠发达地区经济高质量发展水平评价，本章通过构建反映经济运行效率、创新发展、协调发展、开放发展、绿色发展和共享发展水平的经济高质量发展评价指标体系，实证比较西部地区与全国其他区域在各发展维度上的差异。

第四章分析西部欠发达地区经济高质量发展的创新金融支持机理。本章通过梳理相关理论，分别从资源配置支持、组织效率提升、风险优化等方面提出金融创新支持西部地区经济高质量发展机理。

第五章研究金融支持西部地区科技创新的路径。本章主要从理论与实证的角度分析并检验金融发展对科技创新以及以科技创新作为中介变量的金融发展对经济高质量发展的影响。

第六章研究金融支持西部地区区域协调发展的路径。本章通过抽取全国百强县样本进行协调发展比较，并以四川省183个县级样本为典型对象，从金融规模、金融结构和金融效率三个方面，评价金融发展对西部地区经济协调发展的影响。

第七章研究金融创新支持西部地区绿色发展的路径。本章通过研究金融创新支持经济绿色发展的机理，分省份测度绿色金融创新与绿色发展的时空演化特征，从而找出金融支持西部地区绿色发展的路径。

第八章研究金融支持西部地区高质量开放型经济发展的路径。本章通过研究金融支持开放发展的机理，梳理我国金融支持西部地区开放发展的历程，并实证检验西部地区经济开放进程中的金融支持效果。

第九章研究普惠金融创新支持西部地区农民共同富裕的路径。本章从数字普惠金融角度出发，分析普惠金融发展对西部欠发达地区经济共享发展水平的支持程度，并讨论其作用机制和异质性，以促进农民共同富裕。

第十章是经济高质量发展背景下西部欠发达地区的财政风险防范研究。本章首先对西部欠发达地区财政风险进行风险识别及初步判断，然后构建地方财政风险指标体系，开展地方财政风险的评价和与东部、中部、西部的比较分析，提出高质量发展背景下的财政风险防范对策。

第十一章是经济高质量发展背景下的区域金融风险防范。本章通过对金融风险区域差异的形成机制进行分析，对我国区域金融风险的现状、具体表现和成因进行了研究，提出了区域风险防范策略。

四

党中央、国务院在《关于新时代推进西部大开发形成新格局的指导意见》中指出：新时代继续做好西部大开发工作，对于增强防范化解各类风险能力，促进区域协调发展，决胜全面建成小康社会，开启全面建设社会主义现代化国家新征程，具有重要的现实意义和深远的历史意义。该指导意见从创新、协调、绿色、开放、共享五个方面提出了要求，强调要贯彻新发展理念，推动经济高质量发展。从这个意义上讲，本研究也是在此基础上，将金融纳入分析框架，进一步做深化研究。但由于数据的可获得性问题，本研究的部分实证研究未能完全统一标准、统一方法。这就在一定程度上削弱了本研究的学术价值。但本研究的方法与结论无疑是对实现西部欠发达地区经济高质量发展的有效补充。其创新主要体现在以下几个方面：

（1）针对西部欠发达地区的实际情况，科学判断，规范分析方法，系统地分析了西部欠发达地区的经济高质量发展的实现路径，梳理了西部欠发达地区创新金融对经济高质量发展的促进机制，为后续西部地区经济高质量发展研究提供了系统的理论支持。

（2）科学构建了经济高质量发展水平的评价体系，考虑实际情况，结合经济增长与新发展理念，系统构建评价体系，综合考虑了经济总量与经济质量的结合。

（3）对于五大新发展理念的金融支持方面，本研究创新地从金融规模、金融机构、绿色金融、国内外融资、数字普惠金融等多个角度，更具有针对性地分别分析了金融在其发展中的支持作用，为后续研究提供了分析思路支持。

（4）为进一步提升本研究的科学性、系统性、整体性，本研究进一步分析判断了西部欠发达地区经济高质量发展背景下的金融、财政风险情况，为保证经济高质量发展的可持续提供了对策。

五

本研究成果得到四川省软科学研究计划重点项目"四川省系统推进全面创新改革的可持续金融对接机制研究"（2017ZR0013）、四川省软科学研究计划一般项目"创新驱动四川省县域经济高质量发展的金融支持研究"（2019JDR0039）、成都市软科学研究项目"成都系统推进全面创新改革的金融支持研究"（2016-RK00-00153-ZF）的支持。本研究写作分工如下：王玉峰教授执笔第一章、第三章、第四章、第五章；李松博士执笔第二章、第六章、第八章；张剑副教授执笔第七章；张玲玲博士研究生执笔第九章；刘璐博士执笔第十章；张帮正博士执笔第十一章。王跃博士以及唐琳、何欣林、李婷、徐天等硕士研究生参与了资料收集、数据分析与讨论。最后由王玉峰负责初稿的总纂与最后的定稿。限于笔者水平，书中错误和疏漏在所难免，欢迎广大读者提出宝贵意见。

王玉峰

2022 年 2 月

目　录

1

第二篇　金融创新篇

目　录

第一篇 理论基础篇

第一章
绪论

第一节 研究背景

改革开放以来，经过 40 多年高速发展，中国已成为世界第二大经济体，但传统的高投入、高产出的粗放型经济发展模式势必会造成生产要素浪费、生产效率一般、经济效率不高、区域发展不协调等一系列问题，尤其是区域发展不协调的问题尤为突出。从 20 世纪 70 年代中国区域空间格局的数据来看，中国西部地区今天已发生了较大变化。1949—2019 年中国经济总体上增长了 1 277 倍，西部地区 12 个省份增长了 1 376 倍；改革开放以来，1978—2020 年中国经济总体增长了 276 倍，西部地区增长了 296 倍。西部大开发战略从提出至今，全国整体经济增长 10 倍多，而西部地区增长了近 12.3 倍。但无论是经济发展还是社会发展，总体上呈现出东、中、西部逐级减弱的态势，西部地区也一直被视为欠发达地区。西部地区的人均地区产值与人均可支配收入并没有得到同步提高，落后于全国整体发展水平。人才流失、产业转型、缺乏创新等问题也逐渐成为西部地区谋求进一步发展的障碍，西部经济发展与东部地区的发展差距仍在扩大（林毅夫，2003；洪兴建，2010）。这一现象不禁让人提出疑问：推动西部地区经济发展的主要因素究竟是什么？

党的十九大报告指出，我国经济发展由高速增长阶段转向高质量发展阶段，正处在转变发展方式、优化经济结构、转换增长动力的攻关期。创新是引领发展的第一动力。2020 年，科技进步对我国经济增长的贡献率超过 60%。进入经济高质量发展阶段，科技创新同样被视为经济高质量发展的驱动力，经济要实现质量变革、效率变革、动力变革，最主要应依靠科技进步（王永昌，2019；国家发展改革委经济研究所课题组，2019）。尽管科技进步对我国经济增长的贡献率超过 60%，领先于大多数国家，但与欧美发达国家相比仍有较大差距，美国、德国等发达国家的科技进步贡献率高达 80%。要使创新成为经济高质量发展的动力源泉，就需要加大对创新的支持，提升科技创新产出。科技创新是一个长期的过程，对于一些产业尤其是科技创新需求较高的高新技术产业而言，不仅需要投入大量的人力、物力、财力，同时还要面对各类风险所带来的巨额损失。大多数企业不可能完全依靠自身的财力支撑企业从事科技创新活动，而金融则可以为企业开展科技创新活动提供有力的资金支持。金融作为现代经济发展的核心，能够在市场中发挥资金融通、资源配置、分散风险等重要作用。

因此，在我国正式进入经济高质量发展新阶段及西部大开发战略实施已逾20年的关键节点，本研究聚焦我国西部欠发达地区，探讨金融创新以及经济高质量发展之间的内在联系，试图寻找到未来我国西部地区经济高质量发展的新途径。

第二节　研究意义

已经有很多学者对金融发展与经济增长的关系进行过探讨。随着经济的不断发展，经济增长的内涵已经不只是经济增长的数量，还包括经济发展的质量。但目前的文献多数还局限于讨论经济增长数量，而忽略了经济发展的质量，更少有学者聚焦金融发展与经济发展质量的相互关系研究。这就给本研究提供了一个契机。本研究尝试探讨金融发展与经济发展之间是否存在关联性，并基于新时代经济高质量发展理念入手研究其影响路径，系统探讨经济高质量发展背景下，西部地区经济发展所面临的风险以及风险防范措施。这不仅能充实现有的研究，也能为从事相关研究的学者提供一些参考。

改革开放40多年来，我国经济的平均增速达9.5%。但我国经济的高速发展主要是依靠资本、能源及劳动力等要素的投入，使得经济结构失衡、能源消耗等问题凸显。党的十九大报告指出，经济高质量发展是我国发展经济的根本要求，当前经济发展要以改变要素质量和提高全要素生产率为核心，推动质量变革、效率变革、动力变革。这对我国实施宏观调控、制定发展政策有重要的指导价值。金融发展是支持经济效率提升和结构转型的重要途径，要进一步完善金融市场体系，促进资本市场发展。本研究聚焦我国西部地区，在西部大开发战略实施20周年的关键节点，试图明确西部地区经济高质量发展的关键影响因素，探究经济高质量发展过程中的风险防范机制，理清我国西部地区金融发展与经济高质量发展的内在联系，寻找促进西部地区经济高质量发展的新动力和新途径，对未来西部地区经济高质量发展以及实现经济高质量稳定、健康发展具有重大的实践意义。

第三节　研究内容及基本框架

本研究共分为三部分十一章，第一部分从第一章到第四章为理论基础篇，第二部分从第五章到第九章为金融创新篇；第三部分从第十章到第十一章为风险防范篇。具体研究内容为：

第一章为绪论，包括研究背景、研究意义、研究内容及研究创新等。

第二章是经济高质量发展的理论基础与路径分析，分别对金融发展、经济高质量发展进行概念界定；系统地阐述金融发展、经济高质量发展的相关理论，指出西部欠发达地区经济高质量发展可能的实现路径。

第三章为西部欠发达地区经济高质量发展水平评价，本章通过构建反映经济运行效率、创新发展、协调发展、开放发展、绿色发展和共享发展水平的经济高质量发展评价指标体系，实证比较西部地区与全国其他区域在各发展维度上的差异。

第四章分析西部欠发达地区经济高质量发展的创新金融支持机理。本章通过梳理相关理论，分别从资源配置支持、组织效率提升、风险优化等方面提出金融创新支持西部地区经济高质量发展机理。

第五章研究金融支持西部地区科技创新的路径。本章主要从理论与实证的角度分析并检验金融发展对科技创新以及以科技创新作为中介变量的金融发展对经济高质量发展的影响。

第六章研究金融支持西部地区区域协调发展的路径。本章通过抽取全国百强县样本进行协调发展比较，并以四川省183个县级样本为典型对象，从金融规模、金融结构和金融效率三个方面，评价金融发展对西部地区经济协调发展的影响。

第七章研究金融创新支持西部地区绿色发展的路径。本章通过研究金融创新支持经济绿色发展的机理，分省份测度绿色金融创新与绿色发展的时空演化特征，从而找出金融支持西部地区绿色发展的路径。

第八章研究金融支持西部地区高质量开放型经济发展的路径。本章通过研究金融支持开放发展的机理，梳理我国金融支持西部地区开放发展的历程，并实证检验西部地区经济开放进程中的金融支持效果。

第九章研究普惠金融创新支持西部地区农民共同富裕的路径。本章从数字普惠金融角度出发，分析普惠金融发展对西部欠发达地区经济共享发展水平的支持程度，并讨论其作用机制和异质性，以促进农民共同富裕。

第十章是经济高质量发展背景下西部欠发达地区的财政风险防范研究。本章首先对西部欠发达地区财政风险进行风险识别及初步判断，然后构建地方财政风险指标体系，开展地方财政风险的评价和与东部、中部、西部的比较分析，提出高质量发展背景下的财政风险防范对策。

第十一章是经济高质量发展背景下的区域金融风险防范。本章通过对金融风险区域差异的形成机制进行分析，对我国区域金融风险的现状、具体表现和成因进行了研究，提出了区域风险防范策略。

第四节　研究的主要创新

本研究的主要创新有：

第一，本研究从经济高质量发展五大理念以及西部欠发达地区实际情况出发，对经济高质量发展水平评价的指标选择进行了创新。

第二，本研究基于创新、协调、绿色、开放、共享的五大发展理念，系统地通过理论与实证分析检验了金融对经济不同维度发展的影响，同时将五大维度作为中间机制，检验了金融发展对西部欠发达地区经济高质量发展水平的影响机制。

第三，本研究进一步讨论了经济高质量发展背景下西部欠发达地区面临的财政风险和金融风险，理清了西部欠发达地区财政金融风险的现状及特征，有助于在金融创新支持经济高质量发展进程中有效防范和化解系统性、区域性财政风险和金融风险。

第二章
经济高质量发展的基本理论与路径

第一节　相关概念界定

一、经济高质量发展

党的十九大报告提出，推动经济高质量发展是当今我国经济发展的根本要求。高质量发展意味着更有效率、更公平、更可持续。其中，效率体现的是以相对较少的投入获得相对较大的收益，而创新是影响效率的重要因素，创新可以最大限度地发挥各个要素的投入作用并同时实现收益的最大化。高质量发展是以五大发展理念为引领，以人为核心，实现经济发展质量提升的经济形态，创新是其驱动力，协调是其本质，绿色发展是其根本要求，开放是其重要手段，共享是其发展目的。经济高质量发展就是生产要素投入少、资源配置效率高、环境成本低、经济社会效益好的可持续发展。

二、金融发展

金融发展的概念最早来源于 Goldsmith（戈德史密斯）在 1969 年所写的《金融结构与发展》一书。金融发展从狭义上可以理解为金融结构的演变，其中包括了短期的微变和长期的演化，体现为金融市场交易的发展和金融结构的不断调整，并普遍采用典型指标——金融相关比率来衡量各国的金融发展水平。后来，学者们不断深化金融相关理论，扩充金融发展的内涵和外延，认为金融发展不仅仅体现为金融结构变化，还应该涵盖金融规模的扩大、金融结构的不断优化及金融工具和金融制度的创新。同时，金融功能观出现，开始关注金融系统对社会资源的分配和优化问题，认为无论是金融市场体系还是银行机构作为金融媒介，均旨在通过对金融资源进行优化配置，提高金融资源效用，发挥金融体系功能。综上所述，金融发展绝不是简单地刻画金融总量或者是数量的增长，而是一个具有相对性的动态演变过程，包含金融规模和数量的扩大、金融结构的优化升级、服务效率和质量的提高等。因此，需要从金融规模、金融效率及金融结构等多个角度去考察一个国家或地区的金融发展及其功能发挥情况。

三、科技创新

"创新"这一概念最早出现于经济学家熊彼特在 1912 年提出的经济发展理论中，当时各个国家经济得到迅速发展，但无法通过传统的资本、劳动投入等予以解释。于是，"创新"这个概念应运而生。创新就是在既有条件下通过对资本、劳动等要素进行重新组合，从而创造出新价值。科技创新从投入端来看，除了科研人员的投入外，还需要大量的科研资金及财政资金的投入以及相关政策的扶持，从而保证科技创新活动顺利推进；从产出端来看，科技成果数量、专利授权量、科技成果转化量等也从侧面反映了地区或企业的科技发展水平，这些中间产品被运用于市场，产生高新技术产品收入，从而推动经济高质量发展。本书不仅关注金融发展对科技创新的资金支持，还关注科技创新的产出成果如何被运用于实体经济，从而推动西部地区经济高质量发展的实际成效。

第二节　经济高质量发展的内涵与理论基础

经济高质量发展的核心是质和量的统一，是更充分、更均衡的发展，并在更高水平上实现供给和需求的动态平衡。本研究对其内涵的理解是：

一、宏观层面

高质量发展是指经济稳定增长、区域均衡发展，以创新为动力，以绿色发展为基本要求，以共同富裕为目标，让经济发展成果更多更公平地惠及全体人民。一是增长的稳定性。在推动经济高质量发展的同时，要保持经济增速稳定，不能出现大起大落。二是发展的均衡性。经济高质量发展更加强调在宽广领域的协调发展，要实现国民经济结构关系以及城乡之间、区域之间等多方面的均衡发展。三是社会的公平性。经济高质量发展要坚持以人民为中心的发展思想，坚持发展为了人民、发展依靠人民、发展成果由人民共享，把增进民生福祉、实现共同富裕作为发展的根本目的，促进社会公平正义。四是环境的可持续性。绿色发展理念是经济高质量发展的重要方面，要坚持"绿水青山就是金山银山"的发展理念，实现产业低能耗、低排放、高产出的发展模式，推动碳达峰、碳中和目标与西部地区区域协调发展目标的深度融合。

二、中观层面

经济高质量发展是指产业布局优化、结构合理，产业结构转型升级并显著提升产业发展的效益。一是通过产业结构之间的协调，推动产业组织结构日益优化，一、二、三产业结构合理且不断融合发展。二是产业实现现代化发展。利用现代信息通信技术以及互联网平台，将互联网与传统产业深度融合，有力地推动生产制造模式向数字化、网络化、智能化的智能制造方向变革。三是坚持创新驱动发展理念。创新是引领发展的第一动力，是产业实力的综合反映，也是提升经济竞争力的核心要素，要坚持以创新驱动产业转型升级。四是生产效益不断提升。质量与效益提升是产业转型的重点，要以最小的质量成本产出最大的质量效益，并不断提升经济可持续发展能力。

三、微观层面

经济高质量发展可以使企业的核心竞争力增强，产品质量（层次）提高，国际影响力提升，并不断满足人民日益增长的美好生活需要。对企业来说，一是坚持以创新推动企业发展，在技术创新、制度创新、商业模式创新以及管理创新等方面走在前面；二是产品质量的提升、产品层次的提高，坚持质量为先，不断推出高质量产品，推动产业向价值链的中高端迈进；三是提升国际影响力，顺应消费个性化、多样化发展的大趋势，努力增加高品质商品和服务供给，向具有全球影响力的"中国制造"迈进；四是高质量发展应坚持以人民为中心，实现共同富裕、共享发展，确保收入和财富差距保持在合理范围内，人民能更加公平地分享发展成果，不断满足人民在物质上和精神上的需要。

第三节　西部欠发达地区经济高质量发展的实现路径

经济发展落后是欠发达地区最主要的特征，主要表现为经济规模小、经济效率低、产业结构单一、产业可持续性差。实现经济高质量发展是西部欠发达地区奋力直追甚至实现赶超的内在要求。

一、坚持以创新为驱动力

创新是引领发展的第一动力，是建设现代化经济体系的战略支撑。习近平总书记指出："越是欠发达地区，越需要实施创新驱动发展战略。"要把实施创新驱动战略作为经济高质量发展的第一动力和必由之路，大力推进自主创新、开放创新、特色创新、绿色创新。一是加大创新要素投入。政府在加大创新的财政支持外，应出台政策引导社会资本向创新领域流入，加大创新的资本投入。二是完善人才评价措施及激励机制，在引才、育才、用才上下功夫，聚集科技领军人才和创新团队、高端技术人才、高层次创业人才等多领域的人才，集聚创新人才资源。三是营造良好的创新环境，加强与科技强省的创新联动，加强与国内外科研院所、科技型企业的创新合作，共同打造一批重点实验室、产业技术研究院等创新平台，优化创新环境。四是构建区域创新链，完善以企业为主体、市场为导向、产学研深度融合的技术创新体系，增创高质量发展的新动能新优势。

二、推动产业转型升级

西部欠发达地区经济发展主要应以农业现代化、新型工业化为抓手。长期以来，受地理位置、资源禀赋等影响，西部地区农业生产效率不高，工业结构单一，多以重工业、重污染、高投入为主。要促进西部地区产业结构升级，一是优化生产结构。以创新为驱动，升级产业设备，优化产业结构，提高生产效率，改变传统的高投入高产出模式，促使生产要素流向更具生产效益的领域。二是发展新型产业，推动产业现代化发展。充分利用互联网、人工智能等技术，促进现代化技术与传统工业的深度融合，把发展新型产业作为主要突破口，加快在新能源、生物医药等领域的发展速度，推动数字经济与实体经济进一步融合，促进产业现代化发展，快速培育新的经济增长点。

三、全面深化改革开放

全面深化改革开放是欠发达地区快速发展的重要一环。全面提升对外开放水平，打造开放的市场环境，形成内外联动的发展格局，在深化改革开放中激发欠发达地区的市场活力。一方面要优化营商环境。营商环境就是生产力，优化营商环境就是解放生产力、提升竞争力。要持续深化"放管服"改革，聚焦实体经济和民营经济，利用土地支持、减税降费等优惠政策增强对优质资源的吸引力。另一方面要加强对外交流，坚持"走出去"与"引进来"相结合，强化与长三角、珠三角、京津冀等经济圈的交流与合作，高质量地推动成渝地区双城经济圈发展，主动融入区域经济圈的建设，加快内陆开放型经济试验区的建设。

四、贯彻绿色发展理念

绿色发展是高质量发展的内在要求，也是西部地区的比较优势。在碳达峰、碳中和目标下推动地区高质量发展，必须坚持生态优先、绿色发展，努力实现人与自然的和谐共生。一是革新生产方式。坚决摒弃以往"先污染后治理，边污染边治理"的老思路，坚决放弃传统的高投入高产出高污染的生产方式，升级生产设备，提高生产效率，降低生产的污染排放。二是发展绿色经济。加快推进美丽家园、美丽乡村建设，依托优势资源发展生态农业、旅游观光等"绿色经济"，让生态效益转化为经济效益，让生态优势转化为发展优势，让绿色美丽经济成为人民增收致富的新增长点。三是加强生态文明建设。必须坚持人与自然和谐共生，加快生态资源修复，打造全国生态文明建设先行区，构建西部地区生态安全屏障。

第三章
西部欠发达地区经济高质量发展水平评价

第一节 经济高质量发展的评价指标选取与变量设置

一、指标选取原则

（一）科学性

本研究主要通过对经济、社会发展的相关指标数据的收集和测算，运用因子分析法来测度各地区的经济高质量发展水平。因此，在选取相关指标时，必须紧密围绕经济高质量发展这一核心要求，指标选取要具有科学性，指标测算依据要合理。

（二）全面性

经济高质量发展是综合性的经济发展模式，涉及的内容较多，包括创新发展、协调发展、绿色发展、开放发展和共享发展五个方面，在指标选取时应考虑指标选取的全面性。

（三）可行性

在选取各项指标时，应该考虑到可行性原则。不仅要考虑各项指标的代表性，也要兼顾指标测度的数据可获取性。对于部分缺失值，应根据实际情况采取不同方法进行补充，以降低结果偏误。

二、评价体系构建

以创新、协调、绿色、开放、共享为主的新发展理念，着力解决发展动力、发展不平衡、人与自然和谐共生、内外联动以及社会公平正义等方面的问题，是管全局、管根本、管长远的导向。新发展理念具有战略性、纲领性、引领性作用。新发展理念指明了"十四五"规划时期乃至更长时期我国经济社会的发展思路、发展方向和发展着力点，体现高质量发展的内在要求，是实现高质量发展的必然路径。因此，本研究在考虑西部地区经济运行效率的前提下，以新发展理念为框架构建经济高质量发展评价体系。具体来说，本研究将西部地区经济高质量发展评价体系设置为6个一级指标、10个二级指标、21个三级指标，如表3-1所示。

表3-1 经济高质量评价指标体系

一级指标	二级指标	三级指标	指标说明	指标属性
经济运行效率	经济活力	地区GDP（地区生产总值）实际增长率	基期价格的地区GDP增长速度	正
		TFP（全要素生产率）增长率	全要素生产率增长率	正
	人均发展	最终消费率	最终消费支出/地区GDP	正
		人均可支配收入占比	人均可支配收入/人均地区GDP	正
		工资增长	城镇单位平均工资增长率	正
	经济安全	通货膨胀率	居民消费价格指数变动情况	负
		不良贷款率	商业银行不良贷款率	负
		地方政府负债率	地方政府负债余额/地区GDP	负
创新发展	创新投入	R&D（研究与开发）经费投入	R&D经费内部支出/地区GDP	正
		R&D人员投入	R&D人员数/地区总就业人口	正
	创新产出	技术市场成交额占比	技术市场成交额/地区GDP	正
		专利数量	专利申请数量	正
协调发展	产业协调	第三产业占比	第三产业增加值/地区GDP	正
	城乡协调	城乡居民收入比	城镇人均可支配收入/农村人均可支配收入	负
开放发展	外贸依存度	进出口占比	进出口总额/地区GDP	正
绿色发展	环境治理	生活垃圾处理	生活垃圾无害化处理率	正
		污水处理	污水处理率	正
		省会城市AQI（空气质量指数）	省会城市空气质量指数	正
		省会城市空气质量优良天数占比	省会城市空气质量优良天数/365（366）	正
共享发展	社会发展	失业率	城镇登记失业率	负
		耕地面积占比	耕地面积/行政区划面积	正

第二节　经济高质量发展评价的数据来源与评价方法

一、变量说明与计算方法

（一）经济运行效率

经济运行效率可以从经济活力、人均发展及经济安全三个方面进行衡量。其中经济活力包括地区实际 GDP 增长率、地区 TFP 增长率以及最终消费率。地区实际 GDP 增长率反映的是整体经济增长情况，地区 TFP 增长率反映的是经济效率情况，最终消费率反映的是总体消费情况。人均发展包括人均可支配收入与人均地区 GDP 之比、平均工资实际增长率，两者反映的是居民实际收入及收入增长情况。经济安全包括通货膨胀率、不良贷款率和地方政府负债率。通货膨胀率反映的是整体经济安全性，不良贷款率反映的是金融市场风险情况，地方政府负债率反映的是管理机构的运行效率。

（二）创新发展

创新发展水平可以从创新投入和创新产出两个维度进行测度。创新投入包括 R&D 经费投入占比、R&D 人员投入占比，反映的是研发经费、研发人员的投入情况。创新产出包括技术市场成交额、专利申请量，反映创新投入带来的产出以及创新转化成功的效益。

（三）协调发展

协调发展包括产业发展协调、区域发展协调等多个维度，其中区域发展协调包括城乡发展协调、各层级行政区发展协调甚至经济区发展协调。产业发展协调反映的是地区产业发展协调程度，区域发展协调反映的是各口径下的地区之间的发展均衡情况。

（四）开放发展

开放发展主要通过各地区的外贸依存度来衡量，反映的是各地区的对外贸易发展水平。

（五）绿色发展

绿色发展主要从生活垃圾无害化处理率、污水处理率、省会城市 AQI、省会城市空气质量优良天数占比来衡量。生活垃圾无害化处理率反映的是生活垃圾处理效率，污水处理率反映的是生活污水的处理效率，省会城市 AQI、省会城市空气质量优良天数占比则反映的是居民生活环境的情况。

（六）共享发展

共享发展包括失业率、耕地面积占比。失业率、耕地面积占比反映的是所有居民的生活保障情况。

二、评价方法

本研究采用因子分析法对我国省级经济高质量发展水平进行测度。为消除量纲差异的影响，首先对原始指标进行标准化处理：对于正向指标采用 Z-Score 方法标准化；对于负向指标，则先取负数予以正向化，再采用 Z-Score 方法标准化。随后，基于标准化数据建立因子模型，利用主成分方法提取公因子并估计因子载荷矩阵。根据平行分析法选择因子个数，提取出公因子，并进一步采用方差最大正交旋转法进行因子旋转，最后根据各公因子的方差贡献率计算各省份历年经济高质量发展水平综合得分。

本研究主要研究对象为西部地区各省份，但为与其他地区形成比较，明确相互之间的差距，本研究中将东、中部地区各省份同样纳入经济高质量发展水平测度范围中，也就是说，为了统一指标统计量纲以及更好地对各区域进行横向比较，本研究中经济高质量发展水平的测度对象为我国除香港地区、澳门地区、台湾地区以外的 31 个省份。测度年份为 2014—2018 年，相关数据来源于历年《中国统计年鉴》《中国金融统计年鉴》《中国财政年鉴》《中国环境统计年鉴》以及各省份统计年鉴、WIND 数据库及网页关键词搜索。同时，部分缺失值根据近年平均增速，利用线性插值法进行补充完善。

第三节　西部欠发达地区经济高质量发展水平评价结果

表 3-2 为根据 2014—2018 年相关数据，利用因子分析法所测度的我国 31 个省份 2014—2018 年历年经济高质量发展水平综合得分情况。

表 3-2　2014—2018 年 31 个省份经济高质量发展水平综合得分

省份	区域	2014 年	2015 年	2016 年	2017 年	2018 年	平均得分
北京	东部	1.47	0.82	0.92	1.09	1.67	1.19
天津	东部	0.23	0.21	0.63	0.35	0.16	0.32
河北	东部	0.11	−0.11	0.20	0.26	−0.18	0.06
辽宁	东部	−0.21	−0.07	−0.28	0.11	−0.20	−0.13
上海	东部	0.88	0.76	0.58	−0.49	1.09	0.56
江苏	东部	0.46	0.31	0.66	−0.19	0.60	0.37
浙江	东部	0.21	0.38	0.51	−0.20	0.60	0.30
福建	东部	−0.37	0.08	0.04	−0.31	0.10	−0.02
山东	东部	0.20	0.16	0.71	0.57	0.19	0.36

表3-2（续）

省份	区域	2014 年	2015 年	2016 年	2017 年	2018 年	平均得分
广东	东部	0.40	0.46	0.48	0.55	0.92	0.57
海南	东部	-0.12	0.08	-0.46	0.44	-0.23	-0.22
山西	中部	-0.30	-0.05	-0.24	0.26	-0.24	-0.19
吉林	中部	-0.42	-0.21	0.02	-0.04	-0.32	-0.21
黑龙江	中部	-0.29	0.04	-0.26	-0.09	-0.41	-0.24
安徽	中部	0.37	0.12	0.14	0.48	0.17	0.20
江西	中部	-0.09	0.10	-0.11	0.32	-0.07	-0.06
河南	中部	0.13	-0.13	0.25	0.19	-0.07	0.08
湖北	中部	-0.01	-0.09	0.17	-0.08	0.09	0.07
湖南	中部	0.04	-0.04	0.00	0.53	-0.08	-0.04
内蒙古	西部	-0.91	-0.51	-0.21	-0.19	-0.53	-0.49
广西	西部	-0.11	-0.05	-0.27	-0.27	-0.14	-0.17
重庆	西部	0.33	0.18	0.16	0.08	0.08	0.17
四川	西部	0.04	-0.06	0.01	-0.05	-0.04	-0.02
贵州	西部	0.24	-0.10	-0.38	-0.51	-0.35	-0.22
云南	西部	0.08	-0.10	-0.45	-0.34	-0.34	-0.23
西藏	西部	-1.13	-0.09	-1.22	-0.99	-0.81	-0.89
陕西	西部	-0.09	-0.33	0.13	0.15	0.04	-0.02
甘肃	西部	0.07	-0.32	-0.44	-0.29	-0.40	-0.28
青海	西部	-0.71	-0.76	-0.63	-0.64	-0.58	-0.67
宁夏	西部	-0.27	-0.34	-0.23	-0.32	-0.45	-0.32
新疆	西部	-0.26	-0.36	-0.44	-0.37	-0.30	-0.35

一、区域总体分析

根据上述测度结果，本研究首先根据东、中、西部地区的区域划分，分别计算东、中、西部地区 2014—2018 年经济高质量发展水平综合得分，对我国 2014—2018 年区域经济高质量发展水平进行比较。东、中、西部地区 2014—2018 年各年经济高质量发展水平综合得分及近年来变化趋势如表 3-3 和图 3-1 所示。

表 3-3 2014—2018 年全国东、中、西部区域经济高质量发展水平综合得分

地区	2014 年	2015 年	2016 年	2017 年	2018 年	平均得分
东部	0.30	0.28	0.36	0.20	0.43	0.31
中部	−0.07	−0.03	0.00	0.20	−0.12	−0.01
西部	−0.23	−0.24	−0.33	−0.31	−0.32	−0.28

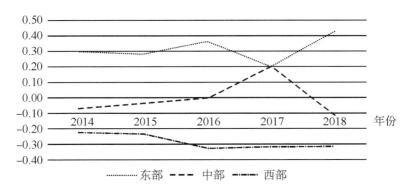

图 3-1 2014—2018 年全国东、中、西部区域经济高质量发展水平综合得分趋势

从区域经济高质量发展水平综合得分来看，东、中、西部地区经济高质量发展水平差距明显，呈现出东部>中部>西部阶梯分布的区域发展不协调特征，东部地区 2014—2018 年经济高质量发展水平平均得分为 0.31，中部地区2014—2018 年经济高质量发展水平平均得分为−0.01，西部地区 2014—2018年经济高质量发展水平平均得分为−0.28。从区域高质量发展水平得分趋势来看，东部地区自 2014 年开始，呈现出逐年上升的态势，中部地区自 2016 年开始呈现出下降的趋势，与东部地区的差距逐渐拉大，而西部地区三年来一直处于一个平稳的态势，波动幅度较小。这主要是由于东部地区地理位置优越，经济基础较好，基础设施建设、福利保障措施等也都比较完善，因此吸引了大量的优秀人才和企业集聚于此，这反过来又进一步推动了该地区的发展。中部地区虽然与东部地区经济高质量发展水平差距明显，但近年来中部地区快速发展，与东部地区经济联系密切，经济高质量发展水平基本处于全国平均经济高质量发展水平上。

西部地区则由于发展较晚，经济高质量发展水平一直落后于其他地区。西部大开发战略实施近 20 年来，西部地区经济增速高于全国平均水平，经济总量增长近 12.3 倍。但经济高速增长并没有显著提升西部地区发展水平（彭曦 等，2016），西部地区仍面临着市场经济体制不完善、经济结构不合理、环境污染严重、资源利用率低等问题（林建华，2019）。具体来说，首先，西部地区经济发展模式仍主要以投资带动经济增长为主，并且投资效率低。2018 年，西部地区固定投资总额占全国的 27%，而西部地区 GDP 增加值仅占

全国的20%。中央和地方政府对西部地区固定资产投入力度加大,虽能一定程度提升西部地区经济总量,但由于缺乏体制机制、人才引进及教育科技创新等一系列软投入,阻碍了效率的提高(温涛,2019)。其次,创新产出较低,经济增长缺乏动力。2018年,西部地区研发资金投入占全国的23%,研发人员投入占全国的27%,但专利申请量仅占全国的12%,远远落后于东、中部地区。创新一直被视为经济高质量发展的驱动力,而西部地区受限于经济发展落后、基础设施薄弱、人力资源流失严重等,创新产出能力较低,致使创新对经济高质量发展的驱动不足。再次,西部地区产业结构落后,缺乏竞争力。当前,西部地区仍主要以第二产业为主导,主要是高消耗、高污染的工业产业,再加上近年来承接了许多东、中部地区淘汰的产业,西部地区的众多产业都处于产业链的最底端,导致西部地区产业竞争力不足、新型产业发展滞后、主导产业弱等问题,对经济高质量发展的推动作用较小,同时还会导致资源消耗巨大、环境污染严重等一系列负面影响。最后,西部地区的收入分配不合理,制约了消费对经济发展的拉动作用。2018年,西部人均地区GDP为48 556元,仅为东部人均地区GDP的55%。同时,城乡差距也较为明显,西部地区城镇居民人均可支配收入大约是农村居民人均可支配收入的3倍。西部地区居民人均收入较低,致使西部地区居民需求不足、消费水平偏低,对地区经济发展的拉动作用也较小。

二、区域内部发展分析

从各个省级行政区的经济高质量发展水平综合平均得分来看,北京、上海、广东、江苏、浙江这五个地方居于全国前五,其中北京位居第一。北京是我国的政治、文化中心,上海是我国的经济中心,广东则是我国改革开放的先行地,江苏、浙江也是我国的经济强省,这五个地方在经济基础、社会发展、体制机制、基础设施、人力资源、地理位置等影响经济高质量发展的众多因素上都较其他地区具有更大的优势,其经济高质量发展水平也自然高于其他地区。天津、山东、河北等地方也紧随其后,其经济高质量发展水平也相对较高。辽宁、海南则属于东部地区经济高质量发展水平较为落后的地区,主要原因是辽宁作为我国的重工业基地,早些年其经济发展情况相对较好,但经济转型及人才流失严重等原因,制约了其发展。而海南则主要是起步较晚、经济相对独立等原因,导致经济高质量发展水平落后,但随着海南自由贸易港的设立,其战略地位得到进一步提升,区域发展前景逐步凸显。

中部地区各区域发展的内部差异同样明显。从经济高质量发展水平综合得分的平均值来看,除安徽、河南、湖北外,其他地方的得分都为负数。安徽毗邻浙江、江苏,能依靠其位置优势,与江苏、浙江等经济强省密切联系,进而推动自身经济高质量发展。河南则是我国的农业大省、人口大省,发展基础和潜力居于中部地区前列。湖北是中部地区交通优势明显的省份，其省会城市武汉具有"九省通衢"的优势，与周围地区密切联系，对全省的发展有一定带动作用。吉林、黑龙江同为东北地区的省份，也面临着同辽宁一样的发展困境。山西早期则是依靠煤炭等资源出口来推动发展，但随着发展理念的转变，山西也正处于发展转型的困难期。

　　对于西部地区来说，总体经济高质量发展水平相对落后。西部地区内部各省份的发展情况也严重失衡。首先，五个民族自治区的发展相对较晚，加之发展面临结构调整、社会转型、文化融合等多种因素制约，区域发展水平相对较低。其中，广西在五个自治区中发展水平相对较好，其利用毗邻广东、地处沿海以及边境省份等优势，与周边国家、地区经济往来密切，有效带动了自治区发展。内蒙古、新疆、西藏三个地区是我国行政面积较大的自治区，但发展的要素资源约束明显，表现在：地理环境较偏远，多以沙漠、戈壁、高山为主；交通运输不便，新疆、内蒙古在近年来才开通跨省动车，西藏则仍以普通火车为主；人力资源缺乏，人口密度一直居于我国各省份后位，劳动力供给较少。宁夏、甘肃和青海也面临着基础设施差、自然环境恶劣、人力资源缺乏等制约，将区域特色产业转化为高质量发展的动力还不足。陕西是西北地区发展最好的省份，其经济高质量发展水平综合得分的平均值居于西部第二，交通运输便利、教育科技资源较好，全省拥有 8 所"双一流"高校，与四川共居西部第一、全国第四，全省的人才引进大于人才流失，其科技创新水平也居于前列。地处西南的贵州省在"十三五"规划期间是我国脱贫攻坚任务最重的省份之一，随着与全国同步实现小康，经济高水平发展有了起色，但如何实现高质量发展还面临诸多约束。云南是我国少数民族最多的省份，主要依靠旅游业、烟草业等产业，产业结构发展不均衡状况还较突出。

　　四川、重庆是整个西部地区经济高质量发展水平较高的地区。从评价结果来看，重庆的经济高质量发展水平综合得分平均值居于西部第一，四川为西部第三，这与两个省（直辖市）的区位优势、发展定位是分不开的。四川是西部地区的经济大省，重庆则是西部地区唯一的直辖市，具有长江上游和西部大门的独特地理位置优势，在社会发展、经济基础、交通设施、地理位置等方面都领先于西部其他地区。同时，目前国家大力推动成渝地区双城经济圈发展战略，这一战略近期可以追溯到 2011 年国家提出的成渝经济区战略，明确要努力把成渝经济区建设成为西部地区重要的经济中心、全国重要的现代产业基地、深化内陆开放的试验区、统筹城乡发展的示范区和长江上游生态安全的保障区，在带动西部地区发展和促进全国区域协调发展中发挥更重要的作用。2016 年，国家进一步提出培育发展成渝城市群，发挥其沟通西南西北、连接国内国外的独特优势，推动"一带一路"和长江经济带战略契合互动，加快中西部地区发展、拓展全国经济增长新空间，以保障国土安全、优化国土布局。随着多项相关政策的颁布和实施，川渝地区迎来了重大的发展机遇，各个方面的发展水平都获得大幅提升，相关研究也认为成渝地区已基本实现经济一体化发展，已形成以成都、重庆为核心，带动周边城市网络化协同发展的格局（曹炜威，2016；尹虹潘，2019），同时，成渝地区经济发展与周边地区经济发展也存在明显的空间相关性（李秀萍，2011）。随着我国正式进入经济高质量发展阶段，成渝地区的重要性进一步凸显。2020年，中央正式提出推动成渝地区双城经济圈建设，突出重庆、成都两个中心城市的协同带动作用，注重体现区域优势和特色，使成渝地区成为具有全国影响力的重要经济中心、科技创新中心、改革开放新高地、高品质生活宜居地，打造带动全国高质量发展的重要增长极和新的动力源。但就当前情况来看，在全国范围内，四川、重庆的发展水平仍处于中游位置，与北京、上海、广东等地区的差距还十分明显。成渝双城经济圈相较于其他三大城市群来说，无论是自身发展水平，还是对周边地区的辐射带动作用都还相对较弱。要使成渝地区双城经济圈成为西部乃至全国经济高质量发展增长极之一，现阶段川渝两地就要充分利用政策优势、地理优势、交通优势等发展条件，不断完善地区经济结构、推动产业升级、引进各类人才、促进科技创新，早日成为全国重要经济中心、科技创新中心、改革开放新高地、高品质生活宜居地，进而进一步带动其他地区的经济高质量发展。

三、西部地区经济高质量发展的影响因素

为继续明确各类指标对经济高质量发展的影响程度，在考虑数据的完整性、准确性的前提下，本研究以2017年全国各省份的相关数据，基于因子分析法提取公因子，来具体分析各类指标对地区经济高质量发展的推动作用。

我们根据因子分析法，对相关数据进行预处理后，采用主成分分析法确定权重，将上述标准数据利用统计软件进行主成分分析，得到主成分分析的总方差分解表，如表3-4所示。

表3-4　总方差分解表

成分	初始特征值			提取平方和载入			旋转平方和载入		
	合计	方差/%	累积贡献率/%	合计	方差/%	累积贡献率/%	合计	方差/%	累积贡献率/%
1	5.989	28.519	28.519	5.989	28.519	28.519	4.473	21.298	21.298
2	3.680	17.525	46.044	3.680	17.525	46.044	3.400	16.190	37.488
3	2.394	11.402	57.445	2.394	11.402	57.445	2.720	12.952	50.439
4	1.926	9.172	66.617	1.926	9.172	66.617	2.269	10.806	61.245

表3-4(续)

成分	初始特征值			提取平方和载入			旋转平方和载入		
	合计	方差/%	累积贡献率/%	合计	方差/%	累积贡献率/%	合计	方差/%	累积贡献率/%
5	1.423	6.776	73.393	1.423	6.776	73.393	2.208	10.513	71.759
6	1.248	5.942	79.336	1.248	5.942	79.336	1.591	7.577	79.336
7	0.883	4.206	83.541						
8	0.650	3.097	86.638						
9	0.637	3.036	89.674						
10	0.569	2.708	92.381						
11	0.518	2.467	94.849						
12	0.330	1.572	96.421						
13	0.207	0.986	97.407						
14	0.178	0.850	98.257						
15	0.114	0.541	98.797						
16	0.099	0.473	99.270						
17	0.070	0.332	99.602						
18	0.049	0.234	99.836						
19	0.018	0.087	99.923						
20	0.010	0.050	99.973						
21	0.006	0.027	100.000						

由表3-4可以看出，共有六个因子的特征值大于1，方差的累积贡献率约达到80%，表明其可以反映原有信息的80%。因此选择前六个因子已经足以反映出经济高质量的总体水平。将这六个公因子作为评价经济高质量发展水平的综合变量，提取前六个因子特征值，计算相应各个指标因子在主成分中的载荷。其旋转后的因子载荷矩阵如表3-5所示。

表3-5　旋转后的因子载荷矩阵

变量	成分					
	1	2	3	4	5	6
地区GDP实际增长率	0.224	0.392	-0.141	-0.390	0.511	-0.256
地区TFP增长率	0.278	0.107	-0.326	0.379	0.443	0.457
第三产业占比	0.603	0.423	0.412	0.232	-0.304	0.150
通货膨胀率	0.720	0.029	-0.174	0.026	-0.209	0.381
最终消费率	-0.430	0.573	0.262	0.468	0.121	0.182

表3-5（续）

变量	成分					
	1	2	3	4	5	6
进出口占比	0.818	0.268	0.171	−0.194	−0.131	0.158
失业率	0.210	0.504	0.358	−0.014	0.408	−0.204
工资增长	0.011	−0.384	0.462	−0.153	0.501	−0.011
不良贷款率	0.428	0.666	−0.152	−0.053	0.292	−0.070
地方政府负债率	0.641	0.136	−0.523	0.199	0.216	0.044
人均可支配收入占比	−0.335	−0.025	0.485	0.198	0.256	0.616
城乡居民收入比	0.585	−0.224	−0.419	−0.194	−0.125	0.109
R&D 经费投入	0.926	0.084	0.263	0.040	−0.070	−0.033
R&D 人员投入	0.904	0.101	0.140	0.021	−0.159	−0.085
技术市场成交额占比	0.577	0.254	0.537	0.300	−0.129	−0.247
专利数量	0.640	0.059	−0.122	−0.356	0.208	−0.001
耕地面积占比	0.407	−0.544	−0.338	−0.009	0.110	0.238
生活垃圾处理	0.314	−0.666	0.483	−0.278	0.137	0.053
污水处理率	0.336	−0.743	0.412	−0.251	0.067	0.104
省会城市空气质量优良天数占比	0.309	−0.539	−0.071	0.666	0.113	−0.322
省会城市 AQI	−0.378	0.594	0.088	−0.611	−0.170	0.255

　　表 3-5 为根据因子分析法得到的旋转后的因子载荷矩阵，共提取六个公因子。从表 3-5 中可以看出，第一公因子对进出口占比、R&D 经费占比、R&D 人员占比、技术市场成交额占比及专利数量有较大的负荷系数，主要反映了外贸、创新的影响力，因此可称之为外贸与创新因子，记为 F1；第二公因子中不良贷款率、失业率、最终消费率、第三产业占比的负荷系数较大，不良贷款率、失业率反映的是风险防范水平，最终消费率、第三产业占比反映的是消费水平，故这一公因子可称之为风险防范与消费因子，记为 F2；第三公因子中工资增长、人均可支配收入占比、生活垃圾无害化处理率、污水处理率的负荷系数较大，工资增长、人均可支配收入占比反映的是人均收入方面福利水平，生活垃圾无害化处理率、污水处理率反映的是环境方面福利水平，故可称之为福利因子，记为 F3；第四公因子中省会城市 AQI 的负荷系数较大，反映的是居民生活环境的优劣，可称之为绿色因子，记为 F4；第五公因子中地区 GDP 实际增长率、地区 TFP 增长率的负荷系数较大，反映的是经济增长水平，可称之为经济增长因子，记为 F5；第六公因子中通货膨胀率的负荷系数较大，反映的是经济稳定水平，可称之为稳定因子，记为 F6。表3-6 为全国各省份各项公因子得分情况。

表 3-6　全国各省份各项公因子得分表

省份	区域	F1	F2	F3	F4	F5	F6
北京	东部	4.242 89	-1.383 39	0.141 02	0.877 80	0.967 26	-0.442 83
天津	东部	0.850 27	1.446 61	-0.641 72	0.896 75	-0.780 05	-0.938 60
河北	东部	-0.859 40	0.262 08	0.868 92	1.716 45	0.140 99	0.487 96
辽宁	东部	0.779 72	-0.297 86	0.074 63	-0.385 82	-3.160 53	1.206 95
上海	东部	1.985 17	0.510 47	0.026 80	-0.910 41	-0.136 18	0.739 59
江苏	东部	0.237 93	1.619 92	0.046 03	-0.065 09	1.189 84	-0.023 50
浙江	东部	0.552 62	0.821 22	0.449 01	-0.630 13	0.722 21	0.434 58
福建	东部	-0.194 21	1.444 80	-0.258 89	-1.388 76	0.033 57	-0.532 96
山东	东部	0.179 76	1.314 98	-0.050 85	1.204 85	-0.294 68	0.459 82
广东	东部	0.803 10	0.886 53	0.366 34	-1.031 00	1.473 61	0.157 94
海南	东部	-0.243 12	-0.667 84	0.320 04	-1.671 55	0.680 79	0.165 04
山西	中部	-0.489 58	-0.897 26	0.264 94	1.292 69	-0.318 46	2.614 32
吉林	中部	-0.562 32	1.209 37	-0.577 53	-0.037 00	-0.828 39	-0.912 50
黑龙江	中部	0.096 97	0.185 31	-0.814 98	-0.362 13	-1.880 80	0.560 77
安徽	中部	-0.522 63	0.331 86	0.762 20	0.239 11	0.572 92	1.077 91
江西	中部	-0.551 25	0.260 18	0.408 33	-0.791 21	0.000 83	0.436 37
河南	中部	-1.045 12	0.359 84	0.678 26	1.650 22	0.916 02	0.681 12
湖北	中部	-0.408 49	0.284 54	0.377 26	0.551 47	1.210 88	-0.549 95
湖南	中部	-0.371 09	0.097 78	0.155 40	-0.118 77	-0.202 47	0.150 04
内蒙古	西部	-0.090 57	0.061 57	-0.062 45	-0.063 27	-1.710 09	-2.392 74
广西	西部	-0.480 64	-0.552 68	0.730 66	-1.357 93	0.671 04	0.276 21
重庆	西部	-0.141 87	0.884 50	-0.214 83	-0.334 70	0.307 60	-0.193 65
四川	西部	-0.326 92	0.187 95	-0.172 05	0.318 74	-0.293 04	0.254 08
贵州	西部	-0.586 45	-0.436 68	0.353 33	-1.524 98	-0.468 45	-0.529 19
云南	西部	-0.605 07	-1.405 61	1.521 48	-1.461 27	0.148 96	0.378 42
西藏	西部	-0.586 97	-1.243 54	-4.606 44	-0.506 77	1.238 39	0.813 29
陕西	西部	-0.237 12	0.018 90	-0.159 80	1.844 72	0.500 47	-0.869 67
甘肃	西部	0.097 15	-2.122 36	0.622 54	0.607 19	-0.775 18	0.406 89
青海	西部	-0.669 99	-2.040 68	0.591 03	0.260 21	0.587 86	-2.618 43
宁夏	西部	-0.507 80	-0.140 51	-0.374 10	0.493 06	-0.490 58	-0.975 21
新疆	西部	-0.344 98	-1.000 00	-0.824 62	0.687 54	-0.024 31	-0.322 11

　　从表 3-6 来看，各地区的公因子得分基本说明各地区经济高质量发展的主要特征。由此可以看出，各地区的经济高质量发展极不均衡，区域间经济

高质量发展的差异显著。从各个公因子来看：

外贸与创新因子中大于 0 的省份仅有 10 个，其中东部地区 8 个、中部地区 1 个、西部地区 1 个。在外贸与创新的发展中，东部地区发展得相对较好，而中部地区在外贸与创新发展上表现较弱，西部地区需要大力发展对外贸易以及科技创新，进而提升经济高质量发展水平。

风险防范与消费因子中大于 0 的省份有 21 个，主要集中在东、中部地区，而西部地区仅有 4 个。西部地区的内蒙古、重庆、四川、陕西 4 个省份在风险防范和消费上表现较好，而广西、贵州等西部 8 个省份的风险防范与消费因子得分均为负数，还有较大提升空间。

福利因子中得分大于 0 的省份有 19 个，同样主要集中在东、中部地区，而西部地区仅有 5 个。西部地区在福利方面的表现仍与其他地区存在较大的差距，其中，西藏的福利因子得分为 -4.606 44，为所有省份中最低，在共享发展方面还有较大提升空间。

绿色因子中得分大于 0 的省份有 14 个，其中西部地区有 6 个，分别是四川与西北 5 省份。西部这 6 个地区的生产生态环境较好，居民生活环境水平较高，在双碳目标下其生态优势将更加明显。

经济增长因子中得分大于 0 的省份有 17 个，其中西部地区有 6 个，分别是广西、重庆、云南、西藏、陕西、青海。西部地区超过一半的省份的经济增长因子得分大于 0，说明西部大开发战略实施以来，西部地区经济增长保持了较好的发展势头。同时，经济稳定因子中得分大于 0 的省份有 18 个，其中西部地区有 5 个，分别是广西、四川、云南、西藏、甘肃。

第四章
西部欠发达地区经济高质量发展的创新金融支持机理

实行改革开放政策以来，我国经济实现了飞跃式发展，经济总量空前增长，但也存在贫富不均、发展机会不公、地区发展不平衡等问题。以长三角和珠三角为代表的东部沿海地区经济发展程度远高于西部欠发达地区。巨大的区域发展差异不但可能影响我国社会经济稳定，而且可能抑制我国经济长期增长的活力，阻碍经济的健康发展。高质量发展要求我们在追求经济增速的同时，也应该强调经济发展的协调性和包容性。

党的十九大报告指出，新时代我国经济已由高速增长阶段转向高质量发展阶段。报告提出，要推动经济发展质量变革、效率变革、动力变革，用三大变革推动中国经济高质量发展。《中华人民共和国国民经济和社会发展第十四个五年规划和 2035 年远景目标纲要》（以下简称"十四五"规划）重点强调，要优化区域经济布局，促进区域协调发展。其中，深入实施区域协调发展战略的六项要求就包括了"强化举措推进西部大开发"和"支持特殊类型地区发展"（主要处于西部欠发达地区）两项。可见，推动西部欠发达地区高质量发展，是新时代优化我国经济空间、优化区域经济布局、促进区域协调发展，最终实现全局高质量发展的工作重点。

金融是实现经济高质量发展的重要推动力量。"十四五"规划也指出，为了实现高质量发展，需要"健全具有高度适应性、竞争力、普惠性的现代金融体系，构建金融有效支持实体经济的体制机制"。在当代经济中，金融系统对资源配置而言是至关重要的。通过金融系统，家庭储蓄流向企业部门，并在不同企业之间配置投资资金。此外，金融系统还使得家庭和企业能够实现跨期消费以及平滑投资和优化投资，也使得不同经济单位能够分担风险。对于我国西部欠发达地区的高质量发展而言，我国金融体系本身的高质量发展不但能够有效推进区域性经济结构升级，还能有效引导各类经济资源向目标区域聚集，为亟须提高发展质量的西部欠发达地区实现经济高质量协调发展提供有力支撑。

第一节　金融发展支持经济发展的一般性机制

在当代经济中，金融系统对资源配置而言至关重要。通过金融系统，家庭储蓄流向企业部门，并在不同企业之间配置投资资金。金融系统使家庭能够平滑跨期消费，企业能够平滑跨期支出。金融系统还促进了企业和家庭资本积累，优化分担风险，缓解融资约束。

然而，在发展经济学的早期研究中，研究者通常将金融发展视为经济发展的体现和结果，而不是经济发展的驱动力量。这些研究认为实体经济的发展需求引致金融体系的变革需求，而金融本身的发展不会导致经济的高质量发展，因而较少有文献单独讨论金融发展对经济发展的作用（Gurley、Shaw，1955、1967；Miller，1998）。例如，全球知名的《发展经济学手册》甚至在第三卷之前都没有单独讨论过金融体系与经济发展的关系。

相比于发展经济学对金融发展研究的迟滞，关于经济增长的文献更早注意到了金融发展的潜在影响。Goldsmith（1969）发现金融发展与经济发展高度正相关。当然，两者之间的相关性并不能驳倒当时发展经济学对经济发展中金融体系功能的漠视，因为即便金融发展是经济发展的结果，两者也会高度正相关。McKinnon（1973）提出，金融抑制阻止储蓄向投资的有效转化，是造成发展中国家经济发展滞后的重要原因。金融抑制意味着金融体系的市场化发展会放松储蓄转化为投资的约束，加快资本积累，从而促进经济增长。后续实证文献肯定了金融发展对经济增长的重要性，不但发现金融系统（包括银行等金融中介和直接融资市场）规模、流动性等指标均与同期人均地区GDP 增长高度相关，还发现银行业部门发展和股票市场发展的水平都和经济增长有因果影响（Levine，2005）。

尽管发展经济学的一般性文献忽视了金融发展对经济发展的重要性，但关于不同经济体整体发展战略的研究还是对金融发展对经济发展的影响做出了分析。Gerschenkron（1962）在关于经济落后国家工业化过程后发优势的分析中强调，由于后发国家资本短缺且分散，而且人们在相当程度上对产业活动不信任，在这种情况下，强有力的银行系统有利于汇集资本并将其引导至那些接近技术前沿的行业，促使后发经济体向技术前沿迅速收敛，实现高速度高质量发展。德国和日本经济在第二次世界大战之后迅速崛起，引发了关于银行导向和市场导向金融体系对经济发展的作用的争论。然而，实证研究显示，不同金融结构并没有构成经济发展的决定性因素，发达国家和发展中国家各自的金融体系本身都存在较大差异。但不管其金融结构是市场导向的还是银行导向的，经济发展程度较高的经济体的金融体系都更加有效率（Allen、

Gale，2000）。

Merton（1995）超越了银行导向与市场导向的争论，认为尽管金融体系的形态、组织与技术在不断变化且在不同经济体之间存在显著差异，但其承担的基本功能仍一直保持稳定。他提出了金融功能观，从理论上阐释金融系统的功能，从而全面解释了金融发展对经济发展的影响路径。金融功能观指出，金融体系承担六大核心功能，包括：①提供跨期配置经济资源、跨区域转移资源以及跨行业转移经济资源的方式；②提供管理风险的方式；③提供便利交易的清算支付和结算支付的方式；④提供归集资源并在不同的企业里细分所有权的机制；⑤提供价格信息帮助协调不同经济部门中的分散性决策；⑥提供设法解决当交易的一方拥有另一方不具备的信息时，或者一方担任另一方的代理人时引发的激励约束问题的方式。显然，金融功能观提供了一个更广泛的一般性分析框架。借助这一框架，我们能够有效厘清金融发展支持经济高质量发展的一般性机制。

经济高质量发展不仅意味着经济总量的增加，更意味着社会的稳定和可持续发展。经济高质量发展并不是简单地追求经济总量的高速增长，而是要通过技术创新和组织创新提高资源配置效率，以更加高效、更加安全的方式实现经济发展目标。经济增长相关研究表明，高储蓄以及人口增长等经济资源的简单积累不会带来经济的长期持续增长，只有技术进步以及组织效率的提升才能带来经济的持续发展（Solow，1954）。在金融系统不能有效发挥核心功能的情况下，创新活动将会受到严重的信息不对称困扰，外部投资者缺乏识别高效率投资机会以及抑制投资者道德风险行为的手段，因而创新活动很难得到支持。只有经济能够有效识别项目、缓解代理问题以及有效实现风险分担，资本才能流向那些具有高效率和高创新的行业和企业，从而拉动经济高质量增长。因此，我们需要构建健康的金融体系，使得金融体系能够更好地发挥核心功能，才能通过促进技术创新突破技术壁垒，实现增长模式由劳动密集型和资本密集型向技术密集型和创新密集型转换，增长动力由以资源驱动向以创新驱动转换，产品由低端和低附加值产品向中高端和高附加值产品转化，不断提高我国企业部门生产效率和市场竞争力。

第二节　金融发展对西部地区经济高质量发展的促进机制

相对于我国东部沿海地区而言，西部欠发达地区的经济发展水平以及金融发展水平均与之存在较大差距。而且，随着近年来我国经济迅速增长和金融体系快速发展，金融发展的区域性特征也逐渐显现，金融资源配置不均衡性日益明显。区域金融发展程度的差异可能产生两种完全不同的效应：一方面，东部发达地区金融发展带来的资源配置效应最终将会逐步外溢到西部地区，优化西部地区的金融功能，提高资源配置效率，促进西部各省份的金融和经济高质量发展；另一方面，随着金融体系的发展，金融发达地区通过金融体系从西部欠发达地区攫取资源，造成西部地区资本供给不足。因此，有必要根据西部欠发达地区自身经济、金融、产业以及地理资源禀赋，按照金融功能观的思路，分析金融发展促进西部经济高质量发展的具体思路，提出对应的发展对策，最终促进西部欠发达地区经济高质量发展。

一、促进产业集聚与结构升级

缺乏具有竞争力的产业集群一直是困扰西部欠发达地区经济发展的重要问题，建设具有比较优势的产业集群，优化本地产业结构是西部欠发达地区实现经济高质量增长的最直接手段。产业升级有助于提高企业生产效率和综合竞争力，改善西部地区在经济竞争中的被动地位，为更高水平发展提供坚实的经济基础。

经过几十年的发展，我国东部沿海地区已经越过低成本要素驱动的产业发展阶段，逐渐向高端产业链突破，新的技术和新的高端产业不断涌现。广东等省份实施"腾笼换鸟"政策，主动放弃产业链低端的产业。另外一些地区也由于固定资产价格和人力资源成本上涨，对产业链低端企业的吸引力逐渐减弱。一些产业开始逐步搬离东部地区，寻找更具有成本优势的地方继续发展。这些产业尽管处于产业链较为低端的部分，本身的回报率较低，但对于经济欠发达地区而言，承接这些转移的产业依然对本地产业集群建设大有益处。一方面，通过产业迁移以及周边配套制造业、服务业的建设，形成规模经济，提高发展效率；另一方面，产业的引进能够培育本地工业制造业人力资本，不但有利于缓解就业问题，还能为将来产业进一步向上跃迁奠定基础。西部欠发达地区可以利用东部发达地区人力资源和固定资产成本上升、投资边际效率下降的时间窗口，充分发挥自然资源丰富、人力资源和固定资产成本较低的优势，利用产业发展的"雁行模式"提高对产业资本的吸引力，实现自身产业升级、效率提升和人力资源积累，通过产业梯次发展路径实现产业结构升级、经济高质量发展的目的。随着生产规模的扩大、规模经济的实现以及廉价劳动力的成本优势显现，本国产品的国际竞争力不断上升，促进产品贸易，实现经济发展和产业结构升级。

目前，西部欠发达地区在承接东部发达地区迁出产业的过程中遭遇了越南、印度等东南亚国家和南亚国家的竞争。西部地区尽管更加靠近国内市场，但人力资本以及运输成本相比于东南亚和南亚国家均不具有太多比较优势。在这种情况下，西部地区破局的关键在于实现产业相关要素的加速集聚，并通过产业集群建设强化分工与合作，从而降低成本，实现产业规模经济，以规模效应为纽带促进产业结构的优化。相较于南亚和东南亚等竞争地区，我国整体金融资源以及金融工具都更加丰富。西部欠发达地区可以将开发性金融工具与地区产业政策相结合，加强本地产业向心力，引导更多实体企业以及投资资本进入本区域，从而打造具有竞争力的产业集群，实现产业结构的优化。

比较优势理论认为，由于边际回报递减，资本应该从东部沿海等经济发达、资本相对充裕的区域流向资本相对匮乏的西部欠发达地区。但是，关于资本跨区域流动的实践以及经验分析均表明，当欠发达地区金融体系效率欠佳、服务实体经济的能力较差时，资本难以被有效配置到具有相对高效率的企业中，也无法获得应有的高回报。在这种情况下，资本反而会从欠发达地区逆流到发达地区。因此，只有进一步提高西部欠发达地区的金融体系运行效率，让资本被有效配置到具有较高回报的新产业、新业态、新企业，才能有效实现西部地区的产业追赶，助力经济高质量发展。

二、促进技术创新与成果转化

创新是新时代我国产业升级和经济高质量发展最重要的驱动力量，而高水平的研发投入是增强创新的物质基础和重要前提。"十四五"规划明确提出，未来五年（2021—2025 年）全社会研发经费投入年均增长率要达到 7% 以上，形成以企业为主体、市场为导向、产学研用深度融合的技术创新体系，激励企业加大研发投入。因此，深入研究企业研发投入的决定机制，对于提高研发投入水平，促进创新驱动发展具有重要的参考价值。借助高水平金融体系的资源配置、风险分担和流动性创造功能，西部地区的企业更可能增加自身的研发支出和创新活动，这有助于促进我国技术水平快速提高，缩小同世界技术前沿的差距，从而提高我国西部地区企业部门的生产效率和市场竞争力。然而，当前我国西部地区金融体系规模和结构发展均相对落后，资源配置效率较低、内部有效竞争不足、自身职能不健全、制度建设有待完善，这不但严重制约金融体系在促进技术创新中积极作用的发挥，甚至在金融开放过程中积聚了大量的潜在风险，从而对区域金融安全造成冲击。

随着产业发展水平的提升，技术创新已经成为高度依赖资本的投资活动。然而，创新活动本身具有高风险、长周期以及信息不对称程度高的固有特征，非常依赖外部融资环境的深度和广度。目前，西部地区市场导向的金融环境发展程度相对于东部沿海地区而言还发育不足，企业的融资依然依赖银行等债务类金融机构。但是，债权投资人通常最多只能获得本息回报，资本回报存在上限，因而并不偏好（甚至厌恶）可能有损企业偿债能力的长期研发以及成果转化投资。只有随着金融体系的发展，股权以及可转换工具等融资工具逐渐丰富，才能有效转移研发和成果转化的风险，实现研发项目风险和出资人风险偏好的匹配，降低研发融资门槛与融资成本，促进企业的创新研发。研发活动本身的特征要求其出资人和经营者能够承担较大的短期失败风险，同时对长期的成功有足够高的期待（Holmstrom，1989；Mansion。2011）。目前西部的创新金融发展相对滞后，主要还是以政府产业基金支持的政策引导型投资为主。然而，由于政府投资基金本身管理人身份的特殊性，即兼具政治使命和商业使命，通常比民营创新投资者更加厌恶风险，而且对创新成功的长期奖励也受到政府规则的制约。因此，政府主导的创新投资很难承担短期创新失败的压力，也难以给予创新者高水平的长期激励。只有随着金融市场的发展、创新创业资本深度和广度的增加，才能更好地建立创新的长期回报和短期风险承担机制，引导各类创新主体加大投入。最后，为了避免本身的创意被竞争对手模仿，创新企业通常不太愿意高度透明地向出资人展示自己的技术细节（Batchayya，1984），折旧造成创新主体和出资人之间的信息高度不对称。在这种情况下，对创新活动的投资就高度依赖于投资人的专业水准。目前，多数西部地区建立了各类创新创业基金，支持本区域企事业单位进行创新活动。但是，这类政府主导的创新创业基金的管理者通常由政府指派或者由有政府背景的人士担任，创新创业活动的区域和领域有限。不同行业和企业创新活动存在巨大差异，投资人个人精力有限而且存在行业门槛，导致这些政府主导的创新创业基金事实上比较缺乏创新活动的辨识能力，难以筛选真正值得投资的创新主体，也难以在创新关键环节给予主体足够的支持。只有随着金融体系的发展，创新创业投资逐渐在竞争中实现专业化，才能涌现出一批具有足够精准投资眼光、足够优秀的创新支持能力以及足够强大的风险承担能力的创新投资主体，切实促进西部地区的技术创新和成果转化。

三、优化风险分担

当前我国金融整体发展水平迅速提升，应对系统性风险的能力不断增强。但是，西部地区金融体系规模和结构发展均相对落后，资源配置效率较低、内部有效竞争不足、自身职能不健全、地方政府隐形债务等区域性财政金融风险交织，风险优化制度建设有待进一步加强。西部欠发达地区财政、金融以及实体经济风险交织的现象，不仅严重阻碍这些地区进一步的资本积累，还软化了中央财政和金融机构的约束，扭曲了资源的流向。大量资源通过被抑制的金融体系流向效率不高的关联企业，不但不利于生产效率和产业结构提升，还积聚了大量的潜在风险，对区域金融安全造成冲击，阻碍了西部地区经济高质量发展。

金融功能观认为，金融系统作为服务实体经济的基础设施，不但在优化资源配置、促进产业结构升级和增进科技创新等方面发挥着重要作用，还是分散风险的重要手段。对于微观实体经济而言，金融高水平发展不但能够提高金融资源的配置效率，合理、高效地引导资金从低效率项目流向高效率项目，而且能够对风险进行合理定价，让风险转移给愿意承担风险的主体，从而优化风险分担。从行业层面而言，金融体系尤其是金融市场的发展为不同行业的经营主体提供对冲和分散风险的工具。例如，大宗农产品期货为广大涉农行业提供对冲原材料以及产成品价格波动风险的工具。随着行业内微观主体金融知识的提升，他们有着更多的工具来降低自身经营所面临的风险，从而撬动有价值的长期投资。从政府层面而言，当前西部欠发达地区的地方债务问题本身就是金融体系扭曲的结果，源于"双重预算软约束"下传统金融机构和地方政府的合作，是金融功能失效的一种表现。要解决这一问题，除需要削弱地方政府本身的融资动机以外，同样需要优化金融机构的激励结构，硬化预算约束，降低其与地方政府的合谋动机。

因此，为了有效化解与西部地区经济高质量发展伴生的风险，需要对金融体系本身进行优化，在发展中解决从微观主体到行业再到政府层面的风险问题，促进金融机构和实体企业良好互动，使金融发展与产业升级相结合、金融竞争力与产业实力相结合，保障金融体系和经济体系健康、平稳地运行。

四、优化高水平开放环境

高水平对外开放是高质量经济发展的重要内容之一。随着"一带一路"倡议的实施和我国国际国内"双循环"经济格局向纵深推进，西部地区对外贸易与文化交流的成本不断降低，为西部建设高水平对外开放经济奠定了良好的基础。建设西部地区高质量开放经济要求有与之相匹配的金融基础设施。从金融功能观的视角来看，高水平金融体系能够提出跨地区资源配置的解决方案，提供跨国清算、结算与支付等基础功能，是促进经济高水平开放的金融基础设施。而完善的金融基础设施不但为高水平经济开放提供了强有力的技术、制度支持，还为培育高水平微观开放主体提供了重要支撑。

高水平金融体系有助于减少国际资本流动的障碍，优化国内企业的融资环境。一方面，高水平金融对外开放能够促进国际资本进入国内资本洼地——西部欠发达地区，增加这些区域内企业的融资途径，缓解融资约束。借助这些渠道，西部地区的企业尤其是创新型企业和中小企业可以对不同的资金来源进行比较从而优化融资结构，缓解企业融资约束，促进企业更快发展。从这个角度来讲，更高水平的金融开放不但可以拓宽西部地区企业融资渠道、降低融资成本，还可以优化企业融资结构。除此以外，高水平金融开放还通过风险在区域甚至国际投资者之间的重新分担分散了投资风险，优化了风险配置，提高了资本流动性，使得那些原本高风险、长期限的基础设施开发以及研发型项目具有了投资价值。

高水平金融开放有助于西部地区进一步吸收外国直接投资（FDI）。FDI增加不但意味着资本流入，往往还伴随着生产率的提升。本区域的企业通过学习和利用国外先进的生产技术和管理经验，能够快速优化组织结构、提高技术水平。此外，通过国外投资加强对企业员工的教育和培训，从而提高员工的专业技能和工作效率，可以为进一步发展积累更多的人力资本。最后，通过有效的市场竞争改善国内企业的资源利用度，可以减少非必要的资源浪费和效率损失，提高区域内企业经营效率。

西部地区经济开放水平的提高，必然带来人民币清算、结算规模的不断扩大。如果没有高水平清算结算体系支持，经济的外向发展交易成本将异常高昂。因此，人民币清算、结算体系作为金融基础设施的一部分，对于经济高水平开放具有至关重要的支撑作用。因此，加强人民币清算、结算体系建设，提高人民币清算、结算效率，不仅有助于整合现有人民币清算、结算渠道和资源，更好地满足经济开放带来的业务发展需要，还能够增强交易的安全性，维护交易双方的合法权益，促进交易的达成，构建公平的市场竞争环境。

西部地区实现经济高水平开放需要在国内和国际的分工体系下培育自身具有全球竞争力的微观主体。这些微观经济主体需要在全球价值链重构中找准定位，通过区域协调合作高效配置经济资源，满足国内外不断变化的需求，提高竞争能力和生存发展能力。金融功能观认为，高水平金融体系能够缓解本土企业、外部投资者、债权人、上下游客户等利益相关者之间信息的不对称和代理问题，从而增加市场流动性，降低交易成本，提高交易效率。高水平的金融发展能够提高资源配置效率，合理、高效地引导资金流向具有竞争力的微观主体，在竞争环境中实现优胜劣汰，以"创造性破坏"机制提高微观主体的竞争力，培育与高水平经济开放相适应的微观主体。

第三节　本章小结

实施区域协调发展战略是国家新时代重大战略之一，是贯彻新发展理念、建设现代化经济体系的重要组成部分。提升我国广大西部欠发达地区经济的高质量发展水平，加快经济均衡发展是现阶段我国经济发展的重要任务。为了实现经济全面高质量发展，西部地区需要从产业升级、技术进步、开放扩大等多个方面提升经济发展质量。本章以金融功能观为视角，分析金融体系发展对西部地区经济高质量发展各个方面的支持机制。金融体系的发展能够从多个方面推动西部经济全面高质量发展：①能够为西部地区的产业结构提升创造聚集环境、提供资金支持并优化风险分担，助推西部地区的产业结构提质增效；②能够拓宽并加深西部地区当前比较缺乏的创新资本市场，解决技术创新和成果转化中面临的周期长、风险高以及信息不对称程度高的典型问题；③金融体系的创新发展可以提供优化西部地区产业风险和金融风险的手段，能够在促进高质量发展的同时避免区域性风险聚集；④金融高水平发展能够为高水平开放创造良好的环境，能够让西部地区在全球范围的经济金融往来中降低交易成本、优化风险分担并拓宽投融资途径。总之，在当前的经济发展新形势下，我国西部欠发达地区要加快实现经济高质量发展，需要创造更高水平的金融体系，不断优化金融体系服务实体经济的六大核心功能，最终推动经济更快、更好地高质量发展。

第二篇 金融创新篇

第五章
金融支持西部地区科技创新

第一节 引言

党的十九大报告提出经济高质量发展要求，标志着我国经济从高速增长阶段转变为高质量发展阶段。当前经济发展以改变要素质量和提高全要素生产率（TFP）为核心，推动质量变革、效率变革、动力变革。科技创新是驱动经济高质量发展的核心动力，推动经济发展由要素驱动、投资规模驱动的方式转变为创新驱动的方式，通过效率变革来实现经济的高质量发展，全要素生产率在经济增长源头中发挥的作用不容忽视（徐现祥 等，2018）。

科技创新对我国经济长期持续高质量发展至关重要，但推动创新并不容易，因为创新的过程往往充满了失败的风险。已经有不少文献研究提升我国科技创新水平的路径，其中包括产业政策、政府投入等直接方式，也包括完善知识产权制度、鼓励直接融资、鼓励竞争等间接方式。在诸多可能影响科技创新的途径中，金融发展是一种非常重要但在一定程度上被忽视了的途径。理论上，金融发展能够助力科技创新，但金融发展也可能抑制科技创新，其具体效果还有待进一步厘清。第一，金融发展水平的提升能够有效降低创新企业的资金成本，提高创新收益，引导更高的创新投入。但是，低成本资金也有助于增加企业投资机会，可能削弱企业通过创新获取长期优势的动机。第二，金融体系能够实现创新风险在不同投资群体中的有效分担，从而鼓励创新。但是，如果金融体系中资金提供者整体风险偏好程度较低（例如金融体系高度依赖银行等债权类资金提供者），则创新企业将难以获得足够的金融支持。第三，发达的金融体系为支持创新的资本（天使投资、风险投资等）提供退出路径与治理机制，能够极大地增强创新投资力度。但是，发达的资本市场与灵活的退出机制可能使得投资人更加短视，而缺乏耐心的投资人可能会限制企业进行长期的基础性创新活动，哪怕这些创新能够带来很大的社会效应。就整体而言，金融发展可能通过创新成本、风险分担以及公司治理等机制促进科技创新，驱动全要素生产率提高，但也可能通过这些途径阻碍科技创新，最终拖累全要素生产率的提高。因此，金融发展是否的确能够驱动科技创新，是否能够通过科技创新途径最终提升经济效率是一个有待检验的问题。

本研究以西部省级层面面板数据为样本，在中介效应模型框架下，研究金融发展对科技创新的推动作用，检验金融发展推动科技创新并最终对全要素生产率的提高形成影响效应。那么，在西部大开发20周年的背景下，西部地区金融发展与全要素生产率之间存在怎样的联系，科技创新又能否促进全要素生产率的提高，这三者之间又有怎样的关系呢？在推动经济高质量发展的新时代，深入研究金融发展、科技创新与全要素生产率之间的动态关系和区域特征具有重要意义。

第二节　文献综述

一、金融发展与经济发展质量的关系的相关研究

现有研究已经从多方面证实了完善的金融体系对经济发展有显著的正向影响。金融发展促进经济增长有两个途径：一是金融深化促进了资源的自由流动，减少了金融投资的交易成本，进而刺激投资增加；二是金融深化优化了资源配置的效率，从而促进了生产率的提高，而生产率提高是经济增长的源泉（Levine，1997；Behr、Lee，2005；谈儒勇，1999；杨友才，2014）。经济增长理论认为现代经济增长的核心是全要素生产率，随着经济的增长，全要素生产率决定着不同区域的收入差距（Levine，2002；Acemoglu et al.，2006）。早期关于金融发展与全要素生产率关系的研究主要基于理论层面，金融发展影响全要素生产率的核心问题是如何有效缓解融资约束（陈志刚，2012）。Demirguc-Kunt 和 Levine（2008）认为金融中介具有分散风险、缓解信息不对称、配置资源及推动技术进步等功能。大量文献从分散风险、缓解信息不对称等视角研究金融通过其功能实现推动经济发展（McKinnon，1973；Guzman，2000；Rin、Hellmann，2002）。从金融系统基本功能方面展开，学者们分别从企业家、分散风险以及融资成本等角度进行了研究，都得出了金融的发展有利于技术进步和全要素生产率提高的结论，将金融系统对资源配置效率的改善，作为促进全要素生产率提高的机制之一（Bencivenga、Smith，1991；Fuente、Martin，1996）。根据新古典经济增长模型，全要素生产率是长期经济发展的源泉，金融能否促进生产率的提高，也关系到金融发展是否能推动经济增长模式转变，为经济的可持续发展提供保障。

　　国内学者主要立足国情，从实证方面对二者关系和传导机制展开研究。部分学者认为金融发展对全要素生产率的提高具有正向的促进作用。姚耀军（2010）利用界限检验法验证金融发展与全要素生产率之间的关系，认为推动金融发展是我国提高全要素生产率、促进经济高质量发展的长期战略选择。陈启斐、吴建军（2013）利用我国省际面板数据对我国金融业发展与全要素生产率之间的关系进行研究，认为金融发展对全要素生产率的提高具有促进作用，但由于存在行政壁垒和产业结构扭曲，其促进作用主要体现在工业部门。许文彬、张丰（2014）运用混合效应模型检验了不同维度的金融发展对我国整体及区域全要素生产率的提高的影响渠道，结果表明金融发展从多渠道广泛影响着全要素生产率的提高。学者们进一步研究其传导机制，发现金融发展主要作用于技术进步效应而非技术效率（尹雷、沈毅，2014；王春桥、夏祥谦，2015）。部分学者通过对二者的研究得出了相反的结论，认为在信贷歧视背景下，银行信贷规模的扩大对全要素生产率的提高有负向影响，金融的发展最终会导致对全要素生产率的提高的拖累（陈刚，2009；徐思远，2016）。同时，不少文献发现金融发展在不同国家或地区对经济增长和全要素生产率的提高的影响途径有差异。金融发展程度较低的地区更多地依赖资本积累来推动经济增长（Rioja、Valert，2004；赵勇、雷达，2010；李青原、李江冰，2013），金融发展水平较高的地区提高全要素生产率的经济增长效应更突出（石腊梅、杨庆芳，2014；王冲、李雪松，2019）。通过对上述文献的梳理可知，对于金融发展对全要素生产率的提高的影响和传导机理，学术界尚未达成一致结论。近年来，随着"经济高质量发展"这一表述的提出，人们对经济增长的关注点从提高增速转变为提高质量与效率。经济高质量转型发展的基本内涵从要素（高投资、劳动参与率增加）投入驱动为主向技术进步驱动为主转变（高培勇，2019），发展现代金融是构建现代化经济体系的重要基础（赵通、任保平，2018）。赵玉龙（2019）基于我国城市数据检验金融发展与经济高质量发展的关系，认为金融发展对我国经济高质量发展具有显著的促进作用，但由于东部地区较中、西部地区拥有更好的技术转化优势，所以具体的影响机制存在区域差异。学者们提出，要进一步深化金融创新改革，大力发展金融机构、扩宽融资渠道，建设多层次金融市场，防范和化解金融风险，助推经济高质量发展（邱兆祥、刘永元，2018；师傅，2018；何雄浪、姜泽林，2019）。

二、金融发展与科技创新的关系的相关研究

　　国外学者对金融发展与科技创新的关系的相关研究由来已久，主要集中于资本市场对科技创新活动的推动作用上。Joseph Alois Schumpeter（熊彼特，1912）提出银行所提供的资金是促使劳动力要素、资本要素及技术要素等进

行社会大生产的重要支撑，金融能够促进技术创新。Levine 和 King（1997）基于内生增长模型认为金融发展能促进技术效率提高，进而确立的市场制度能够有效选择最有技术效率的企业。从较长的时间跨度来看，金融发展的过程能够显著影响技术的进步，从而促进技术创新（John Richard Hicks, 1987）。进一步，Levine（2003）根据金融功能观，认为金融影响技术创新有多种路径和渠道，由此产生的影响机制也是截然不同的。还有学者从金融结构的角度出发，如 Allen 和 Gale（2002）区分银行主导型和市场主导型金融制度对技术创新的影响，由此引发了两种制度学派的探讨。银行主导型学派的主要观点是以银行为主体的金融机构在储蓄平衡、项目选择、风险管控等方面有着强大的影响力（Boyd、Prescott，1985；Dewatripont、Maskin，1995），银行部门不仅能给企业提供资金支持，还能缓解技术创新企业的信息不对称情况，而流动性较强的金融市场容易造成投资者短见，忽视对企业的监督（Cetorelli、Gambera，1999）。支持市场主导型的学者指出，金融市场上的直接融资在价格发现、信息透明、技术创新等方面更有优势，银行对项目的筛选标准使技术创新很难获得足够的资金支持，尤其是一些中小企业更是存在融资难、融资贵问题（Brown，2009）。另外，强大的银行体系会夺取很大部分的信息租金和企业利润，从而削弱企业进行长期技术创新的动力（Hellwig，1991；Rajan，1996）。近些年，也有不少学者对金融发展与科技创新的关系展开实证研究。Chowdhury 和 Maung（2012）运用多种实证模型对西方国家的金融发展与科技创新进行研究，发现一个国家或地区金融大环境好，金融工具形式多样，金融资金实力充足等对该国或地区的科学技术研发水平具有积极的支撑作用。Ang（2010）的观点是科技创新活动需要大量且持续不断的资金投入，一个国家或地区的金融市场发展得越成熟，越能促进科技研发资金的持续增加。Amore（2013）认为一个国家或地区的银行降低对贷款企业的资质要求、增加对企业的资金支持，在一定程度上会对企业的科技创新程度有促进作用。

　　虽然关于金融发展与科技创新的关系这一研究在我国起步较晚，但近年来，随着科技创新重要性的增强以及金融市场的不断发展和改革的深化，学者们对金融与科技创新之间的关系做了较多研究。在 20 世纪初，国外就有金融发展能促进技术进步和经济发展的推断，好的金融系统可以甄别并提供资金给那些具有研发能力的企业，从而实现科技创新（熊彼特，1912）。金融发展对科技创新的促进关系主要有如下体现：第一，我国金融机构的贷款对促进企业技术创新有重要作用，但股票市场的融资对其促进作用就很有限（朱欢，2010）；第二，金融中介支持科技创新的强度和效率对科技创新效率存在正向推动作用，但也存在地区差异，而金融中介的信贷规模对科技创新效率呈负相关关系（陈敏、李建民，2012）。第三，我国资本市场（证券市场）

对促进科技创新的效果均不明显，唯有中长期信贷市场能促进技术创新的知识传播阶段（张强、赵建晔，2012）。第四，加大金融市场的开放力度、提高金融体系的运行效率对促进技术创新的效果最好，同时金融发展能促使政府和企业对科技创新增加投入，但金融体系规模的增大对整体创新水平提高的效果不明显（罗嘉雯、陈浪南，2013）。为实现金融发展促进科技创新，可通过发挥融资体系、风险投资体系、信贷融资、资本市场融资等方面的作用来支持科技创新（丁涛、胡汉辉，2009；凌江怀、李颖，2009）。然而，也有部分学者认为金融发展与科技创新发展的协调性不够。由于金融制度、金融结构、监管方式以及目前所处的外部生态环境不能对科技创新形成有效支持，金融发展现状与科技创新活动之间存在一定程度的不相容，需要不断优化金融发展与科技创新结合的路径，加强二者融合过程中的风险控制和宏观调控（黄国平、孔欣欣，2009；张林，2016）

三、科技创新与经济发展质量的关系的相关研究

关于科技创新与经济增长的关系的研究由来已久，国外学者大多支持科技创新促进经济增长的观点。熊彼特（1912）开创了以创新理论解释经济增长的经济学范式，认为企业家创新是推动社会经济发展的直接动力，生产技术的革新和生产方法的变革在经济增长中起着决定性的作用。20 世纪 40 年代末到 60 年代中期，以索洛（Robert M. Solow，1956）、斯旺（Swan，1956）为代表的经济学家借鉴熊彼特的思想，将技术进步纳入新古典经济模型，解释了经济增长与技术进步的关系，认为科技进步是促进经济增长的外在原因，但技术进步的外生性假设无法说明经济的长期增长。20 世纪 80 年代中期，罗默（Paul M. Romer，1986）、卢卡斯（Lucas，1988）等在对新古典增长理论进行反思的基础上提出内生增长理论。该理论认为内生的技术进步是经济能够不依赖外力实现长期增长的决定性因素，企业研发投入的增加促进了产品创新和知识存储，进而促进经济持续增长。这为经济的持续性增长提供了理论依据。Howitt（2002）进一步提出纵向技术创新理论，认为研发投入资金的增加可促使技术创新推动经济增长。

近些年，国内学者对科技创新的作用机制开展了一系列的研究，主要结论是：一方面，技术创新投入能够带来资本积累，从而反哺技术进步和促进经济增长（豆建春、冯涛 等，2015；李政、杨思莹，2017）；另一方面，技术创新投入的外溢效应能通过提高不同生产部门的技术水平和生产率水平推动经济增长（Liu X、Buck T，2005；张林，2016）。目前，大多数文献将科技创新视为金融发展、金融创新、公共政策与知识产权保护等影响经济发展的传导变量，认为科技创新是影响经济发展的重要渠道（周文和、郭玉清，2007；夏晓华、尹志锋，2016；张元萍、杨哲，2016；谢婷婷、任丽艳，

2017；王金波，2018）。谢婷婷、任丽艳（2017）运用动态面板模型考察了我国 2000—2015 年科技创新与经济增长的关系，结果发现技术创新对经济增长存在正向的激励效应，并且金融创新与科技创新的交互项对经济增长也存在显著的正向作用。王金波（2018）认为金融发展影响经济发展主要是借助技术创新来实现的，具体来看，信贷市场的创新对经济发展有正向的推动作用。科技创新是经济高质量发展的关键所在，科技创新应与市场应用、人才激励等紧密结合，提升科技成果的产出动力和转化效率（刘世锦，2017；胡明晖、楚明超，2019）。国家创新体系是建设现代化经济体系的基础，技术创新有利于促进我国经济高质量发展、维护国家安全与抢占发展先机（辜胜阻，2018）。要进一步实现经济发展与科技创新的深度融合，必须发挥科技创新的引领作用，提升全要素生产率的动态可持续性和实体经济中科技创新的贡献率，实现科技创新驱动经济高质量发展（师傅，2018）。

四、文献评述

纵观现有文献，关于金融发展理论的研究已经不再局限于探索金融与经济增长的相关联系，研究焦点在于金融发展如何影响经济发展。本研究认为，科技创新是其中重要一环，而现有文献更多的是对金融发展、科技创新与全要素生产率两两之间关系展开的分析，对三者之间关系的综合研究，尤其是对科技创新在金融发展作用于经济发展过程中的影响效应的考察却鲜有人涉及。因此，本研究可能的贡献在于：将金融发展、科技创新与全要素生产率纳入一个研究框架，尝试讨论金融发展与科技创新的共同作用对提高全要素生产率的影响；从全要素生产率分解、城市规模的异质性等视角分析金融发展与科技创新对提高全要素生产率的共同影响；基于我国西部地区的特殊战略地位，本研究将聚焦西部地区，采用我国西部地区省级数据对地区全要素生产率、金融发展等进行测度，研究金融发展、科技创新、全要素生产率之间的内在关联和影响机制，在丰富区域经济发展研究的同时，也为我国经济高质量发展提供理论参考。

第三节　概念界定与理论基础

一、相关概念界定

除前文有关经济高质量、金融发展以及科技创新的相关概念界定外，本节将继续对相关概念进行界定。

（一）经济发展与经济增长

经济理论发展初期，学者们主要关注经济增长研究。经济增长是物质生产资源变化的过程，包括了生产资源的利用和生产量的增加，代表了一个国家的潜在国内生产总值的增长。而随着经济的不断发展，在各国国民生产总值不断增长的同时，也伴随着经济结构失衡、居民收入差距加大、生态环境恶化等问题的出现。学界开始提出经济发展概念，而且经济发展不等同于经济增长。经济增长指的是一个国家或者地区的产出数量的增加，经济发展的内涵更加丰富，不仅仅是产出数量上的增加，还要关注经济效率和发展质量，涉及周围环境、文化、政治制度等多方面因素，是一个多维的长期运动过程，强调了各个因素的协调发展。

（二）全要素生产率

经济发展关注的核心就是效率。生产者如何使用现有的资源来实现效用最大化，从而提高经济效率，是经济学研究的重要内容。经济效率提高就是生产率的提高。生产率表现为产品或服务的生产过程中对劳动、资本、技术等各种有形或无形要素的有效利用程度，是一个多维动态变化的过程。新古典经济学派认为经济增长源于去除劳动和资本等要素投入后的技术进步率，由此提出了一个衡量经济效率的重要指标即全要素生产率（TFP）。这个指标反映的经济增长不仅要依赖劳动、资本、土地、能源等显性的投入要素，还要依赖无形的技术进步和技术效率的提高。索洛认为边际报酬递减规律存在的事实导致了单纯依赖生产要素投入驱动经济增长是无法长期产生效益的，必须要依靠 TFP 的增长。宏观的 TFP 增长的测算方法有参数法和非参数法，参数法主要是索洛余值法和随机前沿分析法，非参数法主要有数据包络法、Malmquist 指数法等。本研究主要利用 Malmquist 指数法来测算全要素生产率，并对其变化进行分解，即分解为技术进步指数和技术效率指数。

二、相关理论基础

金融发展理论主要致力于研究金融发展与经济增长之间的相互关系，探讨如何构建金融体系和金融政策组合，从而达到促进宏观经济增长的目标，研究如何配置金融资源以实现金融自身的可持续发展并最终实现宏观经济的可持续发展。

（一）金融结构理论

金融发展结构的相关理论起源于美国经济学家 Raymond W. Goldsmith 发表于 1969 年的《金融结构与金融发展》一书。Goldsmith 利用 35 个国家百余年来的金融资料对各国金融发展的差异进行数量与比较研究，并指出了金融发展与经济发展关系的重要性与重点研究方向。他把金融现象总结为三个方面：金融工具、金融机构与金融结构。金融结构是一国现存的金融工具与金融机构之和，不同类型的金融工具和金融机构的性质及规模体现了各个国家不同的金融结构，通过对一国金融结构的剖析能对该国金融发展水平和趋势有一定掌握。他所提出的金融相关比率指标，反映了金融上层机构与经济基础机构在规模上的变化联系。Goldsmith 认为，金融工具的不断出现和金融机构的不断成立扩大了金融资产的范围，促使储蓄与投资分离，储蓄与投资的分离能够在提高投资收益率的同时提高资本形成在国民生产总值中的占比。发达的金融机构对经济增长的促进作用是通过提高储蓄、刺激投资与有效配置资金这两条渠道来实现的。注重金融工具供给和强调金融机构的正常运行是金融结构理论的核心，也是金融自身发展及促进经济增长的关键所在。

（二）金融功能理论

金融功能理论认为金融机构的形式和特征会随着时间推移、技术变化及外部环境变化而发生改变，但其基本功能是几乎不变的。Merton 和 Bodie（1995）认为金融系统的基本功能是在不确定环境中对资源进行时空配置，并提出金融系统具有六大基本职能：支付结算与清算、储备资源、资源配置、提供信息、风险管理及解决激励。Levine（1997）在其发表的文章《金融发展与经济增长》中从交易成本的视角将金融功能分为资源配置、分散风险、治理公司、动员储蓄及促进商品五大功能。金融功能主要通过技术创新及资本积累的渠道影响经济增长。一种增长模式是金融体系改变储蓄率或在不同的资本生产技术间重新配置储蓄来影响资本积累；另一种增长模式是利用金融发展自身的稳定效应，通过多种金融工具和方法调整资源禀赋，将社会闲散资金合理配置，实现效用最大化并提高全社会投资效率。政府需要维持兼具稳定性和效率性的金融体系，从而最大化地促进宏观经济发展。

（三）金融抑制及金融深化理论

金融抑制及金融深化理论出自 Shaw 和 Mckinnon1973 年发表的《经济发展中的金融深化》和《经济发展中的货币与资本》两篇文章。金融抑制论认为，发展中国家对存贷款利率及汇率的管制会影响金融市场的调节功能，既限制了金融体系动员社会资金储蓄的能力，又导致社会对资金的过度需求。因此他们进一步提出金融深化论，其内涵是以市场行为替代政府干预。这样的话，金融机构在分散风险、运作效率及信息成本上都可获得规模经济，金融体系可利用浮动利率汇集社会闲散资金，又可通过收取相应费用将资金投入企业进行生产活动，发挥资金的效用。允许实际利率在市场作用下趋于均衡，推行金融自由化政策。金融自由化的核心就是放开利率和汇率管制，开放资本市场，使金融资产的价格可以合理反映真实供求关系。金融自由化的实质是金融改革，逐步消除金融发展的体制性障碍，打破单一市场结构，促进金融市场多层次、多元化发展。

（四）金融约束理论

金融约束理论是金融深化论的丰富和发展。发展中国家金融自由化的结果一度令人失望，许多经济学家开始对以往经济发展理论的结论和缺点进行反思和检讨。Hellman、Murdock 和 Stiglitz（1997）在《金融约束：一个新的分析框架》一文中提出了金融约束理论的分析框架。金融约束理论就是政府通过实施一系列金融约束政策促进金融业更快发展，从而推动经济快速增长，其隐含的前提是政府可以有效地管理金融业，或者说政府可以解决市场失灵问题。东南亚金融危机从反面论证了金融约束理论的合理性，金融约束理论促使发展中国家政府在利率管控、市场准入等方面发挥积极作用，调动银行、企业以及居民在投资和储蓄方面的积极性，消除金融抑制的危害。金融约束理论是发展中国家从金融抑制走向金融深化和金融自由化的过渡性政策，为政府发挥其"看得见的手"的作用提供了理论基础。

第四节　西部地区金融发展与科技创新现状

2019 年，我国经济进入高质量发展新阶段，结构性、周期性、体制性的问题相互交织。2020 年，突如其来的新冠肺炎疫情对我国经济和社会的发展带来了巨大冲击，国际疫情持续扩张，世界经济快速衰退，国际贸易受损严重。但新冠肺炎疫情对我国的影响是总体可控的，目前面临的挑战仍然改变不了中国整体经济稳中求进、长期向好、高质量发展的基本趋势。

一、西部地区金融发展现状

2019 年末，全国社会融资规模存量为 251.3 万亿元，同比增长 10.7%，比 2018 年末提高 0.4 个百分点；2019 年全国社会融资规模增量为 25.6 万亿元。从地区来看，西部社会融资规模增量占全国的 19.1%。从融资结构来看，西部表内贷款占社会融资规模增量的 64.8%。表外业务规模进一步下降，2019 年全国社会融资规模中表外融资减少 1.8 万亿元，西部表外融资减少量占比 16.7%[①]。具体见表 5-1 和表 5-2。

表 5-1　2019 年各地区社会融资规模增量占比　　　　单位:%

项目	东部	中部	西部	东北三省	合计
地区社会融资规模	57.0	20.1	19.1	3.8	100.0
其中：人民币贷款	56.5	20.4	18.4	4.7	100.0
外币贷款	121.7	-47.4	10.0	15.7	100.0
委托贷款	63.7	13.0	13.7	9.6	100.0

①　基础数据来源于国家统计局 2015—2019 年《中国统计年鉴》《中国金融年鉴》、各省份统计年鉴，并由笔者整理而得。

表5-1(续)

项目	东部	中部	西部	东北三省	合计
信托贷款	115.9	-6.5	10.0	-19.4	100.0
未贴现的银行承兑汇票	-88.2	54.6	46.6	87.0	100.0
企业债券	73.0	14.3	12.8	-0.1	100.0
非金融企业境内股票融资	72.5	12.0	13.9	1.6	100.0
政府债券	40.8	23.4	29.9	5.9	100.0

表5-2　2019年各地区社会融资规模增量结构　　　　单位:%

项目	东部	中部	西部	东北三省	全国
人民币贷款	67.1	68.7	65.1	83.3	67.6
外币贷款	-0.9	1.0	-0.2	-1.8	-0.4
委托贷款	-4.1	-2.4	-2.6	-9.1	-3.6
信托贷款	-3.0	0.5	-0.8	7.5	-1.5
未贴现的银行承兑汇票	1.1	-1.9	-1.7	-15.9	-0.7
企业债券	18.3	10.2	9.6	-0.3	14.3
非金融企业境内股票融资	1.9	0.9	1.1	0.6	1.5
政府债券	9.7	15.7	21.1	20.8	13.5
其他	10.0	7.3	8.5	14.7	9.3
合计	100.0	100.0	100.0	100.0	100.0

从图5-1可以看出,2015—2019年西部地区社会融资规模呈现为波动上升的趋势。相较于2015年,2019年的融资规模增长了约32.35%,但在2016年、2018年都有一些下降,低点出现在2016年。总体来说,西部地区的社会融资规模得到了适度增长,提升了直接融资占比。

从总体来看,2019年金融机构的负债保持平稳,各项存款加快增长,存款结构进一步优化。2019年末,全国金融机构本外币各项存款余额同比增长8.6%,比2018年末提高了0.8个百分点。从各地区来看,同比增速普遍回升,西部地区各项存款余额占全国的比重较2018年末下降了0.4个百分点。大额存单余额持续稳定增长,2019年,全国金融机构大额存单发行总量12万亿元。2019年末金融机构本外币存贷款余额占比地区分布具体见表5-3。

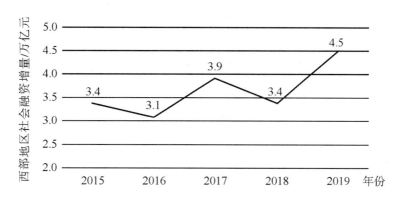

图 5-1　2015—2019 年西部地区社会融资规模增量

表 5-3　2019 年末金融机构本外币存贷款余额占比地区分布　　单位:%

项目	东部	中部	西部	东北三省	合计
本外币各项存款余额	58.6	16.9	18.4	6.1	100.0
其中：住户存款	49.8	20.6	21.1	8.5	100.0
结构性存款	56.4	15.6	15.5	12.4	100.0
个人大额存单	55.2	18.5	16.2	10.0	100.0
非金融企业存款	65.7	14.6	15.4	4.3	100.0
非金融企业活期存款	57.6	18.5	19.6	4.3	100.0
非金融企业大额存单	75.3	11.9	9.2	3.5	100.0
非银行金融机构存款	77.3	8.8	10.0	4.0	100.0
其中：外币存款	62.7	17.4	17.8	2.1	100.0
本外币各项贷款余额	55.4	17.6	20.8	6.2	100.0
其中：短期贷款	60.4	16.3	15.4	7.9	100.0
中长期贷款	52.8	18.4	23.3	5.5	100.0
票据融资	49.5	17.8	25.8	6.9	100.0
消费贷款	61.4	18.1	15.8	4.7	100.0
其中：外币贷款	48.9	24.0	25.4	1.7	100.0

　　近几年，西部地区金融机构数量稳步增加，金融供给更加科学。2019 年末，西部地区的银行业金融机构达到 60 494 个，从业人员 950 468 人，资产总额 461 031 亿元。资产总额得到了较快提升，相较于 2016 年的 379 404 亿元，提升了 21.51%，资产总额增长了 20% 的份额。受 LPR（贷款市场报价利率）改革的引导，贷款利率明显下降，实体经济的融资成本进一步降低，效果显著。具体见表 5-4。

表 5-4　2016—2019 年西部地区银行业金融机构概况

年份	营业网点			法人机构/个
	机构个数/个	从业人数/人	资产总额/亿元	
2016	60 418	927 464	379 404	1 353
2017	60 400	929 762	415 319	1 407
2018	60 750	975 137	435 385	1 430
2019	60 494	950 468	461 031	1 808

近几年，西部地区的证券业和保险业也稳步发展。2019 年末，西部地区境内上市公司达到 525 家，实现国内股票融资 782.5 亿元，国内债券融资 14 767 亿元。2019 年末，保费收入和保险赔付支出分别为 8 358 亿元和 2 670.2 亿元，相较于 2016 年，二者都呈现了增长趋势，尤其是保费收入，相较于 2016 年，2019 年末的保费收入增长了近 43.91%。具体见表 5-5 和图 5-2。

表 5-5　2016—2019 年西部地区上市公司数及保险业保费收支情况

年份	境内上市公司/家	保费收入/亿元	保险赔付支出/亿元
2016	432	5 807.6	2 022
2017	461	6 853	2 323
2018	490	7 414.9	2 608.7
2019	525	8 358	2 670.2

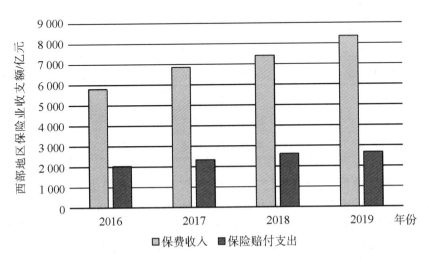

图 5-2　2016—2019 年西部地区保费收入及保险赔付支出情况

二、西部地区科技创新现状

人才是科技创新的第一资源，我国的研发人员总量一直稳居世界首位，人才强国战略、科教兴国战略等使我国的科技创新队伍不断壮大。2015—2019 年，各地区的科研人员规模都呈增长趋势。横向来看，东部地区仍然处于领先地位，占了总人数的 60% 以上，中部地区和西部地区处于追赶状态。纵向来看，除了东北三省稍显落后，其余三个地区 2015—2019 年的人员增长率都超过了 30%，中部地区的增长率位于首位，达到了 35.25%，增长了三分之一。表 5-6 统计了 2015—2019 年各地区科技人员的分布及变化趋势。其中西部地区从事基础研究、应用研究及试验发展的科研人员数量近几年都呈现增长趋势，从事试验发展的科研人员数量仍然处于领先地位。图 5-3 是2015—2019 年西部地区研究与试验发展（R&D）人员全时当量统计①。

表 5-6　2015—2019 年各地区研究与试验发展（R&D）人员

年份	东部		中部		西部		东北三省	
	人员/人	占比/%	人员/人	占比/%	人员/人	占比/%	人员/人	占比/%
2015	3 447 546	62.88	985 246	17.97	749 132	13.66	300 604	5.48
2016	3 684 795	63.20	1 034 186	17.74	811 130	13.91	300 630	5.16
2017	3 925 007	63.17	1 112 803	17.91	874 589	14.08	301 228	4.85
2018	4 208 674	64.05	1 179 062	17.94	905 407	13.78	278 229	4.23
2019	4 505 896	63.20	1 332 568	18.69	986 233	13.83	304 559	4.27

49

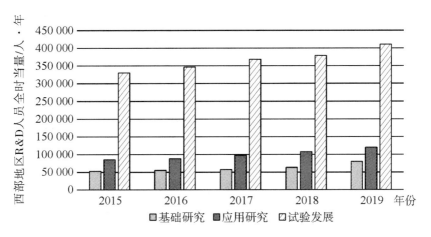

图 5-3　2015—2019 年西部地区研究与试验发展（R&D）人员全时当量

---

① 基础数据来源于国家统计局 2015—2019 年《中国统计年鉴》、各省份统计年鉴，并由笔者整理而得。

全国研发经费支出规模和强度一直呈现突破的态势。随着经济实力增强和创新驱动发展战略的实施，我国研发经费规模持续快速增长。2015—2019年，各地区的研发经费支出不断增长。横向来看，东部地区的经费支出占总支出的近70%，中部地区、中部地区位列二、三位。纵向来看，各地区的经费支出都在实现突破，中部地区的增长率位列首位，达到80.15%；西部地区紧随其后，增长率为65.08%；东部地区及东北三省的增长率分别为51.77%、21.27%。相较于2015年的地区分布，中部地区及西部地区2019年的占比都有所提升。具体见表5-7。图5-4统计了2015—2019年西部地区研发经费支出的各领域分布，试验发展仍然占据了大部分，基础研究及应用研究也在持续增长。

表5-7 2015—2019年各地区研究与试验发展（R&D）经费支出

年份	东部		中部		西部		东北三省	
	支出额/万元	占比/%	支出额/万元	占比/%	支出额/万元	占比/%	支出额/万元	占比/%
2015	96 288 831	67.95	21 469 134	15.15	17 316 145	12.22	6 624 737	4.68
2016	106 893 836	68.19	23 781 377	15.17	19 443 390	12.40	6 648 880	4.24
2017	118 848 464	67.50	28 201 677	16.02	21 966 359	12.48	7 044 796	4.00
2018	131 899 248	67.03	32 872 691	16.71	24 906 426	12.66	7 100 929	3.61
2019	146 140 133	66.00	38 676 425	17.47	28 585 257	12.91	8 033 959	3.63

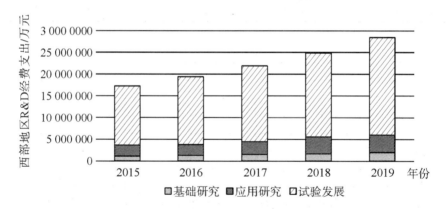

图5-4 2015—2019年西部地区研究与试验发展（R&D）经费支出

2015—2019年，科技产出量质齐增，专利发明量大幅上升，各地区的专利申请数及授权数都呈现增长的趋势。横向来看，东部地区的专利申请数及授权数仍然排名首位，中部地区及西部地区位于中间，东北三省最为落后。纵向来看，不论是申请数还是授权数，中部地区2015—2019年的增长率都位于首位，分别为78.07%、74.49%。西部地区的申请数增长率为25.92%，授权数增长率为41.27%。具体见表5-8。图5-5列出了西部地区2015—2019年的专利申请数及授权数的增长变化趋势。从总体来看，西部地区的科技创新产出有长足进步。

表5-8 2015—2019年各地区国内专利申请数及授权数 单位：件

年份	东部		中部		西部		东北三省	
	申请数	授权数	申请数	授权数	申请数	授权数	申请数	授权数
2015	1 774 137	1 129 094	382 707	213 842	391 038	201 038	91 564	53 003
2016	2 252 613	1 132 033	510 682	227 534	435 112	216 169	106 818	53 145
2017	2 345 864	1 217 097	574 568	242 245	514 622	205 680	101 279	55 806
2018	2 823 926	1 646 727	693 954	343 007	501 590	277 208	127 302	68 469
2019	2 883 113	1 741 662	681 494	373 134	492 400	284 005	138 097	75 605

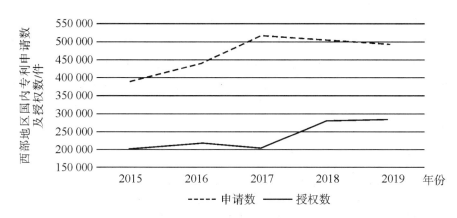

图5-5 2015—2019年西部地区国内专利申请数及授权数

随着科技创新体制改革的不断深化，科技中介服务体系加快发展，技术市场交易活跃。各地区的技术市场成交合同数量和金额都大幅上升。技术市场合同涉及技术开发、技术转让、技术咨询和服务等方面内容。2015—2019年，各地区合同数量都大幅增加，西部地区的合同数量增长率位居第一，达83.48%。各地区的合同金额都有巨大突破，各地区的增长率都超过了1倍，西部地区达到了1.5倍。具体见表5-9。

表5-9 2015—2019年各地区技术市场合同数量及合同金额

年份	东部		中部		西部		东北三省	
	合同数/项	合同金额/万元	合同数/项	合同金额/万元	合同数/项	合同金额/万元	合同数/项	合同金额/万元
2015	196 087	63 561 272	44 041	12 459 587	48 748	13 450 103	16 155	4 212 261
2016	201 660	73 683 809	47 969	14 071 180	48 607	15 899 259	20 415	5 654 468

表5-9(续)

年份	东部		中部		西部		东北三省	
	合同数/项	合同金额/万元	合同数/项	合同金额/万元	合同数/项	合同金额/万元	合同数/项	合同金额/万元
2017	219 178	85 693 153	57 533	17 530 480	63 739	18 458 078	24 972	7 524 637
2018	245 586	110 035 282	66 153	22 228 831	72 696	29 284 776	25 015	9 823 571
2019	285 980	142 494 087	80 754	28 601 608	89 446	33 750 657	24 919	12 646 054

三、西部地区全要素生产率现状

图5-6分析了西部地区2010—2018年的全要素生产率及其分解后的结构效应和技术效应的变化趋势。可以看出，相较于结构效应（ECC）和技术效应（TECH），西部地区的全要素生产率（TFP）增长率波动相对较小，基本上位于1.07~1.125的区间内。从总体趋势来看，在中间几年呈现了增长率下降的趋势。技术效应的波动是最大的，基本上位于0.975~1.075的区间内，总体呈现两端平缓、中间凸出的趋势，最大值出现在2014年。结构效应总体呈现一个增长率下降的趋势，在2013—2015年呈现一个盆底的低值。从总体来看，全要素生产率近年来都呈现为增长率为正的趋势，只是增速不稳定，处于波动状态。

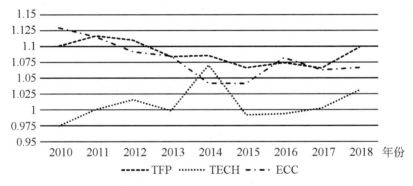

图5-6 西部地区2010—2018年全要素生产率及分解变化趋势

第五节　实证分析

一、研究假设

金融发展包括了多个层面，其中既有水平提升，也有结构变化和效率改变。基于经济增长理论，金融发展通过完善金融功能影响全要素生产率的提高。实证分析也显示金融发展通过缓解高效率行业的融资约束，引导资金流向更有效率的部门和企业，最终提升资源运用效率，推动提高全要素生产率。基于上述研究，本研究提出了待检验假设一。

H1：西部地区金融发展对全要素生产率的提高有显著的正向作用。

现有理论表明，在不同的创新阶段，金融对其产生的作用机制也不同。一方面，金融发挥资源配置功能，通过缓解信贷约束、信息不对称、监督激励等促进科技创新，与科技创新形成良性互动；另一方面，金融抑制也可能导致资源浪费、效率损失等，进而对科技创新形成逆向排挤。金融发展对科技创新可能是一把双刃剑，其具体效应还有待检验。因此，本研究提出了待检验假设二。

H2：西部地区金融发展对科技创新具有推动作用。

金融发展影响经济发展的途径多种多样，其中之一是技术进步渠道，功能完备的金融体系可以通过促进技术变革和生产率提高，从而提高全要素生产率。本研究试图检验金融发展是否通过驱动科技创新最终提高了全要素生产率。因此，本研究提出了待检验假设三。

H3：西部地区科技创新在金融发展影响全要素生产率的提高的过程中起到了中介传导作用。

其中，中介效应模型采用动态面板，基于以下考虑：技术进步是一个依赖于人力资本投入和技术知识积累的渐进过程；科技创新中政府支持的作用的效果可能不是突变的而是渐变的，西部大开发战略和"一带一路"倡议的实施，可能导致西部地区科学研究与技术开发对提高全要素生产率的影响效果也不同。

二、变量选取与数据来源

（一）变量选取

1. 被解释变量

本研究的核心任务就是考察金融发展、科技创新对我国西部地区城市层面全要素生产率提高的影响。本研究借鉴张莉等（2019）、詹新宇等（2019）的研究方法，以全要素生产率来衡量地区经济发展效率。全要素生产率（TFP）是指总产出与全部投入要素数量之比，其本质是技术进步、管理模式改进的效率。测算方法从最初的索洛提出的索洛余值法发展到 Chames et al. 提出的 DEA 数据包络法，并在当今得到广泛使用（柯孔林，2013；陈超凡，2016；李占凤，2019）。Malmquist-Luenberger 指数（ML 指数）是用 DEA 技术构造出某经济体的生产可能性边界，再利用方向性距离函数计算出经济体每个生产决策单元与生产可能性边界的距离，最后基于两期的方向性距离函数计算出此期间的 ML 指数。本研究采用以固定时期作为参考集的 CRS 乘数模型计算 ML 指数，作为全要素生产率增长指数，并可将其进一步分解为技术效率指数（EC）和技术进步指数（TC）。其公式如下：

$$M_f(x^{t+1},\ y^{t+1},\ x^t,\ y^t) = \frac{E^f(x^{t+1},\ y^{t+1})}{E^f(x^t,\ y^t)}$$

$$= \frac{E^{t+1}(x^{t+1},\ y^{t+1})}{E^t(x^t,\ y^t)}\left[\frac{E^f(x^{t+1},\ y^{t+1})}{E^{t+1}(x^{t+1},\ y^{t+1})} \times \frac{E^t(x^t,\ y^t)}{E^f(x^t,\ y^t)}\right]$$

$$= EC \times TC_f$$

若 ML 指数值大于 1，表示从 t 期到 $t+1$ 期全要素生产率提高，反之则为降低。利用 ML 指数可将 TFP 增长分解为两个部分：技术效率指数和技术进步指数。EC 为技术效率指数，表示从 t 期到 $t+1$ 期的技术效率变动，刻画了决策单位生产靠近当期生产前沿边界的程度，体现一种追赶效应；TC 为技术进步指数，表示从 t 期到 $t+1$ 期生产技术变动的几何平均数，刻画了两时期内生产前沿边界的移动程度，体现一种增长效应。即 EC 和 TC 分别表示边际产出等于平均产出状态下，效率的改善程度和技术的创新程度。由于各期参考的是固定前沿，因此指数具备传递性，可以累乘。为了使各变量可比，本研究中三个指数均取累积值。

ML 指数的测算，期望产出为地区生产总值，并按照相应年份地区生产总值平减指数调整为可比值。由于缺少各城市的地区生产总值平减指数，因此分省份对各城市地区生产总值进行平减。K 和 L 分别表示资本和劳动两种要素的投入，可以分别以资本存量和年末全社会从业人员来表示。资本存量是一个需要计算的间接的变量，本研究使用永续盘存法计算资本投入，其公式为：

$$k_t = (1-\delta) K_{t-1} + I_t / P_t$$

其中，K_t 和 K_{t-1} 分别为第 t 年和第 $t-1$ 年的实际资本存量，P_t 为固定资产投资价格指数，I_t 为当年名义投资额，本节选取固定资本形成总额作为各省份全要素生产率的资本投资额，δ 为当年折旧率。根据单豪杰（2008）提供的方法，折旧率 δ 一般取 10.96%。

2. 解释变量及控制变量

本研究另一个关键变量是城市层面的金融发展水平。考虑到数据的可得性，本研究从金融规模、金融结构及金融效率三个方面来确立金融发展指标。

（1）金融规模指标

本研究采用直接融资额与间接融资额之和与国内生产总值的比值来衡量金融规模。借鉴杨俊（2015）的方法，我们用各地级市全部金融机构年末本外币贷款余额衡量该市的间接融资额，用各地级市年度内上市公司首次公开发行、再次公开发行等实际募集资金之和来衡量该市的直接融资额。其公式如下：

金融规模=（直接融资额+间接融资额）/地区 GDP

（2）金融结构指标

本研究采用直接融资额与间接融资额的比值来衡量金融结构。随着金融结构的不断调整，融资方式也在发生变化。虽然我国西部地区间接融资仍占据主导地位，但直接融资的比例也在不断扩大。直接融资额为各地区上市公司的股票与债券融资额之和，间接融资额为各地级市全部金融机构年末本外币贷款余额。其公式如下：

金融结构=直接融资额/间接融资额

（3）金融效率指标

本研究采用固定资本形成总额与前一年储蓄增加额的比值来衡量金融效率。本研究借鉴王志强和孙刚（2003）的方法，用存贷比衡量金融效率。我国企业融资主要以银行等金融中介机构为主导，尤其是在我国西部地区，很多企业基本上呈现出银行贷款融资占绝对主导地位的现象，故本研究使用的指标能够相对准确地反映整体金融发展的效率。其公式如下：

金融效率=金融机构贷款余额/金融机构存款余额

科技创新是本研究的中介变量，我们选择各地级市专利授权量（取对数）作为衡量科技创新的指标。科技创新的成果表现为创新产出的增加及成果转化水平，专利授权量在一定程度上刻画了科技创新成果的转化水平。

在控制变量的选取上，本研究主要控制了以下几点：一是城市经济发展水平。经济发展水平的高低直接决定了创新活动的经济环境和创新活动的投入，本研究用人均地区生产总值代表。二是产业结构。产业结构的变化对地区资源配置效率和创新活动有一定影响，本研究将第二产业和第三产业之和在地区生产总值中的比重作为代理变量。三是就业水平。地方就业水平的高低会对人力、物力、金融等资源的配置产生一定影响，本研究用第二产业和第三产业就业人口占地方总就业人口比重表示。四是政府支出规模。考虑到地方财政支出水平也会影响区域科技创新能力和资源配置，本研究用地方政府财政支出占地区生产总值比重来反映政府对经济的参与度。变量选取详见表5-10。

表5-10 变量选取

变量类型	变量选取	变量符号	计算方法
被解释变量	全要素生产率	TFP	全要素生产率
		EC	全要素生产率分解后的技术效率变化
		TC	全要素生产率分解后的技术进步变化
解释变量	金融规模	FS	（直接融资额+间接融资额）/地区 GDP
	金融结构	FI	直接融资额/间接融资额
	金融效率	FE	金融机构贷款余额/金融机构存款余额

表5-10(续)

变量类型	变量选取	变量符号	计算方法
中介变量	科技创新	Innovation	专利授权量（取对数）
控制变量	城市经济发展水平	GDP	城市人均地区GDP（取对数）
	产业结构	Industry	第二产业和第三产业增加值/地区GDP
	政府支出规模	Government	财政支出/地区GDP
	就业水平	Employment	第二产业和第三产业 就业人口/地方总就业人口

表5-11为各变量的详细描述性统计信息表。从表5-11中可以看出，我国西部地区各市州的全要素生产率、金融规模、科技创新水平存在较大的地区差异，政府支出规模、产业结构、就业水平等变量的地区差异相对较小。

表5-11 变量描述性统计

变量名称	代表字母	观测值	平均值	标准差	最小值	最大值
全要素生产率	TFP	120	1.563	0.430	1.000	3.249
结构效应	EC	120	1.030	0.138	0.781	1.565
技术效应	TC	120	1.510	0.321	1.000	2.187
金融规模	FS	120	3.018	0.911	1.214	6.861
金融效率	FE	120	0.802	0.264	0.233	1.921
金融结构	FI	120	0.341	0.331	0.080	2.660
专利授权量（取对数）	Innovation	120	8.937	1.653	5.088	12.029
人均地区GDP（取对数）	GDP	120	10.296	0.445	9.196	11.185
政府支出规模	Government	120	0.391	0.273	0.171	1.379
产业结构	Industry	120	0.877	0.034	0.793	0.934
就业水平	Employment	120	0.530	0.109	0.277	0.873

（二）数据来源

本研究聚焦我国西部地区，拟选取我国西部12省份2008—2018年的数据为样本，研究金融发展与全要素生产率的提高的关系。样本数据来源于历年《中国统计年鉴》《中国金融年鉴》《中国科技统计年鉴》《各地级市统计年鉴》以及各地级市统计公报和国泰安数据库。

三、模型构建

（一）基础模型

本研究选择金融规模（FS）、金融效率（FE）、金融结构（FI）为解释变量，全要素生产率（TFP）为被解释变量，分别利用静态数据和动态面板来构建如下模型：

$$TFP_{it} = \partial_1 FIN_{it} + \partial_2 \sum_{j}^{n} Control_{it} + \alpha_i + \theta_t + \mu_{it} \qquad (5-1)$$

$$TFP_{it} = \beta_1 L. TFP_{it} + \beta_2 FIN_{it} + \beta_3 \sum_{j}^{n} Control_{it} + \alpha_i + \theta_t + \mu_{it} \qquad (5-2)$$

其中，i 代表城市，t 代表年度，TFP_{it} 为全要素生产率，$L. TFP_{it}$ 为全要素生产率一阶滞后项，FIN_{it} 为金融发展，本研究选择金融规模、金融结构、金融效率三个维度来刻画金融发展，$Innovation_{it}$ 为科技创新水平，$\sum_{j}^{n} Control_{it}$ 为控制变量。α_i 为个体效应，θ_t 为时间效应，μ_{it} 为随机扰动项。

（二）中介模型

本研究采用 Baron 和 Kenny（1986）提出的中介效应模型，对科技创新是否金融发展影响经济发展质量的中介变量进行机制检验。为了克服变量内生性导致的估计偏误，同时考虑到动态模型的合理性，机制检验部分采用系统 GMM（高斯混合模型）估计方法，并根据温忠麟和叶宝娟（2014）提出的综合性中介效应检验程序进行进一步检验。模型设置如下：

$$TFP_{it} = \beta_1 L. TFP_{it} + \beta_2 FIN_{it} + \beta_3 \sum_{j}^{n} Control_{it} + \alpha_i + \theta_t + \mu_{it} \qquad (5-3)$$

$$Innovation_{it} = \lambda_1 L. Innovation_{it} + \lambda_2 FIN_{it} + \lambda_3 \sum_{j}^{n} Control_{it} + \alpha_i + \theta_t + \mu_{it}$$
$$(5-4)$$

$$TFP_{it} = \gamma_1 L. TFP_{it} + \gamma_2 FIN_{it} + \gamma_3 Innovation_{it} + \gamma_4 \sum_{j}^{n} Control_{it} + \alpha_i + \theta_t + \mu_{it}$$
$$(5-5)$$

其中，i 代表城市，t 代表年度，TFP_{it} 为全要素生产率，FIN_{it} 为金融发展，本研究选择金融规模、金融结构、金融效率三个维度来刻画金融发展，$Innovation_{it}$ 为科技创新水平，$\sum_{j}^{n} Control_{it}$ 为控制变量。α_i 为个体效应，θ_t 为时间效应，μ_{it} 为随机扰动项。

本研究采用逐步检验法对金融是否通过科技创新这一中介渠道影响经济发展质量进行验证。检验共分为三步。第一步，首先检验方程（5-1）中金融发展的系数 β_2 是否显著。若系数不显著，则说明其对全要素生产率无影响，应停止中介效应检验；若系数显著，则中介效应检验继续进行。第二步，依次检验方程（5-2）中金融发展的系数 λ_2 和方程（5-3）中科技创新的系数 γ_3 是否显著。若两者系数均显著，则说明中介效应存在，部分中介效应抑或完全中介效应取决于第三步检验的结果。当其中至少有一个不显著时，则还需进行 Sobel 检验以判断是否继续。第三步，检验方程（5-3）中金融水平的

系数 γ_2 是否显著。在第二步两者系数均显著以及 Sobel 检验拒绝原假设的情形下，若金融水平系数显著，则说明存在部分中介效应；若其不显著，则说明存在完全中介效应。

四、计量结果讨论

在前文理论机制及数据统计的基础上，首先检验金融发展对全要素生产率的直接效应，本研究主要通过金融规模、金融效率及金融结构三个变量来表征金融发展。先利用静态面板数据混合 OLS 方法及固定效应模型来对其进行检验。考虑到全要素生产率的变动具有一定的持续性特征，为了捕捉这种特征，本研究将其展开为动态面板数据模型，将被解释变量的滞后项作为解释变量引入回归模型中。滞后项的引入可有效降低计量模型的设定偏误，但同时也带来了内生性问题。针对滞后项的内生性，我们采用系统 GMM 方法进行估计，系统 GMM 方法既能够弥补差分 GMM 估计带来的不精确和偏误，还能够对未观察到的个体异质、测量误差、遗漏变量偏差等一些潜在的内生性问题进行修正，因为这些潜在的问题在使用混合 OLS 及固定效应时会对模型的估计效果造成偏误。另外，针对矩条件的有效性一般可以利用 Sargan 检验或 Hansen 检验来进行，但 Sargan 检验只有在干扰项是同方差的情况下才有效。鉴于 Sargan 检验使用较为有限，在实践中多以 Hansen 检验为主要检验方法。本研究使用 Hansen 检验来对工具变量的有效性进行检验。Hansen 检验的作用原理在于工具变量的过度识别，本研究的模型接受原假设，即选取的工具变量是科学的。此外，系统 GMM 方法还要求一阶差分的干扰项与其滞后一期的干扰项不相关，即允许一阶扰动项自相关而二阶不相关，该模型拒绝 AR（1），接受 AR（2），符合系统 GMM 方法要求。

表 5-12 为基准回归表（一）。模型 1 和模型 2 是利用静态面板数据来检验金融规模对全要素生产率的影响，模型 3 是利用动态面板来检验二者的关系。首先，可以看出无论是观察静态的面板数据，还是考虑加入了 TFP 滞后项的动态面板数据，金融规模对全要素生产率的系数都显著为正，表明金融规模对全要素生产率有着正向的影响。另外，TFP 滞后项的系数显著为正，也证实了全要素生产率的变动具有持续性特点。金融规模每提升 1 个百分点，全要素生产率增长 0.119 个百分点。同理，模型 4 和模型 5 是利用静态数据，模型 6 是通过动态面板来考察金融结构对全要素生产率的影响。虽然在 OLS 方法及固定效应里系数不显著，但在 GMM 模型里，金融结构的系数都显著为正。考虑到模型的适用性，以 GMM 为主要考察模型，可以得出金融结构对全要素生产率也呈现出积极的影响。金融效率每提升 1 个百分点，TFP 提升 0.092 5 个百分点。上述模型皆通过了 Hansen 检验及 Arellano-Bond 检验。

表 5-12　基准回归表（一）

变量	模型 1 OLS TFP	模型 2 固定效应 TFP	模型 3 GMM TFP	模型 4 OLS TFP	模型 5 固定效应 TFP	模型 6 GMM TFP
L. TFP			0.498 * （0.255）			0.727 *** （0.093 8）
FS	0.081 6 ** （0.034 9）	0.080 9 ** （0.034 6）	0.119 * （0.071 5）			
FI				0.037 2 （0.081 6）	0.036 7 （0.069 3）	0.092 5 * （0.050 4）
GDP	1.030 *** （0.066 5）	1.172 *** （0.064 6）	0.633 ** （0.279）	1.086 *** （0.065 6）	1.217 *** （0.065 5）	0.363 ** （0.160）
Industry	−2.481 * （1.371）	−0.873 （1.697）	−1.720 ** （0.860）	−2.682 * （1.403）	−1.540 （1.758）	−1.413 （1.265）
Government	0.003 85 （0.206）	−1.372 *** （0.443）	−1.347 （0.963）	0.253 （0.181）	−0.769 ** （0.367）	−0.126 （0.328）
Employment	0.169 （0.214）	0.401 ** （0.187）	−0.192 （0.676）	0.138 （0.221）	0.362 * （0.191）	0.629 （0.476）
_ cons	−7.199 *** （0.959）	−9.662 *** （1.195）	−3.882 * （2.278）	−7.449 *** （0.965）	−9.528 *** （1.232）	−2.306 * （1.303）
城市固定效应	NO	YES	YES	NO	YES	YES
时间固定效应	NO	YES	YES	NO	YES	YES
观测量	120	120	96	120	120	96
R^2	0.509	0.874		0.462	0.867	
AR（1）			0.004			0.009
AR（2）			0.324			0.323
Hansen 检验			0.192			0.516

注：*、** 以及 *** 分别代表在 10%、5%以及 1%统计水平上显著。

表 5-13 主要考察了金融效率对全要素生产率的影响。模型 7 和模型 8 是利用静态面板，模型 9 是利用动态面板来捕捉金融效率对全要素生产率的影响。可以看出，不论是利用 OLS、混合模型还是系统 GMM 模型，金融效率的系数都不显著，说明金融效率对全要素生产率不存在具有统计意义的影响。

表 5-13　基准回归表（二）

变量	模型 7 OLS TFP	模型 8 固定效应 TFP	模型 9 GMM TFP

59

表5-13（续）

变量	模型 7	模型 8	模型 9
	OLS	固定效应	GMM
	TFP	TFP	TFP
L. TFP			0.783 *** -0.092 6
FE	-0.061 8 -0.096 4	0.033 -0.084 7	0.042 -0.056 2
GDP	1.085 *** -0.065 7	1.207 *** -0.064 7	0.25 -0.185
Industry	-2.550 * -1.383	-1.306 -1.733	0.527 -1.999
Government	0.272 -0.172	-0.791 ** -0.374	0.067 4 -0.354
Employment	0.133 -0.222	0.366 * -0.191	0.326 -0.261
_ cons	-7.497 *** -0.967	-9.629 *** -1.227	-2.811 *** -0.692
城市固定效应	NO	YES	YES
时间固定效应	NO	YES	YES
观测量	120	120	96
R^2	0.467	0.867	
AR（1）			0.299
AR（2）			0.304
Hansen 检验			0.129

注：*、** 以及 *** 分别代表在 10%、5% 以及 1% 统计水平上显著。

进一步，将 TFP 分解为技术效应和结构效应来剖析金融发展对全要素生产率的具体传导路径。表5-14 考察了金融规模、金融效率及金融结构对技术效应的影响，这一节的实证依然是参考基准模型，考虑了静态面板和动态面板来检查三者对其的影响。在模型 10 和模型 11 中，可以看出金融规模在固定效应及 GMM 模型中系数都不显著，表明金融规模对技术效应没有产生影响。在模型 12 和模型 13 中，金融结构对技术效应在固定效应中体现出显著的负向影响。在模型 14 和模型 15 中，金融效率在 GMM 模型中在 10% 的水平上显著为负，表明金融效率对技术效应并没有产生积极影响。从整体来看，金融发展影响全要素生产率主要不是通过对原有产业的技术升级来实现的。

表 5-14　技术效应回归表

变量	模型 10	模型 11	模型 12	模型 13	模型 14	模型 15
	固定效应	GMM	固定效应	GMM	固定效应	GMM
	TC	TC	TC	TC	TC	TC
L. TC		0.204 (0.146)		0.517 *** (0.118)		0.482 *** (0.114)
FS	0.000 886 (0.020 4)	0.010 6 (0.021 4)				
FI			−0.077 0 * (0.039 2)	−0.005 44 (0.010 8)		
FE					−0.072 8 (0.048 2)	−0.025 6 ** (0.011 9)
GDP	0.208 *** (0.038 2)	0.219 *** (0.060 7)	0.193 *** (0.037 1)	0.069 7 (0.079 2)	0.215 *** (0.036 9)	0.062 6 (0.070 2)
Industry	−1.196 (1.002)	−1.013 ** (0.452)	−0.826 (0.995)	2.772 (2.754)	−1.322 (0.987)	3.648 (2.464)
Employment	−0.561 ** (0.261)	−0.909 (0.560)	−0.547 *** (0.208)	−0.618 *** (0.154)	−0.496 ** (0.213)	−0.690 *** (0.153)
Government	0.104 (0.110)	−0.255 (0.522)	0.109 (0.108)	0.084 9 (0.197)	0.102 (0.109)	0.139 (0.196)
_ cons	0.103 (0.706)	−0.083 4 (0.521)	−0.044 9 (0.697)	−2.490 (1.827)	0.169 (0.699)	−3.125 * (1.668)
城市固定效应	YES	YES	YES	YES	YES	YES
时间固定效应	NO	YES	NO	YES	NO	YES
观测量	120	96	120	96	120	96
R^2	0.269		0.296		0.285	
AR（1）		0.279		0.273		0.262
AR（2）		0.289		0.258		0.349
Hansen 检验		0.335		0.249		0.412

注：＊、＊＊以及＊＊＊分别代表在 10%、5% 以及 1% 统计水平上显著。

表 5-15 考察的是金融规模、金融结构及金融效率对结构效应的影响。同理，也是分别利用固定效应模型及 GMM 模型来进行检验的。在模型 16 和模型 17 中，金融规模对结构效应的影响无论在固定效应模型中还是在 GMM 模型中都显著为正，说明金融规模对结构效应具有显著的积极作用，结合表 5-14 中金融规模对技术效应的影响为负，可以发现金融规模主要通过对结构效应的正向影响传导至整体 TFP，从而体现出对整体 TFP 的积极影响。在模型 18 和模型 19 中，金融结构皆在 1% 的显著性水平上显著为正，结合前文分析，金融结构对整体 TFP 的影响是通过影响技术结构效应来达到的，二者的符号也体现出一致性。在模型 20 和模型 21 中，金融效率在 GMM 模型中的

系数显著为负，金融效率对分解后的结构效应没有产生正向影响。从 Hansen 检验及 Arellano-Bond 检验的系数可知，表 5-15 中的模型都通过了上述检验。

表 5-15　结构效应回归表

变量	模型 16 固定效应 EC	模型 17 GMM EC	模型 18 固定效应 EC	模型 19 GMM EC	模型 20 固定效应 EC	模型 21 GMM EC
L. EC		0.983 *** (0.021 9)		0.971 *** (0.013 0)		1.083 *** (0.019 7)
FS	0.071 2 *** (0.020 0)	0.023 5 ** (0.009 32)				
FI			0.144 *** (0.038 8)	0.073 6 *** (0.017 8)		
FE					0.161 *** (0.048 0)	−0.058 6 *** (0.022 7)
GDP	0.796 *** (0.037 3)	−0.053 7 *** (0.017 0)	0.858 *** (0.036 7)	−0.013 9 (0.023 5)	0.813 *** (0.036 7)	−0.102 *** (0.024 5)
Industry	1.665 * (0.979)	0.214 (0.371)	0.534 (0.986)	0.171 (0.593)	1.503 (0.982)	−0.023 8 (0.503)
Government	−0.179 (0.255)	0.057 3 (0.056 9)	0.342 * (0.206)	0.245 * (0.131)	0.227 (0.212)	0.079 6 (0.113)
Employment	0.059 3 (0.108)	0.073 4 (0.085 9)	0.017 7 (0.107)	0.088 7 (0.060 5)	0.032 7 (0.108)	0.054 3 (0.062 1)
_ cons	−8.323 *** (0.690)	0.366 (0.260)	−7.991 *** (0.691)	−0.028 5 (0.381)	−8.413 *** (0.695)	1.052 *** (0.321)
城市固定	YES	YES	YES	YES	YES	YES
时间固定	NO	YES	NO	YES	NO	YES
观测量	120	96	120	96	120	96
R^2	0.930		0.930		0.929	
AR（1）		0.003		0.011		0.007
AR（2）		0.100		0.111		0.210
Hansen 检验		0.158		0.102		0.217

注：*、** 以及 *** 分别代表在 10%、5% 以及 1% 统计水平上显著。

　　结合技术效应及结构效应的实证，我们发现西部地区的金融发展更多的是通过要素资源在行业间的配置改善来带动全要素生产率提高的。通过支持科技创新成果转化和产业化形成新兴产业形态进而从增量上推动了全要素生产率的提高，即产业结构效应开始显现，但金融发展并没有通过科技创新有效推动西部地区原有产业的技术升级来实现全要素生产率的提高。

　　接着，本研究将检验金融发展对科技创新的影响。根据中介效应模型，科技创新作为中介变量，要分别检验金融规模、金融结构及金融效率对其的影响。本研究通过进行 Hausman 检验，选用固定效应模型来对静态数据进行回归。考虑到科技创新有一定的滞后性，本研究将其展开为动态面板数据模型，并选用系统 GMM 方法来对其进行回归，并利用 Hansen 检验及 Arellano-Bond 检验来对其结果的有效性进行检验。模型 22 和模型 23 考察金融规模对科技创新的影响，我们发现金融规模的系数无论是在固定效应模型中还是在 GMM 模型中都是在 1% 的水平上显著为正，表明金融规模对科技创新有着显著的正向推动作用，科技创新的一阶滞后项的系数也显著为正，证实了我们之前对科技创新的过程有一定持续性的猜想。模型 24 和模型 25 考察的是金融结构对科技创新的影响。结果显示，在 GMM 模型中金融结构的系数在 1% 的水平上为正，说明金融结构的优化也为科技创新提供了资本的支持。从模型 26 和模型 27 中可以看出金融效率对科技创新主要体现为一种正向影响。西部各市州的金融效率滞后对科技创新并没有形成良好的促进效应。另外，从 Hansen 检验及 Arellano-Bond 检验的系数可知，表 5-16 中的模型都通过了上述检验。

表 5-16 中介变量回归表

变量	模型 22 固定效应 innovation	模型 23 GMM innovation	模型 24 固定效应 innovation	模型 25 GMM innovation	模型 26 固定效应 innovation	模型 27 GMM innovation
L. innovation		0.632 *** (0.056 8)		0.620 *** (0.063 9)		0.668 *** (0.073 0)
FS	0.181 *** (0.066 2)	0.149 *** (0.030 9)				
FI			-0.037 9 (0.134)	0.267 *** (0.061 8)		
FE					0.398 ** (0.159)	0.151 (0.145)
GDP	2.017 *** (0.124)	0.526 *** (0.145)	2.094 *** (0.127)	0.650 *** (0.148)	2.061 *** (0.121)	0.675 (0.506)
Industry	1.690 (3.247)	3.777 (3.483)	0.786 (3.398)	4.387 (3.340)	1.264 (3.250)	-5.294 (9.894)
Government	-2.520 *** (0.847)	0.674 (0.491)	-1.162 (0.710)	1.744 *** (0.550)	-1.484 ** (0.701)	1.880 (2.318)
Employment	-0.572 (0.358)	-0.617 ** (0.309)	-0.649 * (0.369)	-0.561 ** (0.282)	-0.639 * (0.358)	-0.637 (0.412)
_ cons	-12.57 *** (2.287)	-5.694 ** (2.728)	-12.50 *** (2.380)	-7.519 *** (2.436)	-12.79 *** (2.302)	0.354 (5.139)
城市固定	YES	YES	YES	YES	YES	YES

表5-16(续)

变量	模型 22	模型 23	模型 24	模型 25	模型 26	模型 27
	固定效应	GMM	固定效应	GMM	固定效应	GMM
	innovation	innovation	innovation	innovation	innovation	innovation
时间固定	YES	YES	YES	YES	YES	YES
观测量	120	96	120	96	120	96
R^2	0.857		0.847		0.855	
AR（1）		0.043		0.036		0.045
AR（2）		0.892		0.665		0.897
Hansen 检验		0.481		0.362		0.403

注：*、**以及***分别代表在10%、5%以及1%统计水平上显著。

下面是考察中介效应的最后一步。我们将检验金融规模、金融效率及金融结构通过影响科技创新对全要素生产率提高产生的中介效应。与基准模型类似，我们将全要素生产率作为被解释变量，静态面板混合 OLS 和固定效应模型来进行检验。并在此基础上，将其展开为动态面板模型，引入全要素生产率的一阶滞后项为解释变量，针对内生性问题选择系统 GMM 方法来对其进行估计。根据中介效应检验程序，进一步检验科技创新是否起到了中介变量的作用。首先从模型 28 和模型 29 中可以看出，科技创新的估计系数显著为正，表明科技创新作为中介变量是显著的。在 GMM 模型中，金融规模的系数在 5% 水平上显著，表明存在部分中介效应，其中中介效应为 0.023 7，占总效应的 16.05%。可以发现，金融规模不仅对全要素生产率发挥了直接效应，还能通过影响科技创新从而对全要素生产率发生作用。模型 30 和模型 31 考察了金融结构、科技创新对全要素生产率的中介效应。从表 5-17 中可以看出，科技创新的系数在固定效应模型和 GMM 模型中皆在 1% 水平上显著为正，表明了科技创新这个中介变量是存在的。金融结构的系数不显著，表明是完全中介效应。根据实证估计结果，可以认为金融结构确实对我国的全要素生产率发挥了显著影响。由金融结构提升引致的科技创新显著促进了全要素生产率提高，科技创新也在金融效率影响全要素生产率提高的过程中发挥了显著的中介作用。在模型 32 和模型 33 中考察了金融效率与科技创新对全要素生产率提高的中介效应。虽然金融效率对科技创新有显著的负向影响，但根据前文分析可知，金融效率对全要素生产率没有产生直接的影响，故中介效应无法讨论。上述模型皆通过了 Hansen 检验及 Arellano-Bond 检验。

表 5-17　中介效应回归表

变量	模型 28	模型 29	模型 30	模型 31	模型 32	模型 33
	固定效应	GMM	固定效应	GMM	固定效应	GMM
	TFP	TFP	TFP	TFP	TFP	TFP
L. TFP		0.379 -0.262		0.446 * -0.264		0.447 * -0.272
FS	0.066 2 -0.048 6	0.124 ** -0.048 4				
FI			-0.053 6 -0.082 5	0.087 1 -0.111		
FE					-0.068 5 -0.091 3	-0.025 7 -0.044 1
innovation	0.148 ** -0.068 1	0.159 * -0.085 9	0.191 *** -0.064 5	0.178 ** -0.082 1	0.199 *** -0.066 7	0.216 ** -0.089 7
GDP	0.946 *** -0.136	0.505 ** -0.237	0.896 *** -0.138	0.475 ** -0.225	0.895 *** -0.138	0.399 -0.244
Industry	-2.164 -1.947	-2.726 -1.807	-2.984 -1.846	-3.662 -2.252	-3.363 * -1.872	-3.653 * -2.069
Government	-2.028 *** -0.577	-2.727 * -1.469	-1.746 *** -0.531	-1.818 -1.213	-1.652 *** -0.514	-2.189 -1.359
Employment	0.447 ** -0.196	-0.113 -0.644	0.404 ** -0.195	-0.107 -0.613	0.403 ** -0.195	-0.122 -0.607
_ cons	-7.457 *** -1.719	-2.702 -1.928	-6.479 *** -1.602	-1.803 -1.826	-6.196 *** -1.667	-1.198 -1.775
城市固定	YES	YES	YES	YES	YES	YES
时间固定	YES	YES	YES	YES	YES	YES
观测量	120	96	120	96	120	96
R^2	0.874		0.872		0.873	
AR（1）		0.097		0.053		0.022
AR（2）		0.291		0.139		0.216
Hansen 检验		0.322		0.769		0.405

注：* 、** 以及 *** 分别代表在 10%、5% 以及 1% 统计水平上显著。

五、稳健性检验

把本研究中的核心变量全要素生产率的测算改用索洛余值法进行测算，利用 C-D 生产函数来测算全要素生产率。模型 34 至模型 39 考察的是金融规模、金融结构及金融效率对全要素生产率提高的总效应，模型 40 至模型 45 考察的是加入中介变量科技创新后，金融规模、金融结构及金融效率对全要素生产率提高的中介效应。金融规模和金融结构对全要素生产率提高的影响及中介效应与前文实证结果一致，金融效率对全要素产率提高的影响与前文有一点出入。但总的来说，表5-18和表5-19的结果与本研究基准模型的回归结果基本相同，佐证了本研究的研究假设，本研究结论具有稳健性。

表 5-18　稳健性检验（总效应）

变量	模型 34	模型 35	模型 36	模型 37	模型 38	模型 39
	固定效应	GMM	固定效应	GMM	固定效应	GMM
	TFP	TFP	TFP	TFP	TFP	TFP
L. TFP		0.879 *** (0.040 4)		0.890 *** (0.024 5)		0.947 *** (0.038 9)
FS	0.162 ** (0.077 7)	0.052 4 *** (0.020 0)				
FI			0.374 *** (0.137)	0.094 5 (0.061 1)		
FE					0.691 *** (0.135)	-0.075 0 *** (0.027 5)
GDP	1.224 *** (0.125)	0.377 *** (0.123)	1.341 *** (0.118)	0.281 *** (0.073 3)	1.226 *** (0.109)	0.288 (0.177)
Industry	6.581 ** (3.205)	-8.074 (6.188)	3.733 (3.068)	-1.163 (0.869)	6.620 ** (2.817)	-6.230 (9.090)
Government	-1.837 * (0.998)	-0.809 *** (0.258)	-0.290 (0.866)	-0.697 (0.623)	-1.167 (0.782)	-0.877 (0.752)
Employment	0.834 ** (0.338)	0.413 ** (0.209)	0.705 ** (0.325)	0.126 (0.246)	0.767 ** (0.299)	0.449 ** (0.227)
_ cons	-16.66 *** (2.241)	3.446 (4.264)	-15.45 *** (2.167)	-1.384 (1.033)	-16.99 *** (2.003)	2.838 (6.318)
城市固定	YES	YES	YES	YES	YES	YES
时间固定	YES	YES	YES	YES	YES	YES
观测量	120	96	120	96	120	96
R^2	0.776		0.783		0.817	
AR（1）		通过		通过		通过
AR（2）		通过		通过		通过
Hansen 检验		通过		通过		通过

注：*、** 以及 *** 分别代表在 10%、5% 以及 1% 统计水平上显著。

表 5-19　稳健性检验（中介效应）

变量	模型 40	模型 41	模型 42	模型 43	模型 44	模型 45
	固定效应	GMM	固定效应	GMM	固定效应	GMM
	TFP	TFP	TFP	TFP	TFP	TFP
L. TFP		0.836*** (0.078 9)		0.886*** (0.031 9)		0.948*** (0.074 4)
FS	0.005 73 (0.072 8)	0.056 9 (0.050 2)				
FI			0.246** (0.120)	0.087 5* (0.048 8)		
FE					0.492*** (0.126)	−0.077 7*** (0.027 8)
innovation	0.576*** (0.102)	0.035 0 (0.035 9)	0.544*** (0.094 0)	0.011 5 (0.029 5)	0.468*** (0.092 1)	0.008 56 (0.066 7)
GDP	0.249 (0.204)	0.377 (0.284)	0.334 (0.201)	0.266*** (0.055 5)	0.393** (0.190)	0.288 (0.194)
Industry	1.517 (2.922)	−7.674 (10.16)	0.936 (2.689)	−1.295 (0.897)	3.375 (2.586)	−7.116 (9.214)
Government	−1.873** (0.866)	−1.094 (0.747)	−1.453* (0.773)	−0.749 (0.714)	−1.911*** (0.710)	−0.967 (0.795)
Employment	0.970*** (0.294)	0.434* (0.243)	0.962*** (0.284)	0.140 (0.253)	0.970*** (0.269)	0.419* (0.240)
_ cons	−7.097*** (2.579)	2.919 (6.026)	−7.361*** (2.334)	−1.203 (0.866)	−9.590*** (2.302)	3.570 (6.332)
城市固定	YES	YES	YES	YES	YES	YES
时间固定	YES	YES	YES	YES	YES	YES
观测量	120	96	120	96	120	96
R^2	0.833		0.841		0.857	
AR（1）		通过		通过		通过
AR（2）		通过		通过		通过
Hansen 检验		通过		通过		通过

注：*、** 以及 *** 分别代表在 10%、5% 以及 1% 统计水平上显著。

第六节　研究结论与启示

一、研究结论

本研究从四大地区的视角出发，对西部地区全要素生产率、金融发展及

67

科技创新的发展现状进行了分析。可以发现：①西部地区的全要素生产率、金融发展及科技创新都有突破性的进步，例如经济贡献率、全要素生产率、社会融资规模及技术市场活跃度，这些指标都有显著的进步或改善，表明西部地区的经济实力稳步提升，已逐步从依靠外部的"输血"向强化自身"造血"功能转变。②从四大地区横向对比来看，东部地区仍然在社会融资、R&D投入、专利创新等领域占据了绝对的领先地位，但西部地区近几年的主要指标的增速是高于全国平均水平和东部地区的，随着"高质量""大开放"等新兴发展思路的调整，地区间的差距也在逐步缩小，发展更趋于均衡化。

本研究以我国西部12省份2008—2018年的数据为样本，研究金融发展、科技创新与全要素生产率的关系。实证研究发现：①金融规模对西部地区TFP具有显著的正向影响，金融规模每提升1个百分点，全要素生产率增长提升0.119个百分点，并且金融规模可以通过推动科技创新促进西部地区全要素生产率提高，但其贡献度（16.05%）还较低；②金融结构对全要素生产率的提高具有推动作用，这种直接效应主要是通过要素资源在行业间的配置效率改善来实现的；并且金融结构推动了西部地区科技创新，验证了科技创新在推动全要素生产率提高过程中存在完全中介效应；③进一步分析中介效应的实现路径可以发现，上述中介效应主要是通过结构效应而非技术效应来实现的，意味着当前西部地区科技创新成果转化和产业化提高了全要素生产率，但西部地区传统产业转型升级拖累效应仍然存在，新兴产业占比较低，技术效应尚未成为提升西部地区全要素生产率的有效途径。

二、启示

第一，西部地区经济基础整体相对薄弱，产业多以传统产业为主。产业是经济发展的基础，应当引导更多的金融资源进入经济高质量发展的重点领域，实现产业结构优化升级。在当前向经济高质量发展转变的关键时期，要统筹兼顾好传统产业的优化和新兴产业的战略部署，注重对西部地区传统产业的技术改造和升级，同时也要考虑新兴产业需要较长培育期，要加快推动西部地区战略性新兴产业的发展，提高其在区域经济布局中的比重，创新金融资源、社会资金进入参与机制，完成经济存量结构调整，从而通过优化经济存量实现西部经济高质量发展。

第二，优化融资结构，提高直接融资占比，发展多层次资本市场是实现经济高质量发展的重要引擎。因为科技创新型企业有风险高、投入期长、资金需求量大等特点，所以很难从银行等金融机构获取资金。多层次资本市场的"收益共享、风险互担"机制能在满足科技创新型企业的资金需求的同时，通过市场发现具有发展前景的企业。在推动经济高质量发展的同时，也要优化银行等金融机构的服务，完善间接融资服务功能，通过盘活存量信贷、优化增量信贷等方式支持经济高质量发展。西部地区的金融创新要兼顾特殊性和一般性，既要通过建设多层次资本市场、优化融资结构来支持科技创新和新兴产业的发展，也要结合当前西部地区产业升级的实际需要，发挥财政的调节作用，运用引导基金、差异化的货币政策等办法精准施策，多方形成合力，推动西部地区经济高质量发展。

第三，创新是实现经济高质量发展的重要动力。加大科技创新投入力度，通过增强企业自身技术创新能力、加大科研经费投入、提高资源利用和配置效率来增强经济发展的内在活力。要形成以科技创新提高自主创新能力的新格局，既要加强基础研究，不断提高原始创新能力，也要促进基础研究、应用研究与产业的衔接，加快科技成果向现实生产力转化。以科技创新为引领，推动创新链和产业链深度融合，促进科技创新与产业结构升级协同发展。同时，要通过净化创新创业环境、加强知识产权保护等措施为科技创新营造一个良好的环境，为经济高质量发展提供保障。

第六章
金融支持西部地区区域协调发展

第一节 引言

区域协调发展是经济高质量发展的重要体现，实施区域协调发展战略是国家新时代重大战略之一，是贯彻新发展理念、建设现代化经济体系的重要组成部分。不断发挥各个地区的优势和积极性，通过健全市场机制、合作机制、互助机制、扶持机制，逐步扭转区域发展差距拉大的趋势，形成东、中、西部相互促进，优势互补，共同发展的新格局。

当前西部欠发达地区在区域协调方面所面临的情况比较复杂，总体上无论是经济总量还是经济质量，与东、中部地区都有明显的差距。区域内部也存在着较为明显的差异，西部 12 省份由于历史原因、区位条件等因素，发展水平参差不齐，川、渝两地依托西部门户、长江上游等区位优势，陕西依据地处西北地区中心的发展优势，在各方面的发展均处于西部地区前列，而其余地区无论是在经济发展还是在社会发展上都较为落后。促进经济高质量发展，推动协调发展是西部欠发达地区摆脱当前困境，缩小区域差距的必然选择。推动区域整体发展，就要优先提升地区经济发展能力，要发展经济就要利用好金融，充分发挥金融的各种功能，集聚金融资源、合理分配金融资源、提升风险承担能力，为西部欠发达地区的发展注入增长动力。当前，西部地区区域发展不平衡十分突出，以县域发展不平衡为甚。四川作为成渝地区双城经济圈战略的重要省份，既存在较为发达的成都平原经济区，也有相对欠发达的民族地区、山州地区，四川省 183 个县（区）之间的不平衡性是西部甚至全国的典型。本章以四川省五大经济区的相关县（区）为对象，在金融层面上，从金融规模、金融结构、金融效率三个维度进一步检验金融发展对区域协调发展的影响，探索金融发展支持西部欠发达地区区域协调发展的路径。

第二节　西部地区区域协调发展概况：百强县样本比较

一、样本县选择

根据区域整体发展情况，本研究选取江苏、山东、福建三省作为对比省份。江苏、山东、福建三省的对比县选择依据中小城市研究院（国信中小城市指数研究院）发布的中国中小城市高质量发展指数研究报告[1]中综合实力排名前100的县级城市作为比较对象，与四川同时期百强县进行基础数据对比。具体如表6-1所示。

表6-1　全国100强县样本县选择情况

省份	县（市）	2020年百强县排名
江苏	昆山市	1
江苏	江阴市	2
江苏	张家港市	3
江苏	常熟市	4
江苏	太仓市	7
福建	晋江市	8
福建	石狮市	15
福建	福清市	17
福建	南安市	29
福建	惠安县	35
山东	龙口市	11
山东	荣成市	14
山东	胶州市	26
山东	滕州市	32
山东	莱州市	33
四川	西昌市	90

---

① 该报告为中小城市研究院于2021年发布。网址：http://www.csmeity.cn/.

二、经济与金融发展比较

经济规模方面，四川省整体县域发展水平与外省发展较好的县级地区存在较大差距。2020年四川省发展较好的成都平原经济区（成都、德阳、绵阳、乐山、眉山、遂宁、资阳、雅安）地区生产总值只有近3万亿元，经济潜力有待挖掘。从结构上来看，江苏、福建、山东三省二、三产业均衡发展，成为经济增长的主要动力，而成都平原经济区县域无论是总量，还是二、三产业对经济增长的贡献都远小于15个样本县。15个样本县中对经济规模贡献最大的是第二产业[①]。具体见表6-2。

表6-2　样本县产业发展情况　　　　单位：亿元

省份	县（市）	年份	第一产业增加值	第二产业增加值	第三产业增加值	地区生产总值
江苏	昆山市	2018	31.62	2 074.53	1726	3 832.06
江苏	江阴市	2018	36.98	2 071.91	1 697.29	3 806.18
江苏	张家港市	2018	30.63	1 423.68	1 266	2 720.18
江苏	常熟市	2018	39.9	1 230.01	1130	2 400.23
江苏	太仓市	2018	34.98	675.47	620	1 330.72
福建	晋江市	2018	20.3	1 333.69	875.01	2 229
福建	石狮市	2018	25.5	412.56	397.97	836.03
福建	福清市	2018	95.15	543.7	463.29	1 102.14
福建	南安市	2018	27.5	612.81	427.52	1 067.82
福建	惠安县	2018	30.38	744.24	319.91	1 094.53
山东	龙口市	2018	30.5	694.9	513.4	1 238.8
山东	荣成市	2018	122.44	514.02	574.78	1 211.24
山东	胶州市	2018	53.27	603.95	554.16	1 211.38
山东	滕州市	2018	74.99	590.83	530.51	1 196.33
山东	莱州市	2018	77.05	399.13	329.45	805.64
四川	金堂县	2018	49.14	198.73	176.20	424.07
四川	彭州市	2018	53.92	218.94	138.77	411.63
四川	简阳市	2018	64.64	245.61	143.59	453.83
四川	中江县	2018	87.49	149.66	152.94	390.09
四川	广汉市	2018	37.35	230.57	183.14	451.06
四川	江油市	2018	47.25	164.74	216.04	428.03

① 基础数据来源于2018年《中国城市统计年鉴》。

表6-2(续)

省份	县（市）	年份	第一产业增加值	第二产业增加值	第三产业增加值	地区生产总值
四川	仁寿县	2018	80.75	170.69	156.89	408.34
四川	射洪县	2018	47.22	185.58	144.60	377.40

创新方面，由于缺乏县域创新数据，故使用中小城市发展战略研究院2021年中国中小城市科学发展指数研究报告[1]中2021年全国科技创新百强县（市、区）上榜数作为创新能力的评价指标。可以明显地发现，四川省县域科技创新能力与其他省份存在显著的差距，只有8个区上榜，无县（市）上榜。总量上仅与相对较差的福建持平，而内部的科技发展均衡情况不如福建。具体见表6-3。

表6-3　全国科技创新百强县（市、区）上榜数　　　单位：个

省份	县（市）	区	总数
江苏	23	24	47
福建	5	3	8
山东	14	9	23
四川	0	8	8

金融发展水平方面，从表6-4中可知四川省的储蓄水平和存款规模总体都强于样本省份，一方面说明四川省的金融规模尤其是间接融资发展较好，另一方面也可能是对比省份的直接融资规模较大，导致其间接融资占比较低。对表6-5进行分析可以发现，对比省份的样本县的存贷比普遍高于四川省，说明对比省份的金融效率更高[2]。

表6-4　样本县金融发展水平

省份	县（市）	存款/地区 GDP	贷款/地区 GDP	金融发展水平
江苏	昆山市	1.22	0.90	2.12
	江阴市	0.94	0.79	1.73
	张家港市	1.08	0.87	1.95
	常熟市	0.99	1.06	2.05
	太仓市	1.13	1.13	2.25

---

① 该报告为中小城市研究院于2021年发布。网址：http://www.csmcity.cn/.

② 基础数据来源于2018年《中国城市统计年鉴》。

表6-4(续)

省份	县（市）	存款/地区 GDP	贷款/地区 GDP	金融发展水平
福建	晋江市	0.72	0.64	1.36
	石狮市	0.75	0.79	1.54
	福清市	1.09	0.80	1.90
	南安市	0.89	0.74	1.63
	惠安县	0.55	0.42	0.96
山东	龙口市	0.69	0.47	1.16
	荣成市	0.66	0.46	1.12
	胶州市	0.71	0.61	1.32
	滕州市	0.61	0.41	1.02
	莱州市	0.91	0.38	1.29
四川	金堂县	0.99	0.68	1.67
	彭州市	1.49	0.72	2.21
	简阳市	1.64	0.75	2.39
	中江县	1.12	0.43	1.55
	广汉市	1.12	0.66	1.79
	江油市	0.20	0.15	0.35
	仁寿县	1.56	0.76	2.32
	射洪县	0.98	0.53	1.50

表6-5 样本县金融效率

省份	县（市）	各项存款余额/亿元	各项贷款余额/亿元	存贷比
江苏	昆山市	4 674.94	3 441.4	0.74
	江阴市	3 594.67	3 007.56	0.84
	张家港市	2 928.72	2 368.85	0.81
	常熟市	2 368.85	2 552.14	1.08
	太仓市	1 570.01	1 499.35	0.95
福建	晋江市	1 601.88	1 425.31	0.89
	石狮市	625.39	664.41	1.06
	福清市	1 201.52	887.21	0.74
	南安市	952.19	786.15	0.83
	惠安县	599.24	455.92	0.76

表6-5(续)

省份	县（市）	各项存款余额 /亿元	各项贷款余额 /亿元	存贷比
山东	龙口市	853.25	583.07	0.68
	荣成市	805.42	552.00	0.69
	胶州市	858.24	739.06	0.86
	滕州市	726.73	491.39	0.68
	莱州市	734.28	303.43	0.41
四川	金堂县	418.27	288.12	0.69
	彭州市	612.64	295.96	0.48
	简阳市	743.78	340.39	0.46
	中江县	435.80	167.53	0.38
	广汉市	506.98	298.26	0.59
	江油市	85.29	62.89	0.74
	仁寿县	637.61	309.86	0.49
	射洪县	368.62	198.29	0.54

经过对比，可以发现四川省县域在经济规模、创新能力、金融效率等方面存在明显劣势，而对比省份的样本县表现出经济规模较大、创新能力较强、金融效率较高等特点。另外，四川省县域的间接融资规模发展较好，直接融资发展不足。就总体而言，四川省县域地区在经济发展、科技创新、金融发展等方面均有待进一步发展。

第三节　金融支持西部地区经济协调发展的评价

区域协调发展涉及面较广、考虑因素较多，单就四川省来说，成都平原经济区、川南经济区、川东北经济区、攀西经济区和川西北生态示范区之间协调发展也存在较大差异。因此，为更好地检验金融发展对区域协调发展的影响，本章选择四川省183个县（区）为研究对象，数据来源于历年《中国县域统计年鉴》《四川统计年鉴》《各地级市统计年鉴》以及国泰安数据和各地级市相应年份的统计公报等。同时，为了保证不同年份的数据具备可比性，本研究对与价格相关的变量以2013年为基期进行了预处理。

一、区域协调发展评价

协调发展就是要统筹城乡发展、统筹区域发展、统筹经济社会发展、统筹人与自然和谐发展、统筹国内发展和对外开放，推进生产力和生产关系、经济基础和上层建筑相协调，推进经济、政治、文化建设的各个环节、各个方面相协调。其综合因素较多，因此本章根据数据可获得性，设定综合指标作为协调发展的代理变量，运用熵值法对四川省 183 个县（区）县域协调发展水平进行测算。由于篇幅有限，本研究对数据处理过程、测算方法不再详细赘述。具体指标选择及部分测算结果如表 6-6 和表 6-7所示。

表 6-6　县域协调发展评价指标体系

一级指标	二级指标	指标算法
经济发展水平	人均地区生产总值	地区生产总值/年末总人口
	人均地方财政收入	地方一般公共预算收入/年末总人口
	非农业生产占地区 GDP 比重	第二产业、第三产业生产总值/地区生产总值
	非农产业从业人员比重	第二产业、第三产业从业人员数量/三次产业从业人员总数
	城镇化率	城镇人口/总人口
创新发展能力	研发投入强度	R&D 经费内部支出/地区生产总值
	人均专利申请授权数	专利授权数/年末总人口
对外开放水平	外资依存度	实际利用外资金额/地区生产总值
	出口依存度	地区出口额/地区生产总值
可持续发展能力	人均耕地面积	年末实有耕地面积/年末总人口
	化肥施用强度	化肥施用量/耕地面积
	人力资本水平	普通中学在校学生数/总人口
	普通教育每名学生专任教师数	普通中学在校学生数/普通中学专任教师数

表 6-7　四川省 2018 年县域协调发展评价综合得分地区分类

地区分类	标准	县（区）
一类地区	20<V	锦江区、青羊区、龙泉驿区、成华区
二类地区	15<V≤20	温江区、金牛区、双流区、新津县、青白江区、新都区、沙湾区、东区（攀枝花）、武侯区、江阳区

表6-7(续)

地区分类	标准	县（区）
三类地区	10<V≤15	龙马潭区、郫都区、涪城区、金口河区、西昌市、什邡市、翠屏区、米易县、仁和区、西区、金堂县、石棉县、绵竹市、广汉市、旌阳区、都江堰市、马尔康市、彭山区、彭州市、盐边县、峨眉山市、宝兴县、顺庆区、船山区、汶川县、蒲江县、自流井区、康定市、江油市、简阳市、会理县、邛崃市、崇州市、华蓥市、前锋区、南溪区、大邑县、雁江区、威远县、东坡区、游仙区、利州区、罗江区、青神县、乐山市中区、乐至县、纳溪区、会东县、理县、木里县、珙县、叙州区、隆昌市、夹江县、筠连县、仁寿县、五通桥区
四类地区	5<V≤10	峨边县、荥经县、武胜县、犍为县、江安县、昭化区、洪雅县、长宁县、平武县、丹棱县、内江市中区、安州区、天全县、大竹县、阆中市、泸县、贡井区、雷波县、宣汉县、邻水县、射洪县、屏山县、富顺县、九龙县、稻城县、高县、万源市、松潘县、南部县、梓潼县、古蔺县、广安区、兴文县、芦山县、宁南县、井研县、黑水县、大安区、荣县、朝天区、冕宁县、岳池县、巴塘县、雨城区、德昌县、北川县、通川区、盐源县、安岳县、剑阁县、马边县、沐川县、嘉陵区、合江县、茂县、沿滩区、东兴区、达川区、旺苍县、得荣县、巴州区、叙永县、九寨沟县、蓬安县、泸定县、中江县、高坪区、营山县、雅江县、开江县、盐亭县、西充县、苍溪县、三台县、大英县、青川县、蓬溪县、渠县、南江县、汉源县、安居区、乡城县、丹巴县、普格县、平昌县、仪陇县、资中县、名山区、恩阳区、白玉县、小金县、通江县、甘孜县、喜德县、金川县、炉霍县、道孚县、甘洛县、若尔盖县、理塘县、阿坝县、越西县、新龙县、红原县、金阳县、昭觉县、壤塘县、美姑县
五类地区	V≤5	布拖县、色达县、德格县、石渠县

　　根据表6-7中2018年静态分析结果，四川省2018年县域协调发展水平综合得分平均水平为10.2分，整体发展水平不高，并且县域间差距较大，按综合得分的地区分类分布不均衡。2018年，四川省县域协调发展评价综合得分较高的仅4个县（区）（综合得分>20分），而且四川省县域协调发展综合得分最高分与最低分相差23.8分，最高分为成都市锦江区，最低分为甘孜藏族自治州石渠县；同时，在县域协调发展五类地区中，一类地区和五类地区的数量较少，均为4个县（区），而三类地区和四类地区则较多，占所有县（区）的90%。由此可见，四川省县域协调发展不仅地区差距明显，且大多数县域协调发展质量不高。

二、区域金融发展

　　本章另一个关键变量是城市层面的金融发展水平。考虑到数据的可得性，本研究从金融规模、金融结构及金融效率三个方面来确立金融发展指标。

　　本研究采用信贷规模和储蓄水平来表征各县（区）金融规模。其中，信贷规模用银行业金融机构贷款余额比该县（区）地区生产总值来表示；储蓄水平用银行业金融机构存款余额比地区生产总值来表示。本研究采用储蓄额与贷款额之比来衡量金融效率。储蓄额用银行业金融机构存款余额来表示，贷款额用银行业金融机构贷款余额来表示。本研究采用存贷款之和与地区生产总值的比值来衡量金融结构，用金融相关比率来衡量各县（区）的金融发展结构。

三、变量设置

在控制变量的选取上，本研究主要控制如下变量：①各县（区）经济发展水平。经济发展水平的高低直接决定了创新活动的经济环境和创新活动的投入，本研究用人均地区生产总值代表。②产业结构。产业结构的变化对地区资源配置效率和创新活动有一定影响，本研究将第二产业和第三产业产值之和在地区生产总值中的比重作为代理变量。③就业水平。地方就业水平的高低会对人力、物力、金融等资源的配置产生一定影响，本研究用第二产业和第三产业就业人口占总就业人口比重表示。④政府支出规模。考虑到地方财政支出水平也会影响区域科技创新能力和资源配置，本研究用地方政府财政支出占地区 GDP 比重来反映政府对经济的参与度。⑤城镇化水平。考虑到城镇化水平的高低会在一定程度上影响经济发展质量，本研究用该地区城镇人口占地区户籍总人口的比值来代表城镇化水平。具体如表 6-8 所示。

表 6-8　变量选取

变量类型	变量选取	变量符号	计算方法
被解释变量	协调发展	Coordination	通过构建协调发展综合评价体系得出
解释变量	金融规模	Loanr	银行业金融机构贷款余额/地区 GDP
		Saver	银行业金融机构存款余额/地区 GDP
	金融结构	FI	金融相关比率
	金融效率	FE	存贷比
控制变量	城市经济发展水平	地区 GDP	人均地区 GDP（取对数）
	产业结构	Industry	第二产业和第三产业增加值/地区 GDP
	政府支出规模	Government	财政支出/地区 GDP
	就业水平	Employment	第二产业和第三产业就业人口/总就业人口
	城镇化	City	城镇人口/户籍总人口

四、模型选择

（一）研究假设

金融发展包括多个层面，其中既有水平提升，也有结构变化和效率改变。

基于经济增长理论，金融发展通过完善金融功能、合理分配金融资源影响资源合理分配，促进区域协调发展。实证分析也显示金融发展通过缓解高效率行业的融资约束，引导资金流向更有效率的部门和企业，最终提高资源运用效率，推动区域协调发展。基于上述研究，本研究提出了待检验假设。

H0：四川各县（区）金融发展对区域协调发展有显著的正向作用。

（二）模型设定

区域协调发展与金融发展都是一个动态变化的过程，需要在模型中引入一阶滞后性，并且考察金融发展需从金融规模、金融结构、金融效率三方面进行，因此本研究将金融发展与协调发展及其控制变量的动态面板模型设定为：

$$Coordination_{it} = \alpha_1 L. \, Coordination_{it} + \alpha_2 Loanr_{it} + \alpha_3 \sum_j^n Control_{it} + \alpha_i + \theta_t + \mu_{it}$$

$$Coordination_{it} = \beta_1 L. \, Coordination_{it} + \beta_2 Saver_{it} + \beta_3 \sum_j^n Control_{it} + \alpha_i + \theta_t + \mu_{it}$$

$$Coordination_{it} = \delta_1 L. \, Coordination_{it} + \delta_2 FI_{it} + \delta_3 \sum_j^n Control_{it} + \alpha_i + \theta_t + \mu_{it}$$

$$Coordination_{it} = \rho_1 L. \, Coordination_{it} + \rho_2 FE_{it} + \rho_3 \sum_j^n Control_{it} + \alpha_i + \theta_t + \mu_{it}$$

在上述模型中，下标 i 为各县（区）的标示，下标 t 为各年份的标示；$Coordination_{it}$ 为协调发展，$Loanr_{it}$ 代表信贷规模、$Saver_{it}$ 代表储蓄水平，二者共同表征金融规模，FI_{it} 和 FE_{it} 分别代表金融结构和金融效率，$\sum_j^n Control_{it}$ 为控制变量，其中包括经济发展水平、产业结构、就业水平、政府干预、城镇化等变量。α_i 为个体效应，θ_t 为时间效应，μ_{it} 为随机扰动项。

第四节 实证结果

一、描述性分析

各变量的详细的描述性统计信息见表6-9。从表6-9中可以看出，四川各县（区）的协调发展水平差距较大。另外，储蓄水平和金融相关比率、政府财政支出也存在较大的地区差异，产业结构、城镇化、就业水平等变量的地区差异较小。

表 6-9　变量描述性统计

变量	代表字母	观测值	平均值	标准差	最小值	最大值
协调发展	coordination	1 027	8.872	2.875	3.024	22.85
贷款规模	loanr	1 027	0.704	0.444	0.072	4.132
储蓄水平	saver	1 027	1.52	0.82	0.174	8.875
金融相关比率	fi	1 027	2.224	1.157	0.278 7	11.69
存贷比	fe	1 027	0.491	0.216	0.056	2.004
经济发展水平	gdp	1 027	10.290 9	0.553	8.824	12.199
政府财政支出	government	1 027	7.896	0.662	5.241	9.452
产业结构	industry	1 027	0.804	0.113	0.169	0.999
城镇化	city	1 027	0.409	0.152	0.08	0.991
就业水平	employment	1 027	0.541	0.182	0.105	0.999

二、回归结果分析

本研究将金融发展分为金融规模、金融结构与金融效率三个方面，并利用贷款规模、储蓄水平、金融相关比率与存贷比来表征金融发展。具体分析结果分述如下。

（一）金融规模与协调发展的实证结果分析

本研究首先采用固定效应模型来估计金融发展规模对整体协调发展的影响，利用贷款规模和储蓄水平来代表金融发展规模。首先是贷款规模，从表 6-10 中模型 1、模型 2 的回归结果可知，信贷规模对总体的协调发展在 10% 的显著性水平上有着正向影响。从控制变量来看，整体经济发展水平、政府财政支出、就业水平均在 1% 的显著性水平上对协调发展产生正向影响，产业结构在 1% 的显著性水平下对协调发展质量存在负向作用。模型 3 采用系统 GMM 方法进行估计，解释变量包含协调发展的一阶滞后项。从表 6-10 中可知，协调发展的一阶滞后项在 5% 的显著性水平下正向显著，这说明总体的协调发展具有比较强的延续性。在 GMM 估计中，信贷规模对协调发展有显著的正向影响，信贷规模的扩大有利于协调发展水平的提升。控制变量上，整体的经济发展水平和政府的财政支出均对协调发展有显著的正向影响。在进行 GMM 估计时，要进行扰动项自相关及工具变量过度识别检验。AR（2）用来检验扰动项是否存在自相关，一般来说，检验的 p 值大于 0.05，则通过检验。Hansen 检验用来检验工具变量是否存在过度识别，该值越大越好。从表 6-10 可知，该模型通过了上述检验。

表 6-10　信贷规模回归结果

变量	模型 1	模型 2	模型 3
	coordination	coordination	coordination
L. coordination			0.130 ** −0.052
loanr	0.073 7 * −0.098	0.008 77 * 0.096	0.219 ** −0.172
gdp	4.673 *** −0.142	4.266 *** −0.220	4.401 *** −0.429
industry	−7.120 *** −0.420	−7.284 *** −0.481	−10.41 *** −1.032
government	1.421 *** −0.104	1.302 *** −0.102	1.872 *** −0.127
employment	2.449 *** −0.420	2.017 *** −0.414	−1.359 −1.026
_ cons	−45.26 *** −1.192	−39.94 *** −2.339	−42.28 *** −3.448
县（区）固定效应	YES	YES	YES
时间固定效应	NO	YES	YES
观测量	1 025	1 025	675
R^2	0.842	0.856	
AR（1）			0.001
AR（2）			0.542
Hansen 检验			0.665

注：*、**、*** 分别表示 10%、5%、1% 的显著性水平。

本研究还以储蓄水平来代表金融规模。从表 6-11 中模型 4、模型 5 的回归结果可知，储蓄水平对总体的协调发展在 1% 的显著性水平下有着正向影响。从控制变量来看，整体经济发展水平、政府财政支出、就业水平均在 1% 的显著性水平上对协调发展产生正向影响，产业结构在 1% 的显著性水平下对协调发展存在负向作用。模型 6 采用系统 GMM 方法进行估计，解释变量包含协调发展的一阶滞后项。从表 6-11 中可知，协调发展的一阶滞后项在 5% 的显著性水平下正向显著，这说明总体的协调发展具有比较强的延续性。在 GMM 估计中，储蓄水平对协调发展有显著的正向影响，信贷规模的扩大有利于协调发展水平的提升。控制变量上，整体的经济发展水平和政府的财政支出均对协调发展有显著的正向影响。从表 6-11 可知，该模型通过了扰动项自相关及工具变量过度识别检验。

表 6-11　储蓄水平回归结果

变量	模型 4	模型 5	模型 6
	coordination	coordination	coordination
L. coordination			0. 121 ** -0. 051
saver	0. 238 *** -0. 059	0. 157 *** -0. 060	0. 215 ** -0. 100
gdp	4. 737 *** -0. 140	4. 407 *** -0. 224	4. 549 *** -0. 428
industry	-7. 095 *** -0. 411	-7. 190 *** -0. 481	-10. 24 *** -1. 015
government	1. 375 *** -0. 104	1. 281 *** -0. 101	1. 835 *** -0. 128
employment	2. 354 *** -0. 417	2. 011 *** -0. 412	-1. 456 -1. 030
_ cons	-45. 86 *** -1. 172	-41. 51 *** -2. 389	-43. 74 *** -3. 463
县（区）固定效应	YES	YES	YES
时间固定效应	NO	YES	YES
观测量	1 025	1 025	675
R^2	0. 845	0. 857	
AR（1）			0. 000
AR（2）			0. 212
Hansen 检验			0. 466

注：*、**、***分别表示10%、5%、1%的显著性水平。

（二）金融结构与协调发展质量的实证分析

本研究以金融相关比率来表征金融结构。在表 6-12 中，模型 7、模型 8 是利用固定模型来对变量进行回归，从回归结果可知，金融相关比率在 10% 的显著性水平下对协调发展有正向影响，从控制变量来看，除了产业结构这一变量外，其余控制变量都在 1% 的显著性水平下对协调发展产生正向作用。模型 9 采用系统 GMM 方法进行估计，协调发展的一阶滞后项显著为正，也说明了协调发展在时间上有较强的延续性。金融相关比率对协调发展也有显著的正向影响，说明金融相关比率的提高代表了金融结构的进一步优化，金融结构的优化有利于整体经济发展水平的提高。另外，控制变量基本与前面固定效应模型的回归结果一致。

表 6-12 金融相关比率回归结果

变量	模型 7	模型 8	模型 9
	coordination	coordination	coordination
L. coordination			0.122 ** −0.051
fi	0.120 *** −0.040	0.069 5 * −0.040	0.144 * −0.077
gdp	4.703 *** −0.141	4.348 *** −0.223	4.503 *** −0.428
industry	−7.130 *** −0.414	−7.250 *** −0.481	−10.35 *** −1.024
government	1.386 *** −0.104	1.287 *** −0.102	1.844 *** −0.128
employment	2.393 *** −0.418	2.018 *** −0.413	−1.425 −1.030
_ cons	−45.48 *** −1.172	−40.83 *** −2.375	−43.25 *** −3.447
县区固定效应	YES	YES	YES
时间固定效应	NO	YES	YES
观测量	1 025	1 025	675
R^2	0.844	0.856	
AR（1）			0.003
AR（2）			0.332
Hansen 检验			0.478

注：*、**、*** 分别表示 10%、5%、1%的显著性水平。

（三）金融效率与协调发展质量的实证分析

本研究以存贷比来表征金融效率。参照上面两节，本研究同样采用固定模型和系统 GMM 方法来对变量进行回归估计。从表 6-13 中模型 10、模型 11、模型 12 的回归结果可知，无论是固定模型还是 GMM 估计，存贷比都对协调发展产生显著的正向影响。控制变量的影响基本与前面的分析一致。在系统 GMM 估计中，模型通过了 AR（2）及 Hansen 检验。

表 6-13　存贷比回归结果

变量	模型 10	模型 11	模型 12
	coordination	coordination	coordination
L. coordination			0.121 ** -0.052
fe	0.765 *** -0.188	0.676 *** -0.182	0.700 ** -0.284
gdp	4.760 *** -0.141	4.350 *** -0.218	4.627 *** -0.437
industry	-6.761 *** -0.415	-7.041 *** -0.482	-10.04 *** -1.017
government	1.417 *** -0.103	1.300 *** -0.101	1.845 *** -0.123
employment	2.432 *** -0.416	2.001 *** -0.410	-1.730 * -1.016
_ cons	-45.97 *** -1.173	-40.64 *** -2.313	-43.94 *** -3.528
县区固定效应	YES	YES	YES
时间固定效应	NO	YES	YES
观测量	1 025	1 025	675
R^2	0.845	0.858	
AR（1）			0.001
AR（2）			0.776
Hansen 检验			0.324

注：*、**、***分别表示 10%、5%、1%的显著性水平。

第五节　本章小结

本章基于 2013—2018 年四川省各县（区）的数据，采用固定效应模型及系统 GMM 方法估计对金融发展影响区域协调发展的途径进行了验证。首先对金融发展进行了分解，将金融发展分解为金融规模、金融结构及金融效率三个方面。区域协调发展通过构建综合评价指标体系测算得分，依次检验了贷款规模、储蓄水平、金融相关比率及存贷比对区域协调发展质量的影响。实证分析发现：金融规模、金融结构与金融效率对区域协调发展有显著的正向影响，金融规模的扩大、金融结构的优化及金融效率的提升都对区域协调发展产生了积极的促进作用。

第七章
金融创新支持西部地区绿色发展

第一节　金融创新支持经济绿色发展的机理

一、相关概念

（一）绿色金融

绿色金融又称环境金融、可持续金融，是一种金融创新。对于绿色金融的探索早在 19 世纪 70 年代就已经展开，当时西德（联邦德国）出现了世界上第一家专门对与环境污染治理有关的项目进行资金支持的环境政策性银行。随后，各大国际金融组织纷纷开展此项业务。但是自 20 世纪 80 年代以来，众多学者、机构才对其内涵进行了定义。G20 绿色金融研究小组（2016）指出，绿色金融是可以产生环境效益以支持可持续发展的投融资活动。天大研究院课题组（2011）认为，绿色金融是旨在减少温室气体排放的各种金融制度安排和金融交易活动的总称。李晓西和夏光（2014）认为绿色金融是以促进经济、资源、环境协调发展为目的而进行的信贷、保险、证券、产业基金等金融活动。马骏（2016）认为绿色金融是指支持环境改善与应对气候变化的金融活动。结合其他学者的观点，本研究将绿色金融的基本含义总结为：绿色金融是为了减少污染，改善环境，提高经济绿色增长质量，通过创新性运用金融工具为绿色发展提供资金支持的金融活动的总称。目前，绿色金融主要包括绿色信贷、绿色债券、绿色股票、绿色保险、绿色基金和碳金融等工具。

（二）绿色发展

绿色发展的概念最早是由联合国开发计划署在 2002 年的《人类发展报告》中提出的，它是基于可持续发展理念产生的，同时又是一种升华，既关注人口和经济增长与自然资源和环境容量之间的矛盾，同时又重视人类活动造成的气候变化所引发的自然灾害危机。胡鞍钢和周邵杰（2014）认为绿色发展观是第二代可持续发展观，强调经济、社会与自然系统的共生性和发展目标的多元化。张治忠（2015）认为经济与生态自然的可持续发展是绿色发展的核心，追求生态与人文之间的和谐。庄友刚（2016）认为绿色发展与改造自然不矛盾，绿色发展就是为了更好地满足人类生存和发展的需要而进行的对自然的改造。黄茂兴和叶琪（2017）认为绿色发展通过建立绿色、低碳、循环发展产业体系和清洁、安全、高效的现代能源体系，转变经济发展方式和促进产业结构升级。薛勇民和曹满玉（2018）指出绿色发展应倡导能源、水、土地、矿产等资源的全面集约利用，发展循环经济，提高资源利用率，促进人与自然互利共赢。结合其他学者的观点，本研究将绿色发展理念的基本含义总结为：绿色发展理念是在现有资源承载力的约束条件下，基于保护生态系统发展、修复能力，通过绿色、低碳循环的经济发展方式，实现人与自然和谐相处，推动社会可持续发展的发展理念。它具体包括以下几点：一是在社会经济发展要素框架中加入环境资源这一要素作为内在要素。经济发展是在环境承载力的约束下进行的，所以在考虑社会经济发展时要考虑到环境资源这一要素，而非单纯考虑社会经济总量等单一性指标，尤其是在目前资源枯竭、环境日益恶化的背景下，更应考虑环境要素，合理对待经济发展。二是注重经济活动过程中的环保问题。人类的经济行为会对环境造成影响，环境污染很大程度上就是人类在生产发展过程中忽略了环境要素，一味地追求经济高速发展的结果。经济发展与生态保护息息相关，要求人的活动从整体出发，实现经济、社会和环境平衡发展，故人在实践活动中要考虑生态环保问题，追求经济活动过程和结果的"绿色化"。三是以人为本。我们国家最根本的目标便是实现广大人民的根本利益，绿色发展理念是在坚持为人民服务的宗旨之上提出的，其本质便是促进人与自然和谐相处。该理念的提出既符合当下时代的需求，解决环境恶化与经济发展的矛盾，又承担了子孙后代发展的责任，将从根本上真正实现人与自然的和谐相处。

二、绿色金融相关理论基础

（一）可持续发展理论

1972 年，在斯德哥尔摩举办的联合国人类环境研讨会首次提出了可持续发展战略，我国政府于 2002 年出台《中国 21 世纪人口、资源、环境与发展白皮书》，首次提出把可持续发展战略作为我国经济社会发展的重要指导依据。可持续发展是指在不损害后代人需要的情况下满足当代人需要的一种发展（世界资源研究所 等，1993）。人类的经济活动依靠环境系统，但是环境系统中的资源是有限的，有些资源的使用是不可逆的，因此在发展中应当注重长期、可持续的效益而不应只关注短期利益，既注重增长又关注发展，并强调发展不以牺牲生态环境为前提（Markandya、Pearce，1988），实现经济、社会和环境三者的协调发展和有机结合（INCN 等，1991），这才是当代正确的发展方向。中国经济经过了数十年的高速增长，经济体量大幅度膨胀，国民生活质量大幅度提高，但同时也对环境造成了较大的损害，环境资源的承载能力已经达到极限，可以说当代人对于环境资源的使用已经危害到了后代人的利益，因此未来对于环境资源的使用必须结合可持续发展理论，将生态经济纳入考量系统，充分实现可持续发展。

绿色金融正是在对环境资源刚性稀缺予以认识的基础上产生的，而绿色金融希望达到的目标之一，正是通过货币信贷政策，实现资源在企业间的公平有效配置。目前，信贷政策取向多以营利为目的，即金融机构会根据申请贷款项目的收益性，以能否安全、高效地收回贷款和取得利息回报作为重要依据，确定信贷投放的项目和具体额度。这就使一些收益较好的高污染高消耗企业能够获得信贷支持，而对于那些经济效益差但环保效益好的绿色企业，金融机构往往不愿予以支持。在这种价值取向引导下，污染企业会越来越多，造成环境污染加重，资源使用过度，严重影响经济社会生态的可持续发展，更不利于子孙后代的生态需要。绿色金融的出现可以改变金融机构的价值取向，让其在信贷投放过程中，重视环境效益，积极支持绿色项目或者环保企业，帮助污染企业进行技术改造节能减排，实现资源节约、生态保护、清洁安全，保障后代可持续发展和生存的权利。

（二）外部性理论

"外部性"这个词语首次出现在马歇尔 1890 年发表的《经济学原理》一书中，他第一次提出了关于"外部经济"的相关概念。马歇尔把"外部不经济"定义为负外部性，看成是经济的副作用，也可以说是从事经济活动的主体在零成本的情况下造成对其他社会主体的损害，而且没有支付经济损害的补偿代价。庇古则将外部性研究从外部因素对企业的影响效果转向企业或居民对其他企业或居民的影响效果，提出可以通过征税或者补贴的方式来实现外部效应的内部化（Pigou，1920）。外部性理论首先清晰地界定了外部性问题的表现形式，分析造成外部性问题的原因，并提出解决方案。环境保护是一项明显的外部性问题，即环境问题通常是由负外部性导致的，使得资源得不到最优配置（马骏 等，2015；中国工商银行环境因素压力测试课题组 等，2016）。因为生态环境具备公共属性，使得环境保护的利益超过了私人边界，若仅有一部分人进行环境保护投资，其他人完全不需要履行任何责任，就可享受环境保护带来的好处。相反，若一部分人通过污染环境获得收益，因为环境具有公共属性，只要不被发现，他们可以不用承担环境污染治理的成本。所以使用外部性理论分析环境保护问题十分有效，也为绿色金融提供了方法上的指导。外部性原理使环保外部性问题内部化，可以解决传统经济增长模式带来的负外部性（乔海曙 等，2011）。

一般来说，环境保护往往由政府全权负责，通过财政手段或产业政策，促进环境污染治理和生态保护。绿色金融的出现，将环保行为扩展到私人领域，因为绿色金融的关键作用就是让环境保护的外部性问题内部化：一是将环境风险内部化，提高污染性投资成本，从而抑制污染性投资；二是将绿色正外部性内部化，降低绿色项目的融资成本，从而鼓励绿色投资。虽然一开始主要依靠开发性和政策性金融来推动，规模有限，但随着绿色金融产品的逐渐丰富和发展，绿色金融解决外部性问题的能力会逐渐增强。

（三）企业社会责任理论

1924 年，美国学者谢尔顿首次提出企业社会责任的概念，他认为如果从社会责任的角度去衡量的话，整体的社会利益应该是远高于企业个体的经济利益的。企业社会责任（CSR）是指企业在合理合法的前提下使用其资源并从事经营活动以创造利润（Friedman，2002）、对股东承担责任的同时，还要承担对利益相关者的责任，即消费者、员工、社区、供应商和环境的责任（Waddock、Smith，2000）。它要求企业必须摒弃把利润作为唯一目标的传统理念，强调对人的价值的关注，强调对消费者、社会、环境的贡献。对企业社会责任的正式研究是从 Bowen 出版《商人的社会责任》一书开始的，他以标准化的方式提出企业社会责任是一种商业责任，是为了达到一定目的和社会价值的付出（Bowen，1953）。之后，因这一概念隐含着企业有承担社会成本的责任，企业社会责任被扩展到了合法性的法律层面，使这一概念进一步拓展到了企业的制度领域，进而使这一理论获得了关键性的发展（Davis，1967）。

金融机构的企业社会责任是在企业社会责任理论基础上派生出的概念。世界银行将企业社会责任定义为：企业与关键利益相关者的关系、价值观、遵纪守法，以及尊重人、社区和环境等有关政策和实践的集合。金融业作为特殊的公众企业，因其在资源配置上的独特作用，要求其承担更多的社会责任，即把对经济、社会和环境的和谐统一的追求纳入其自身的发展目标中。作为经营货币的特殊企业，金融机构既是现代经济的核心和枢纽，又是社会资源再分配的重要杠杆，其特殊的行业特征决定了金融机构应该对金融道德和金融伦理有更高的要求，应该成为企业社会责任的重要组成部分（蓝虹，2012）。因此，绿色金融的出现，就决定了金融机构应该把资金引入绿色和环保产业、环境保护等区域，并提高其资金利用效率，从而促进绿色发展。

三、作用机理

（一）资本支持效应

在《西方经济学大辞典》中，企业被定义为："厂商也称生产者或企业，是在一定的生产技术条件下为了追求最大利润而把生产要素或投入转化为产出的经济决策单位。"（胡代光、高鸿业，2000）资金是企业的血液，企业从成立初期到持续运营都需要资金，不论是日常的生产经营，还是进一步的规模扩张，资金贯穿于各个环节，而其所需要的资金需要借助金融体系为其提供资金融通或信用借贷的服务来获取。金融体系不仅有改善风险、促进信息获取与资源配置、加强企业控制、动员储蓄等功能（Levine，1997、2004），还通过各类融资机制将资金转化为资本，满足具有市场竞争力的企业的资金需求，支持企业的创建、生产经营、投资、技术研发创新等活动（King、Levine，1993），进而扩大其经济规模，提高企业的市场竞争力。关于这一点，《资本论》第一卷的资本积累理论中谈到了企业利用信用和竞争来扩大资本的规模。

经济发展向绿色转型需要大量的资金支持，离不开金融这一角色的参与，而金融与环境的联系被称为"绿色金融"（胥刚，1995），它使得金融与可持续发展有机地结合起来，其本质便是通过资金的流向来引导和作用于经济可持续发展。陈志、陈柳（2000）对中小企业融资问题的研究表明，融资改革在于建立一个完善的融资体系，因此要不断创新融资体制机制。叶生新、李绍华（2012）认为，金融企业要加大对战略性新兴产业的支持力度，把握其发展规律和特点，改善金融服务。俞岚（2016）、曹倩（2019）的研究表明，通过对金融工具和服务的创新发展，可以促使更多的民间资本流向绿色能源、绿色交通以及绿色产业，使我国加快朝绿色经济模式转型。

资本支持效应就是将金融市场提供的资金引导流向支持区域绿色发展的产业中，即将原本投向处于高污染、高耗能的低端产业链上的资金，转移至节能、安全、低碳、环保、新能源等新兴领域，对原有产业结构进行优化升级，以此支持各区域内绿色企业的成长与相关绿色项目的建设。在资本实力相对雄厚的区域，微观主体可以获得相对更多的资本要素投入并实现规模经济，因而可能具有相对更高的经济产出和生产率。例如，可以通过绿色信贷，将资本流向绿色企业，调整原有的产业结构，显著促进产业结构的升级。绿色项目的实施，不仅有效缓解了环境压力，而且促进了绿色经济的发展并且优化了生态环境。企业不仅通过绿色资金的支持实现了规模效应，有利于企业扩大再生产，而且带来了科学技术的研发与创新，提高了绿色资金的利用效率，大规模释放并且充分发挥了绿色效应。

（二）资本与资源优化配置效应

资源配置是金融的核心功能（白钦先 等，2006），而金融市场的资本配置功能是指通过金融产品价格引导资本的流向从而实现资本合理配置的功能，即在金融市场上，资本会从效率低的区域或产业流向效率高的区域或产业，资本将被分配到最有效率的地方（潘文卿 等，2003；易纲、吴有昌，2014；

Wurgler, 2000）。一方面，金融机构有效集聚社会闲散资金，并将资金配置到资金稀缺企业或部门，支持其生产发展；另一方面，在资本配置过程中，引导资金流向高效率、成长快的企业，流向绿色环保等企业，淘汰效率低下、经营管理落后的企业，提升整个社会的资源配置效率。

绿色金融促进更多的资源流向区域内的绿色产业，提高资源的利用效率。俞岚（2016）认为，要大力发展绿色金融体系，绿色金融通过对金融工具的创新性运用，将资金注入绿色产业，从而实现绿色经济的发展。龚恒清（2018）提出，要想改变我国传统的高能耗与高污染的发展模式，应当引进绿色金融，改善生态经济的严峻形势，推动经济和生态协同发展。把绿色金融看成一种融资方式，将社会资本投资于环保、低碳、节能等区域内的产业，促进区域社会和生态可持续发展。金融市场的资源再分配是通过财富和风险的再分配实现的。财富的再分配，通过金融市场的价格波动来实现；风险的再分配通过各种金融工具，让风险厌恶程度高的人把风险转嫁给风险厌恶程度低的人。金融机构集聚大量的社会闲散资金，将资金配置到急需资金的企业特别是引导资金流向高效率的成长型企业以及绿色环保高科技企业，淘汰落后产能，提高资金的利用质量。除了市场这只"看不见的手"外，还要更好地发挥政府这只"看得见的手"的作用。政府通过制定相关的法律法规，降低绿色企业和环保项目的融资难度，提高绿色经济的发展水平。因此，环境污染将得到有效整治，那些高污染、高消耗产业由于得不到绿色金融的支持，将被迫退出产业链。而节能环保、清洁能源等环境友好型与资源节约型产业，将会得到绿色金融的资金支持。绿色产业凭借其先进的绿色科技和环保设施对已有污染进行有效整治，改善工业发展带来的水土污染和大气污染，对区域的绿色发展产生深远的有利影响。

（三）金融资本的外部监督效应

金融资本的外部监督效应是指金融机构在对企业进行投融资之后，由于双方存在信息不对称，因此金融机构对平台内融资的企业具有监督、管理和控制的权利，促使微观主体提高生产率和经营绩效，进而促进环境保护和绿色发展。金融机构至少可以从两个方面即通过股权型或债权型方式为经济的微观主体企业提供资本支持，从而为企业的收益分配设置了一个有效的激励约束机制（孙伍琴、朱顺林，2008），并对企业进行监督。

一方面是以证券机构为代表的直接融资。首先，证券机构可以为企业提供政策辅助，帮助绿色产业上市，为绿色产业吸纳更多的资金，促进绿色产业全要素生产率提高（张帆，2017）；其次，证券机构可以对产业的生态问题进行审核，利用外部力量推动企业提高对环保的重视程度，例如在企业审核中加强对环保问题的审查。最后，证券机构有权要求企业对相关信息进行披露（李妮、曾建光，2018）。正如证监会新闻发言人常德鹏所说，"信息披露制度是资本市场健康发展的制度基石，是维护投资者知情权的重要保障"，这既有利于企业自身的发展，也有利于投资者做出合理的投资判断。

另一方面是以银行为代表的间接融资。林毅夫等（2009）认为银行是企业债务融资的主要来源，在获取企业经营管理和财务状况等信息方面具有绝对优势。Diamond（1984）认为银行扮演着企业"最大贷款人"的角色，因此也能更好地发挥其监督作用。尤其是在中国，在以银行为中心的金融体系下，民间资本的准入壁垒暂未完全放开，银行依旧是大多数个人、个体工商户、企业组织的最大贷款人。因此，银行能够获取相对更多的信息，并对贷款者予以监督。例如，在授信审批过程中，对于对生态环境破坏较大、不符合国家产业发展方向、产业结构落后被列入淘汰序列的企业不予授信或严格控制其授信规模，控制和减少无效率的产出。在用信过程中，监督用信去向，定期核查其财务状况，掌握其日常经营状况，确保资金得到合理有效的使用，提高企业的产出效率。因此，银行在促进我国绿色产业发展中起着至关重要的作用。

（四）科技金融效应

经济高质量发展的关键在于科技创新，科技创新为经济高质量发展提供新的成长空间、关键的着力点和有力的支撑体系。经济的发展离不开科技的创新，绿色科技包括环境保护、资源节约和绿色能源等领域，旨在推进人与自然的和谐相处。而绿色企业大多数是新兴高科技企业，这类企业大多处于起步阶段，往往生产规模小、资金实力不足、风险程度高。高科技企业的融资需求大，但是融资难度同样大。

绿色金融就是要解决这些问题，用金融来促进绿色科技创新发展，对于区域绿色发展具有很大的推动作用。张军和金煜（2005）用省际面板数据研究金融深化对各省份全要素生产率提高的作用。他们的研究表明，金融深化能够显著地促进全要素生产率的提高，能够推动技术进步，并以此解释了中国区域发展不平衡状况有加剧的迹象。刘凤朝和沈能（2007）的研究表明，金融与科技在长期发展中有着均衡关系，并且两者正相关且互为因果关系。金融发展能够给科研活动提供资金，促进技术进步，并且其风险管理能力会通过资金供给来作用于技术进步。绿色金融有助于开发清洁产品、环保设备，减轻环境压力，以及将绿色科技广泛用于现代农业、工业、服务业、交通运输业，为人们提供安全健康的绿色食品、绿色服务、绿色工业制成品。由于技术具有溢出效应，它有正的外部性，将带来知识的进步和促进人类生活福祉的提高，并且通过技术转让，使得行业的科技水平整体提高。产业结构的优化升级为环境保护奠定了坚实的基础，绿色金融在实现经济效益最大化的同时，使得环境更加美丽，成为区域可持续发展的重要推动力，所以绿色金融与区域绿色发展之间联系紧密，两者之间可以相互促进，共同发展，不断促进社会的生产和生活方式优化。王遥等（2016）提出，企业通过绿色创新发展，提供一大批绿色产品和服务，倡导消费者进行绿色消费，微观经济效率得到提升，国民经济得到绿色发展。

综上所述，四个效应中，资本支持效应侧重于通过增加资本要素投入规模来促进技术创新和提升经营规模进而增加 GDP 等好产出。资本与资源优化配置效应则强调向资源利用效率高的区域提供更多资金支持，推动其技术创新和提升经营管理水平，进而影响经济产出和绿色发展。金融资本的外部监督效应侧重于影响生产主体的经营效率和经济产出，同时降低环境污染等坏产出。科技金融效应侧重于通过科技促进绿色金融产品的创新，从而给绿色和环保产业、环境保护等提供资金等支持，并提高其资金利用效率，降低环境污染等坏产出。需要指出的是，上述机理还可能存在空间溢出效应，即某个区域的金融发展可能对周边区域具有扩散或者回流效应，促进或削弱其绿色发展水平。另外，我国西部地区地形复杂多样，文化多元，地区间经济发展不平衡，绿色金融对区域绿色发展的作用和影响力度不一。绿色金融的本质，是政府通过政策引导，在全社会强化绿色发展理念，金融机构树立社会责任感，发挥金融工具的杠杆效应，引导社会资金和社会资源更多地投入绿色环保产业。因此，就二者的关系而言，区域绿色发展是目标，绿色金融是手段。绿色金融促进环保产业发展、调整经济结构，进而实现区域的长期可持续性绿色发展。以上机理可用图 7-1 来表示。

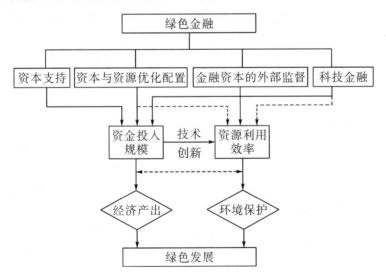

图 7-1　绿色金融支持绿色发展的机理

第二节 区域绿色金融创新与经济绿色高质量发展 水平测度及时空演变

改革开放以来，我国经济建设取得了重大成就，但随之而来的还有环境污染、资源枯竭、生态系统退化等诸多环境问题。1989 年 10 月，周立三院士发表《生存与发展》国情研究报告，系统性地阐释了环境与发展之间的基本矛盾和未来发展趋势，指出我国"掠夺资源式的经营方式"难以实现经济持续发展的问题，呼吁建立资源节约型国民经济体系。2005 年 8 月，习近平提出"绿水青山就是金山银山"的重要论断。2015 年 10 月 29 日，习近平在党的十八届五中全会第二次全体会议上正式提出了创新、协调、绿色、开放、共享的新发展理念，其中绿色发展注重的是解决人与自然和谐共处问题。至此，绿色发展成为助推我国经济社会持续繁荣的重要举措。

绿色金融是指为保护生态环境、减少温室气体排放，而对节能、环保、绿色交通等领域提供相应资金支持和项目担保的金融服务。绿色金融的发展水平，将对我国经济的绿色发展产生极为重要的影响。近年来，在党中央的领导下，我国经济的绿色发展和绿色金融的发展都取得了一定的成就，环境质量明显改善，但是在发展过程中也出现了明显的区域发展不均衡问题。这一发展现状不仅与新发展理念所提出的协调、共享等理念脱节，也对我国经济的可持续发展产生了不良影响。

因此，研究我国绿色金融与经济的绿色发展水平在时空上的分布特征并探究其原因，才能更好地对症下药，因地制宜地解决绿色金融和经济的绿色发展不充分、不平衡的问题。

一、区域绿色金融与绿色发展指数构建及测算

（一）分析框架

我国经济发展进入新常态后，环境的不可持续性日益凸显，发展压力渐增，资源短缺问题加重，人民的身心健康受到严重威胁。粗放型的经济增长模式已不再适合现在的经济发展需要，经济转型离不开绿色发展的实践，绿色金融成为我国经济新的增长点。绿色金融打破了传统的思维方式，将绿色发展更好地融入环境中。为贯彻创新、协调、绿色、开放、共享的发展理念，支持和促进生态文明建设，绿色金融以及绿色发展体系的建立与完善越来越重要。对于绿色金融和绿色发展虽然已有相当多的研究成果，但指标体系构建仍然不健全，需要做大量的工作进行改进。

本研究的绿色金融分析框架选取绿色信贷、绿色投资、绿色保险和政府

支持四个指标变量作为一级指标：①绿色信贷是指商业银行、政策性银行等金融机构依据国家的环境经济政策和产业政策，对进行绿色发展的企业或机构提供贷款扶持并实施优惠性的低利率，而对污染生产和污染企业的新建项目投资贷款和流动资金进行贷款额度限制并实施惩罚性高利率。②绿色投资是指以促进企业环境绩效、发展绿色产业和减少环境风险为目标，采用系统性绿色投资策略，对能够产生环境效益、降低环境成本与风险的企业或项目进行投资的行为。③绿色保险是指与环境风险管理有关的各种保险安排，包括保险风险管理服务及保险资金支持。④政府支持是指政府为支持绿色金融发展而进行的各种财政和政策支持。绿色金融分析框架如图 7-2 所示。

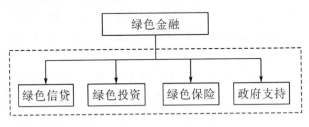

图 7-2　绿色金融分析框架

下面对绿色金融一级指标的选择和设计做简要说明。

（1）绿色信贷。在当前我国行业贷款利率差距相对较小的情况下，行业利息支出变动主要与贷款规模有关，利息支出占比变动间接反映了贷款规模占比变动。六大高耗能行业普遍具有产能过剩、高消耗、高污染的特点，是近年来国家限制发展的重点领域。因此，高耗能产业利息支出占比，即六大高耗能工业产业利息支出占工业产业利息总支出的比率，反映了商业银行遏制资源环境恶化的力度。

（2）绿色投资。绿色金融反映一切与环境保护相关的投融资活动，主要体现在环境保护投资方面，环境污染治理投资占地区 GDP 的比重，即绿色投资。

（3）绿色保险。农业保险深度＝农业保险收入/农业总产值。绿色保险作为绿色金融体系的一部分，在绿色发展和生态文明建设领域发挥着重要作用。因为我国强制推行企业环境责任险时间较晚，缺乏系统的统计资料，而农业是受自然环境影响较大的行业，因此，用农业保险规模深度可以反映绿色保险发展情况。

（4）政府支持。政府对于环境保护的财政支出有利于绿色金融发展。因此，财政环境保护支出在财政一般预算支出中的占比，反映了政府支持对于绿色金融的引导和推动作用。

本研究参考王勇等（2018）构建的绿色金融分析框架，并对部分指标进行修改，在此体系的基础上对 2012—2019 年我国除香港地区、澳门地区、台湾地区以外的 31 个省份绿色发展的变动趋势和空间演变特征进行分析，为更好地探索绿色金融、促进经济绿色发展提供决策参考，使绿色发展理念更加深入人心。绿色发展分析框架如图7-3所示。具体的体系构建在此不做详细介绍。

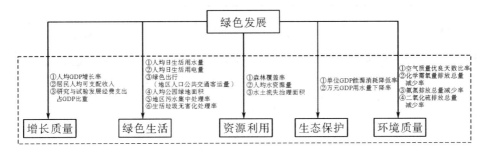

图 7-3　绿色发展分析框架

（二）相关指标体系的构建

1. 指标遴选

绿色金融评价体系指标的选取遵循系统性、有效性、可比性、可操作性和可获得性等原则，由绿色信贷、绿色投资、绿色保险及政府支持 4 项指标组成。一级指标的权重和表征指标及其说明见表 7-1。绿色发展评价体系指标的选取参考《中国省域绿色发展的空间格局及其演变特征》（王勇 等，2018），并对部分指标做出修改，选取增长质量、绿色生活、生态保护、资源利用及环境质量 5 项一级指标组成，其余指标及说明见表 7-1。

2. 数据来源

本研究选取 2012—2019 年我国除香港地区、澳门地区、台湾地区、西藏自治区以外的 30 个省（自治区、直辖市）的面板数据作为研究数据，数据主要来源于历年《中国统计年鉴》《中国环境统计年鉴》《中国工业统计年鉴》《中国能源统计年鉴》以及国家统计局和我国各省份统计年鉴等，数据取自公开媒体，其来源真实可靠。

3. 数据处理

本研究以我国除香港地区、澳门地区、台湾地区、西藏自治区以外的 30 个省份为基本研究单元，研究时段为 2012—2019 年，采集原始数据后，进行了以下处理：第一，考虑到西藏自治区的数据缺失较多，因此将其从样本总体中剔除。第二，在构建绿色金融评价体系中的绿色信贷指标的过程中，由于 2019 年全国各省份六大高耗能工业产业利息支出数据缺失，在此运用了指数平滑法，将得到的预测数据作为 2019 年全国各区域的样本值。第三，在构建绿色发展评价体系中的空气质量优良天数比率指标的过程中，由于全国各省级层面的数据来源不足，优良天数的统计数据仅仅只有全国几个重点市级层面数据，因此本研究将各省份省会城市的样本数据作为其省级层面的样本数据。最后，将处理过后的数据汇总，得到了 2012—2019 年我国 30 个省份的省级面板数据。具体见表7-2所示。

表7-1 省级层面的绿色金融评价指标体系

一级指标	表征指标	指标说明	单位	指标权重	属性
绿色信贷	高能耗产业利息支出占比	六大高耗能工业产业利息支出/工业利息总支出	%	0.091 8	负向
绿色投资	环境污染治理投资占地区GDP比重	环境污染治理投资/地区GDP	%	0.358 5	正向
绿色保险	农业保险深度	农业保险收入/农业总产值	%	0.420 6	正向
政府支持	财政环境保护支出占比	财政环境保护支出/财政一般预算支出	%	0.129 1	正向

表7-2 省级层面的绿色发展评价指标体系

一级指标	序号	二级指标	单位	指标权重	指标属性
增长质量	1	人均地区GDP增长率	%	0.018 2	正向
	2	居民人均可支配收入	元/人·年	0.081 9	正向
	3	研究与试验发展经费支出占地区GDP比重	%	0.085 5	正向
绿色生活	4	人均日生活用水量	升/人	0.024 5	负向
	5	人均日生活用电量	kW·h/人	0.020 8	负向
	6	绿色出行（地区人口公共交通客运量）	万人次/万人	0.131 2	正向
	7	人均公园绿地面积	m²/人	0.040 8	正向
	8	地区污水集中处理率	%	0.012 2	正向
	9	生活垃圾无害化处理率	%	0.011 2	正向
生态保护	10	森林覆盖率	%	0.080 2	正向
	11	人均水资源量	m³/人	0.203 8	正向
资源利用	12	单位地区GDP能源消耗降低率	%	0.087 6	正向
	13	万元地区GDP用水量下降率	%	0.017 3	正向
环境质量	14	空气质量优良天数比率	%	0.020 4	正向
	15	化学需氧量排放总量减少率	%	0.097 5	正向
	16	氨氮排放总量减少率	%	0.004 2	正向
	17	二氧化硫排放总量减少率	%	0.062 8	正向

（三）绿色金融与绿色发展指标权重

学界常用的权重赋值方法主要有两类：一类是主观评价法，例如德尔菲法、头脑风暴法，这类赋权方法主观性较强，缺乏一定的客观性。另一类是客观评价法，例如主成分分析法、熵值法等。本研究为增加评价结果的客观性，选取客观赋权法中的熵值法确定评价体系中各指标权重。熵值法是一种客观赋权方法，是在指标评价过程中，根据各指标值的变异程度所反映的信息量来确定权重。熵值越小，信息量就越大，该指标的权重就越大；反之，熵值越大，信息量就越小，所对应指标的权重就越小。考虑到构建的绿色金融与绿色发展评价体系中各评价指标量纲差异带来的影响，直接计算会造成较大的误差，为消除量纲的影响，本研究首先对原始数据进行标准化以去除量纲，再采用熵值法计算各指标权重。其计算公式如下：

（1）数据标准化处理：

$$x_{ij}^{'} = \frac{x_{ij} - min(x_j)}{max(x_j) - min(x_j)} \text{（正向指标）} \tag{7-1}$$

$$x_{ij}^{'} = \frac{max(x_j) - x_{ij}}{max(x_j) - min(x_j)} \text{（负向指标）} \tag{7-2}$$

其中，$i(i = 1, 2, \cdots, n)$ 表示不同省份的不同年份，$j(j = 1, 2, \cdots, m)$ 表示指标。x_{ij} 为不同省份第 i 年第 j 个指标的样本值；$x_{ij}^{'}$ 为不同省份第 i 年第 j 个指标经无量纲化处理后的数据结果。

（2）计算不同省份第 i 年第 j 项指标所占的比重 P_{ij}：

$$P_{ij} = \frac{x_{ij}^{'}}{\sum \sum x_{ij}^{'}} \tag{7-3}$$

（3）计算第 j 项指标的信息熵 e_j：

$$e_j = -\frac{1}{ln(n)} \sum_i P_{ij}ln(P_{ij}) \tag{7-4}$$

其中，$0 \leqslant e_j \leqslant 1$，$n$ 为单个指标样本量。

（4）计算第 j 项指标信息熵的冗余度 d_j：

$$d_j = 1 - e_j \tag{7-5}$$

（5）计算第 j 项指标的权重 w_j：

$$w_j = \frac{d_j}{\sum d_j} \tag{7-6}$$

TOPSIS 评价法也被称为逼近理想解排序法，国内常将其简称为优劣解距离法。TOPSIS 评价法是一种常用的综合评价方法，其能充分利用原始数据的信息，其结果能精确地反映各评价方案之间的差距。本研究基于上述熵值法计算得出的各指标权重，进一步计算得出其加权矩阵，再采用 TOPSIS 评价法计算其综合指数，以此作为我国区域绿色金融与经济绿色发展水平测算结果。其计算公式如下：

（6）计算加权矩阵 X_{ij}：

$$X_{ij} = x_{ij}^{'} * w_j \tag{7-7}$$

其中，x_{ij}' 为不同省份第 i 年第 j 个指标经无量纲化处理后的数据结果构成的矩阵，w_j 为第 j 项指标的权重。

（7）计算欧氏距离：

$$D^- = \sqrt{\sum \left(Z_{ij} - Z_j^{*-}\right)^2} \tag{7-8}$$

$$D^+ = \sqrt{\sum \left(Z_{ij} - Z_j^{*+}\right)^2} \tag{7-9}$$

其中，Z_j^{*-} 为第 j 项指标中最劣解（最小数值），Z_j^{*+} 为第 j 项指标最优解（最大数值），D^- 为最劣距离，D^+ 为最优距离。

（8）计算综合评分 C_i：

$$C_i = \frac{D^-}{D^- + D^+} \tag{7-10}$$

最后按相对接近度的大小排序，C_i 值越大，则表示整体水平越优。

二、初步测算结果分析

我们由以上计算过程得出 2012—2019 年我国区域绿色金融水平测算结果，见表 7-3。河北省、河南省、湖南省、江西省、辽宁省、上海市、天津市、新疆维吾尔自治区 8 个省份的排名大致呈上升趋势，其中天津市排名上升速度最快，上升位次最多。甘肃省、贵州省、湖北省、陕西省、四川省、云南省、浙江省 7 个省份的排名呈下降趋势，其中云南省下降位次最多，甘肃省、贵州省、湖北省、陕西省等省份排名下降也较为明显。海南省、安徽省、福建省、广东省、广西壮族自治区、青海省、黑龙江省、江苏省、山东省、重庆市 10 个省份排名波动较大，其中又以海南省、重庆市、广东省、青海省、广西壮族自治区排名波动尤为明显。北京市、吉林省、内蒙古自治区、宁夏回族自治区、山西省 5 个省份波动较小，基本趋于平稳。同时，这 5 个省份的排名在 2012—2019 年期间均处于前列。

表 7-3　2012—2019 年我国区域绿色金融水平综合指数测算结果

区域		2012 年	2013 年	2014 年	2015 年	2016 年	2017 年	2018 年	2019 年
东北三省	辽宁	0.099 8	0.131 7	0.146 0	0.127 3	0.130 9	0.128 5	0.124 8	0.140 8
	吉林	0.179 5	0.183 2	0.197 1	0.170 6	0.192 7	0.211 8	0.204 8	0.226 0
	黑龙江	0.147 7	0.179 9	0.164 5	0.184 7	0.302 6	0.171 3	0.155 7	0.173 7
	均值	0.142 3	0.164 9	0.169 2	0.160 9	0.208 7	0.170 5	0.161 8	0.180 2
东部沿海地区	上海	0.250 0	0.265 9	0.327 6	0.404 5	0.398 3	0.415 1	0.406 1	0.469 2
	江苏	0.134 3	0.146 9	0.141 3	0.151 2	0.148 0	0.140 0	0.148 1	0.161 8
	浙江	0.144 8	0.163 4	0.168 6	0.162 4	0.156 3	0.145 2	0.146 7	0.151 7
	均值	0.176 4	0.192 0	0.212 5	0.239 4	0.234 3	0.233 4	0.233 6	0.260 9

表7-3(续)

区域		2012 年	2013 年	2014 年	2015 年	2016 年	2017 年	2018 年	2019 年
北部沿海地区	北京	0.278 5	0.294 8	0.291 1	0.358 6	0.383 4	0.440 6	0.510 2	0.544 8
	天津	0.116 9	0.143 3	0.172 6	0.198 6	0.206 9	0.218 9	0.233 9	0.310 1
	河北	0.122 8	0.174 5	0.235 1	0.205 8	0.163 5	0.195 1	0.257 1	0.223 3
	山东	0.146 9	0.162 8	0.187 2	0.155 7	0.175 5	0.159 2	0.134 8	0.141 7
	均值	0.166 3	0.193 8	0.221 5	0.229 7	0.232 3	0.253 5	0.284 0	0.305 0
南部沿海地区	福建	0.124 5	0.140 8	0.139 7	0.141 9	0.127 7	0.114 2	0.119 8	0.138 4
	广东	0.131 9	0.144 2	0.132 6	0.129 8	0.129 0	0.141 7	0.158 2	0.172 4
	海南	0.138 4	0.129 4	0.163 6	0.112 9	0.097 7	0.106 0	0.148 3	0.153 0
	均值	0.131 6	0.138 1	0.145 3	0.128 2	0.118 1	0.120 7	0.142 1	0.154 6
西北地区	甘肃	0.227 2	0.188 5	0.175 6	0.110 7	0.137 5	0.123 3	0.130 6	0.131 2
	青海	0.142 0	0.197 8	0.257 1	0.247 6	0.312 5	0.208 9	0.282 1	0.389 9
	宁夏	0.218 1	0.374 6	0.495 8	0.268 0	0.437 8	0.245 1	0.265 9	0.261 6
	新疆	0.143 3	0.209 0	0.247 8	0.188 9	0.176 1	0.173 3	0.185 9	0.232 4
	均值	0.182 7	0.242 5	0.294 0	0.203 8	0.266 0	0.187 4	0.216 1	0.253 8
西南地区	广西	0.087 2	0.112 7	0.116 3	0.129 8	0.100 9	0.096 2	0.094 0	0.094 0
	重庆	0.138 7	0.135 6	0.118 1	0.134 3	0.129 6	0.133 6	0.140 2	0.143 0
	四川	0.125 6	0.135 2	0.123 3	0.118 0	0.112 1	0.112 7	0.121 6	0.111 5
	贵州	0.115 7	0.143 5	0.130 4	0.088 7	0.091 7	0.086 5	0.086 8	0.100 6
	云南	0.127 1	0.130 5	0.122 1	0.118 2	0.099 0	0.093 8	0.084 3	0.096 2
	均值	0.118 9	0.131 5	0.122 0	0.117 8	0.106 7	0.104 5	0.105 4	0.109 1
长江中游地区	安徽	0.152 6	0.185 7	0.153 7	0.158 3	0.183 5	0.178 7	0.177 7	0.194 7
	江西	0.089 9	0.111 2	0.101 3	0.110 8	0.117 2	0.121 8	0.146 1	0.155 8
	湖北	0.098 4	0.112 7	0.106 5	0.103 7	0.119 3	0.102 5	0.124 3	0.143 6
	湖南	0.127 9	0.134 6	0.137 2	0.149 3	0.146 3	0.154 3	0.162 7	0.172 0
	均值	0.117 2	0.136 0	0.124 7	0.130 5	0.141 6	0.139 4	0.152 7	0.166 5
黄河中游地区	山西	0.193 6	0.274 7	0.197 9	0.190 8	0.209 8	0.252 3	0.225 6	0.248 3
	内蒙古	0.209 3	0.365 6	0.399 4	0.295 4	0.275 5	0.276 0	0.260 2	0.249 1
	河南	0.099 1	0.122 9	0.129 0	0.123 1	0.153 5	0.152 1	0.162 1	0.151 7
	陕西	0.145 8	0.179 6	0.151 1	0.151 1	0.121 8	0.124 2	0.126 6	0.160 7
	均值	0.161 9	0.235 7	0.219 4	0.190 1	0.190 1	0.201 2	0.193 6	0.202 5
全国均值		0.148 6	0.179 2	0.187 6	0.173 0	0.184 6	0.174 1	0.184 2	0.201 4

2012—2019 年我国区域绿色发展水平测算结果如表 7-4 所示。从时间维度来看，各省份的绿色发展存在一定的时间惯性。在 2012—2019 年这段时间

内，除天津的排名在 21～27 名之间波动、海南在 4～15 名之间大幅波动、贵州在 14～21 名之间波动等少数省份外，其余各省份的排名均在小范围内波动，未出现太大的变化。从空间维度来看，2012—2019 年我国区域绿色发展水平综合指数之间存在较大差别，呈现出各省份地区绿色发展不平衡、不协调的问题。从排名情况来看，绿色发展水平呈现出两个极端。一个极端是经济高度发达地区的绿色发展水平极高，如北京的排名在第三名和第四名之间变换，浙江的排名在 4～6 名内小幅波动等。另一个极端则是经济极度落后地区的绿色发展也呈现出较高的水平，如排名在 24～29 名小幅波动的新疆、一直平稳位于 30 名上下的宁夏等。这一现象的出现可能与绿色出行（地区人口公共交通客运量）、人均水资源量等指标有关。在熵值 TOPSIS 评价测算的过程中，这几个指标是权重较大的指标，对评价结果的影响较大。以绿色出行为例，影响该指标的因素主要有区域人口数量和区域拥有公共交通的数量，北京等经济发达城市的基础设施建设完备，所拥有的公共交通数量较大，故其绿色发展的指标指数较大，而新疆等地则是因为人口基数较小，使得其绿色出行的指标指数较大。可以看出，在选取的评价指标中比例性的指标较多，而指标的分子和分母均会影响比例性指标，故在此次的评价中出现了极为发达地区和极为落后地区的绿色发展水平均较高的现象。

表 7-4 2012—2019 年我国区域绿色发展水平综合指数测算结果

区域		2012 年	2013 年	2014 年	2015 年	2016 年	2017 年	2018 年	2019 年
东北三省	辽宁	0.246 5	0.240 1	0.233 1	0.230 4	0.343 1	0.241 1	0.251 9	0.246 7
	吉林	0.210 8	0.211 8	0.197 6	0.203 2	0.336 6	0.210 0	0.222 1	0.216 5
	黑龙江	0.226 0	0.251 8	0.227 1	0.223 4	0.340 0	0.239 4	0.245 0	0.263 3
	均值	0.227 8	0.234 6	0.219 3	0.219 0	0.339 9	0.230 2	0.239 7	0.242 2
东部沿海地区	上海	0.250 1	0.233 5	0.256 4	0.265 6	0.339 3	0.317 2	0.292 8	0.311 9
	江苏	0.228 5	0.226 0	0.233 6	0.250 3	0.301 3	0.276 4	0.276 5	0.272 5
	浙江	0.292 4	0.278 2	0.291 7	0.309 1	0.381 7	0.317 2	0.321 3	0.329 4
	均值	0.257 0	0.245 9	0.260 6	0.275 0	0.340 8	0.303 7	0.296 8	0.304 6
北部沿海地区	北京	0.352 4	0.309 2	0.326 4	0.318 3	0.387 3	0.363 1	0.343 0	0.349 0
	天津	0.211 9	0.183 5	0.188 2	0.199 1	0.321 0	0.189 7	0.193 6	0.188 9
	河北	0.169 8	0.161 4	0.171 4	0.174 2	0.294 5	0.179 9	0.197 4	0.193 4
	山东	0.221 9	0.222 1	0.220 1	0.219 7	0.328 6	0.252 6	0.233 9	0.236 4
	均值	0.239 0	0.219 0	0.226 5	0.227 8	0.332 9	0.246 3	0.242 0	0.241 9

表7-3（续）

区域		2012 年	2013 年	2014 年	2015 年	2016 年	2017 年	2018 年	2019 年
南部沿海地区	福建	0.308 8	0.290 4	0.293 4	0.303 6	0.389 5	0.382 2	0.357 7	0.314 9
	广东	0.378 7	0.385 3	0.389 3	0.395 2	0.452 7	0.402 0	0.408 7	0.417 7
	海南	0.262 4	0.297 3	0.268 6	0.235 9	0.375 2	0.276 1	0.285 2	0.255 7
	均值	0.316 6	0.324 3	0.317 1	0.311 6	0.405 8	0.353 4	0.350 5	0.329 4
西北地区	甘肃	0.137 8	0.133 3	0.132 2	0.131 0	0.288 4	0.168 7	0.161 7	0.176 2
	青海	0.467 2	0.378 3	0.431 4	0.354 0	0.432 0	0.445 9	0.475 4	0.474 9
	宁夏	0.136 7	0.140 7	0.142 0	0.143 4	0.234 5	0.178 3	0.166 3	0.174 7
	新疆	0.189 7	0.195 4	0.166 2	0.192 5	0.302 6	0.232 3	0.206 2	0.207 5
	均值	0.232 9	0.211 9	0.217 9	0.205 2	0.314 4	0.256 3	0.252 4	0.258 3
西南地区	广西	0.279 7	0.277 4	0.278 9	0.301 8	0.358 2	0.301 5	0.278 0	0.289 0
	重庆	0.227 2	0.227 2	0.244 0	0.243 1	0.362 6	0.265 5	0.259 8	0.262 4
	四川	0.254 8	0.240 6	0.249 9	0.246 3	0.344 3	0.269 4	0.285 7	0.284 0
	贵州	0.214 5	0.206 3	0.238 9	0.240 6	0.321 5	0.237 0	0.238 2	0.255 1
	云南	0.255 6	0.254 9	0.264 9	0.273 6	0.351 3	0.322 1	0.295 7	0.266 7
	均值	0.246 4	0.241 3	0.255 3	0.261 1	0.347 6	0.279 1	0.271 5	0.271 4
长江中游地区	安徽	0.188 0	0.178 5	0.186 3	0.188 4	0.289 8	0.208 3	0.203 1	0.200 0
	江西	0.298 5	0.263 2	0.276 6	0.292 2	0.342 7	0.301 8	0.275 9	0.305 8
	湖北	0.222 5	0.220 2	0.225 8	0.234 4	0.342 3	0.255 3	0.256 7	0.247 0
	湖南	0.252 6	0.237 6	0.249 7	0.258 3	0.349 6	0.269 6	0.252 4	0.276 2
	均值	0.240 4	0.224 9	0.234 6	0.243 3	0.331 1	0.258 7	0.247 0	0.257 2
黄河中游地区	山西	0.148 4	0.142 5	0.147 0	0.153 6	0.266 0	0.186 6	0.160 7	0.166 6
	内蒙古	0.183 7	0.223 0	0.193 3	0.199 0	0.322 5	0.230 1	0.205 7	0.209 6
	河南	0.171 9	0.165 9	0.174 3	0.170 5	0.298 1	0.224 2	0.191 8	0.197 7
	陕西	0.223 8	0.203 4	0.210 6	0.212 2	0.319 7	0.230 6	0.232 9	0.233 1
	均值	0.181 9	0.183 7	0.181 3	0.183 8	0.301 6	0.217 9	0.197 8	0.201 7
全国均值		0.240 4	0.232 6	0.237 0	0.238 8	0.337 2	0.265 8	0.259 2	

第三节　区域绿色金融创新与经济绿色发展的时序演化特征及泰尔指数分析

一、研究方法

为揭示我国区域绿色金融创新与经济绿色发展指数在时间维度上的变化趋势，本研究将采用描述性统计、泰尔指数等方法，从八大经济区、五大经济带两个维度分析不同区域在绿色金融与绿色发展水平上的差异及差异的来源，同时分析各区域绿色发展和绿色金融水平的时序演化特征。

本研究使用泰尔指数作为衡量不同区域在绿色金融与绿色发展水平上的差异的指标，再通过泰尔指数分解，分别计算组内、组间差异贡献率，以分析差异来源。泰尔指数（Theil index）由泰尔（Theil，1967）利用信息理论中的熵概念来计算收入不平等而得名，适宜用来测量不同区域的发展差异问题。作为收入不平等程度的测度指标，泰尔指数具备良好的可分解性质，即将样本分为多个群组时，泰尔指数可以分别衡量组内差距与组间差距对总差距的贡献。假设包含 n 个个体的样本被分为 K 个群组，每组分别为 $g_k(k = 1, 2, \cdots, K)$，第 k 组 g_k 中的个体数目为 n_k，则有

$$\sum_{k=1}^{K} n_k = n \tag{7-11}$$

用 y_i 表示个体 i 的观测值占总体的比例，y_k 表示第 k 组的观测值占总体的比例。为更直观地揭示区域差异的变动趋势和变化幅度，以及两者在总体差异中的重要性与贡献率，泰尔指数将区域总体差异分解为组内差异 T_w 和组间差异 T_b，则有

$$T = T_b + T_w = \sum_{k=1}^{K} y_k ln\left(\frac{y_k}{n_k}\right) + \sum_{k=1}^{K} y_k \left(\sum_{i \in g_k} \frac{y_i}{y_k} ln \frac{y_i y_k}{1/n_k}\right) \tag{7-12}$$

式中，$T \in [0, 1]$，数值越小，区域差异越小；数值越大，区域差异越大。同时，由上式得组间差距 T_b 与组内差距 T_w，分别有如下表达式：

$$T_b = \sum_{k=1}^{K} y_k ln\left(\frac{y_k}{n_k}\right) \tag{7-13}$$

$$T_w = \sum_{k=1}^{K} y_k \left(\sum_{i \in g_k} \frac{y_i}{y_k} ln \frac{y_i y_k}{1/n_k}\right) \tag{7-14}$$

其中，第 k 组 $(k = 1, 2, \cdots, K)$ 的组内差距为

$$T_k = \sum_{i \in g_k} \frac{y_i}{y_k} ln \frac{y_i y_k}{1/n_k} \tag{7-15}$$

进一步，可计算第 k 组组内差距贡献率 D_k 和组间差距贡献率 D_b。其中，

$k = 1, 2, \cdots, K$。有

$$D_k = y_k \cdot \frac{T_k}{T} \qquad (7-16)$$

$$D_b = \frac{T_b}{T} \qquad (7-17)$$

二、八大经济区划分及其时序演化特征分析

"十一五"规划从国土空间角度将我国大陆区域划分为四个层级,其中第二个层级将四大板块划分为八个跨省份的经济综合区,即:东北综合经济区、北部沿海综合经济区、东部沿海综合经济区、南部沿海综合经济区、黄河中游综合经济区、长江中游综合经济区、大西南综合经济区、大西北综合经济区。

图 7-4 呈现了 2012—2019 年八大经济区绿色金融综合指数均值的时序变化,结果表明:从 2012—2019 年全国八大区域总体综合指数均值来看,我国绿色金融的综合指数均值由 0.148 6 上升到了 0.201 4,在增长的过程中波动较小,即我国区域绿色金融的总体发展水平呈稳健增长态势,反映出我国正稳步地推进绿色金融创新发展。从各地区的综合指数均值来看,大部分地区在所选研究时段的绿色金融综合指数都在总体上呈上升趋势,唯有西南地区的绿色金融综合指数均值由 0.118 9 下降到了 0.109 1。在各增长地区中,北部沿海地区涨幅最大,达到了 83.4%;南部沿海地区涨幅最小,仅增长了 17.4%,且在中间年份一度呈下降趋势。在各上升地区上升趋势的比较中,南部沿海地区和西北地区波动较大,黄河中游地区和西南地区虽总体较 2012 年有所上涨,但两者综合指数均值在 2014 年出现了大幅度的下滑,其余各地区上升态势平稳。

103

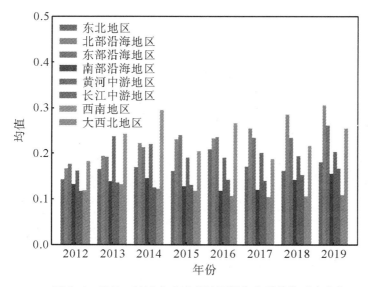

图 7-4 2012—2019 年八大经济区绿色金融均值时序变化

扫一扫看彩图

图 7-5 呈现了 2012—2019 年八大经济区绿色发展综合指数均值的时序变化，结果表明：在所选研究时段内，从全国来看，我国绿色发展的总体趋势呈现出先升后降的波动趋势。在 2016 年，各地区综合指数均达到最大值，全国绿色发展平均综合指数由 2012 年的 0.240 4 上升到 2016 年的 0.337 2，随后开始下降，至 2019 年底，全国绿色发展综合指数的均值已降至 0.261 2。从各地区发展趋势来看，各地区绿色发展水平的时序演化特征与全国的绿色发展水平总体特征基本保持一致，波动趋势呈现为倒"V"状，且均在 2016年达到峰值。其中，东部沿海地区及南部沿海地区为绿色发展的领跑者，长江中游地区、西南地区和西北地区为绿色发展的跟跑者，而黄河中游地区则相对落后。通过分析发现，出现这一趋势的原因在于：2016 年，各地区化学需氧量排放总量减少率、氨氮排放总量减少率、二氧化硫排放总量减少率这三个指标均大幅上扬。结合我国的经济政策来看，2016 年作为我国"十三五"规划的开局之年，改革力度较大，国家大力推进供给侧结构性改革，推进"三去一降一补"，其中"去产能"这一政策对上述三个指标影响巨大。在八大经济区中，东北地区作为重工业基地，其综合指数均值波动最大，其最大值与最小值之差达 0.120 9，受"去产能"的影响最大。而南部沿海受其影响最小，区内综合指数均值最大值与最小值之差仅 0.094 2。而绿色发展综合指数在后几年呈下降趋势也主要是受到化学需氧量排放总量减少率、氨氮排放总量减少率、二氧化硫排放总量减少率这三个指标在 2016 年基数过大的影响，但总体的上扬也进一步说明了绿色发展水平在所选研究时段仍有提高。

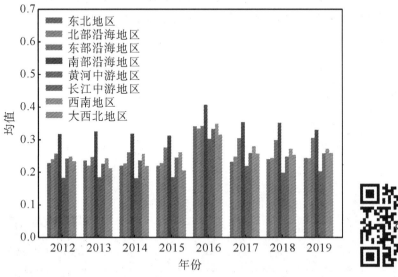

图 7-5　2012—2019 年八大经济区绿色发展综合指数均值时序变化　扫一扫看彩图

根据上述泰尔指数计算公式，我们计算得到 2012—2019 年八大经济综合区的泰尔指数及结构分解结果，如表 7-5 所示。研究结果表明：从总体差异来看，八大经济综合区绿色金融发展差异显著，且呈现持续上升趋势。2012—2019 年，八大经济综合区绿色金融泰尔指数由 2.124 8 上升到了 2.191 1。从结构分解结果来看，我国绿色金融发展的主要差异来自地区间差异。在所选研究时段内，我国绿色金融的地区间差异由 2.093 3 上升到了 2.129 5，说明绿色金融的地区间发展差异仍在不断扩大，其发展的区域不平衡程度逐渐加深。从总体差异贡献率的角度来看，在地区间差异由 2.093 3 上升到 2.129 5 的情况下，地区间差异的贡献率反而由 98.5% 下降到了 97.1%，这从侧面反映出在经济综合区之间绿色金融发展差异扩大的同时，各经济综合区内部的绿色金融发展也出现了分化的现象。而从地区内差异贡献率来看，北部沿海地区的贡献率一直居于八大经济区首位，其内部的发展差异最大，南部沿海地区的差异贡献率最小，但在所选研究时段一直处于一个上升的趋势，进一步说明在区域内部，绿色金融发展的分化也在逐渐加剧。

表 7-5　八大地区绿色金融泰尔指数

年份	2012	2013	2014	2015	2016	2017	2018	2019
总体差异	2.124 8	2.143 4	2.172 6	2.157 6	2.188 7	2.176 4	2.181 6	2.191 1
组间差异	2.093 3	2.107 5	2.125 8	2.113 0	2.128 1	2.122 4	2.125 3	2.129 5
组内差异	0.031 5	0.035 8	0.046 8	0.044 6	0.060 6	0.054 0	0.056 2	0.061 6
东北地区	0.027 3	0.010 6	0.007 7	0.011 9	0.057 3	0.020 1	0.020 6	0.018 8
西南地区	0.011 3	0.003 1	0.000 8	0.009 6	0.007 5	0.012 6	0.021 0	0.012 9
西北地区	0.024 3	0.045 5	0.077 8	0.048 7	0.098 9	0.030 4	0.042 2	0.067 3
北部沿海地区	0.070 7	0.043 2	0.021 4	0.052 0	0.066 1	0.085 3	0.112 2	0.117 3
东部沿海地区	0.041 7	0.035 9	0.070 7	0.111 1	0.114 8	0.140 5	0.126 7	0.148 0
南部沿海地区	0.000 9	0.001 1	0.004 1	0.004 3	0.007 7	0.007 9	0.006 7	0.004 1
黄河中游地区	0.037 4	0.078 2	0.107 0	0.056 2	0.046 9	0.052 3	0.037 1	0.026 5
长江中游地区	0.022 2	0.023 3	0.015 0	0.016 5	0.017 4	0.022 3	0.008 6	0.006 5

绿色发展泰尔指数及其分解如表 7-6 所示，研究结果表明：从总体差异来看，我国的绿色发展差异显著，且总体保持平稳，在所选研究时段内，绿色发展总体差异在 2.012 1~2.119 5 之间波动。从结构分解结果来看，我国绿色发展的主要差异也来自地区间差异，在所选研究时段内，绿色发展的地区间差异均远大于地区内差异，且波动较小，地区间的差异水平保持平稳。从贡献率角度来看，地区间差异贡献率在 98.5%~99.7% 之间波动，地区内的差异贡献率很小。各地区内部的贡献率差异除北部沿海和西北地区外，其余地区均不超过 0.01%。也就是说，北部沿海和西北地区的区域内绿色发展差异相对较大，其余各经济区内部的绿色发展呈现出一种均衡的态势。

表7-6　八大地区绿色发展泰尔指数

年份	2012	2013	2014	2015	2016	2017	2018	2019
总体差异	2.119 5	2.112 3	2.116 9	2.111 2	2.088 2	2.110 2	2.113 9	2.112 1
组间差异	2.088 8	2.090 7	2.090 5	2.091 2	2.082 6	2.089 3	2.091 1	2.088 5
组内差异	0.030 7	0.021 6	0.026 5	0.020 0	0.005 6	0.020 9	0.022 8	0.023 7
东北地区	0.002 0	0.002 6	0.002 5	0.001 4	0.000 3	0.002 0	0.001 4	0.003 2
西南地区	0.004 4	0.005 0	0.001 6	0.004 0	0.000 9	0.005 7	0.002 9	0.001 1
西北地区	0.151 7	0.099 0	0.140 6	0.085 8	0.025 6	0.086 6	0.116 8	0.104 5
北部沿海地区	0.038 5	0.031 8	0.033 4	0.027 3	0.005 1	0.041 8	0.029 3	0.033 5
东部沿海地区	0.005 3	0.004 3	0.004 2	0.004 0	0.004 7	0.002 0	0.001 9	0.003 1
南部沿海地区	0.011 3	0.008 6	0.013 1	0.021 9	0.003 4	0.012 7	0.010 6	0.020 4
黄河中游地区	0.011 1	0.014 8	0.008 6	0.007 9	0.002 9	0.003 6	0.008 7	0.007 2
长江中游地区	0.014 2	0.009 6	0.010 0	0.012 3	0.002 7	0.008 6	0.006 1	0.011 8

三、五大经济带分析

(一) 时序演化特征分析

党的十八大召开以来，中央为推进经济环境协调发展和经济高质量发展，先后提出了京津冀协同发展、长江流域经济带发展、"一带一路"建设、长三角一体化发展、黄河流域生态保护和高质量发展等战略，绿色金融和绿色发展是推动经济和环境协调发展、区域经济高质量发展的重要因素。

2012—2019年五大经济带绿色金融时序演化如图7-6所示。在五大经济带的绿色金融时序演化中，京津冀经济带的涨幅最大，由0.172 7上涨到0.359 3，涨幅高达108%，发展最快；长三角经济圈和长江流域经济带涨幅小但涨势平稳，长三角经济圈综合指数均值由0.170 4上涨到0.244 3，涨幅为43%；长江经济带综合指数均值由0.136 8上涨到0.172 7，涨幅为26.2%；"一带一路"经济带和黄河流域经济带综合指数均值在前期有所上涨，但后期有所回落，"一带一路"综合指数均值的峰值是0.214 3；黄河流域经济带综合指数均值的峰值是0.235 1，两大经济带的峰值都出现在2014年。但到2019年，"一带一路"经济带综合指数均值已经回落到了0.194 1，总体涨幅为26.5%；黄河流域经济带综合指数均值在2019年回落到0.205 0，总体涨幅仅为22.4%，位于五大经济带之末。

2012—2019年五大经济带绿色发展时序演化如图7-7所示。从五大经济带绿色发展的综合指数均值来看，各经济带发展趋势与总体趋势保持一致，均在2016年达到峰值。从五大经济带涨幅来看，长三角经济圈涨幅最大，达16.1%：其次是长江流域经济带，涨幅为12.1%；黄河流域经济带涨幅为10.6%；"一带一路"经济带涨幅为7%；京津冀经济带在2012年的基础上出现了小幅下降，降幅为0.3%。

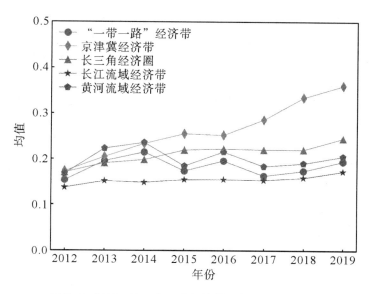

图 7-6 2012—2019 年五大经济带绿色金融时序演化

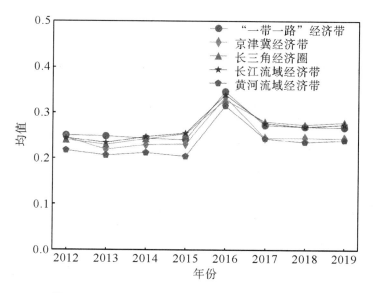

图 7-7 2012—2019 年五大经济带绿色发展时序演化

从绿色金融和绿色发展的综合指数时序演化特征来看，五大经济带绿色金融和绿色发展水平在所选研究时段总体小幅上升，绿色金融和绿色发展有所深入。而通过泰尔指数的分析发现，五大经济带绿色金融和绿色发展的地区内差异较大，发展不平衡、不协调问题仍然十分突出。

（二）泰尔指数分析

五大经济带绿色金融与绿色发展的泰尔指数计算结果如表 7-7、表 7-8

所示。五大经济带中绿色金融地区内差异的变化幅度较大，其中京津冀的地区内差异总体有所减小，其余四大经济带的地区内差异在所选研究时段均在扩大。其中长三角经济圈的绿色金融地区内差异扩大最多，组内差距由 0.034 2 上涨到了 0.125 8。五大经济带绿色发展的地区内差异除长三角经济圈小幅扩大之外，其余四大经济带都呈现出总体上小幅减小的趋势，绿色发展水平逐渐趋向协调平衡。

表 7-7　五大经济带绿色金融泰尔指数

年份	京津冀经济带	黄河流域经济带	长三角经济圈	"一带一路"经济带	长江流域经济带
2012	0.087 8	0.033 3	0.034 2	0.040 9	0.012 2
2013	0.049 1	0.075 6	0.027 3	0.070 9	0.012 2
2014	0.021 9	0.119 2	0.065 8	0.110 1	0.011 8
2015	0.040 0	0.061 9	0.104 8	0.082 2	0.019 4
2016	0.068 4	0.103 0	0.096 1	0.128 0	0.023 1
2017	0.071 0	0.051 8	0.118 1	0.091 4	0.026 0
2018	0.066 3	0.055 8	0.107 4	0.084 0	0.026 9
2019	0.069 2	0.079 3	0.125 8	0.098 4	0.025 3

表 7-8　五大经济带绿色发展泰尔指数

年份	京津冀经济带	黄河流域经济带	长三角经济圈	"一带一路"经济带	长江流域经济带
2012	0.049 0	0.084 8	0.012 4	0.052 9	0.009 6
2013	0.042 6	0.055 8	0.012 1	0.039 8	0.007 7
2014	0.043 9	0.071 8	0.012 7	0.051 1	0.007 1
2015	0.035 7	0.046 3	0.015 0	0.040 9	0.008 6
2016	0.006 7	0.013 5	0.006 0	0.011 5	0.003 1
2017	0.056 1	0.045 8	0.013 3	0.039 0	0.008 4
2018	0.038 4	0.067 7	0.013 3	0.045 2	0.007 6
2019	0.044 2	0.060 8	0.016 8	0.041 5	0.008 3

第四节 区域绿色金融与绿色发展的空间分布特征

探索性空间数据分析（ESDA）是空间经济计量学中的一种分析方法，其主要是利用空间相关性检验来对空间关联模式（趋同或异质）进行度量与检验，包括全局空间相关性检验和局域空间相关性检验，其中全局指标反映的是某种属性值在整个研究区域的空间关联模式，而局域指标用于反映一个区域单元上的某种属性值与邻近区域单元上同一属性值的相关程度。本研究采用ESDA分析方法描述我国区域绿色金融与绿色发展水平的空间分布特征，运用空间相关分析、莫兰指数等统计方法，揭示区域高质量发展空间集聚模式及其演变态势。

本研究基于上述计算得出2012—2019年我国区域绿色金融与绿色发展的TOPSIS综合指数，并在此基础上计算出各区域2012—2019年绿色金融与绿色发展均值。本研究通过探索性空间数据分析发现，我国区域绿色金融指数及绿色发展指数分布具有显著的非均衡性特征，全国区域绿色金融指数呈现出南低北高、东西差距不明显，而中部地区普遍偏低的非均衡特征。北京、内蒙古、甘肃、宁夏等北部地区为绿色金融的"领跑者"；西部内陆与东南沿海地区是绿色金融的"跟跑者"；中部河南、湖北、江西等地则为绿色金融的"后发者"。全国区域绿色发展指数则呈现出东高西低、南升北降的非均衡特征。东部沿海区域及西南内陆区域为绿色高质量发展的"领跑者"；东北三省区域是绿色高质量发展的"跟跑者"；西北区域除青海省以外与东部内陆山西、河南、河北等地则为绿色高质量发展的"后发者"。我们根据绿色金融指数与绿色发展指数离散程度，使用自然断点分级法将绿色金融指数划分为优（0.327 6，0.544 8]、良（0.218 9，0.327 6]、中（0.149 3，0.218 9]、差（0.084 3，0.149 3]四个等级；将绿色发展指数划分为优（0.363 1，0.475 4]、良（0.279 7，0.363 1]、中（0.212 2，0.279 7]、差（0.131 0，0.212 2]四个等级。

2012—2019年，我国区域绿色金融处于差级阶段的区域数量从22个减少到10个，处于中级阶段的区域数量从5个增加到10个，处于良级阶段的区域数量从3个增加到7个，处于优级阶段的区域数量从0个增加到3个。差级阶段区域数量明显减少，中级阶段与良级阶段区域数量明显增加，特别是优级阶段区域数量也实现了从零到有的突破。由此，我国区域的绿色金融水平发展态势从总体上呈现出由低水平向中等及中等以上水平渐进过渡的演化趋势。

2012—2019年我国区域绿色发展处于差级阶段的区域数量从10个减少到9个，处于中级阶段的区域数量从14个减少到12个，处于良级阶段的区域数量从 4 个增加到 7 个，处于优级阶段的区域数量保持不变。差级阶段、中级阶段及良级区域数量变动不太显著。由此，我国区域的绿色发展水平发展态势从总体上呈现出由中等水平向中等以上水平渐进过渡的演化趋势。

一、全局自相关分析

全局空间自相关反映的是某个变量在整个研究区域的空间分布模式。衡量全局空间自相关的指标和方法主要包括全局 Moran's I 和 Geary's C 等，本研究则是基于全局 Moran's I 指数，度量和检验我国区域绿色金融与绿色发展的全局空间自相关，其计算公式此处不做叙述。

本研究运用 GeoDa 软件与 Stata17 软件操作，分别对 2012—2019 年我国区域绿色金融指数以及绿色发展指数的面板数据进行全局空间自相关性检验，分别计算各区域绿色金融指数以及绿色发展指数的全局 Moran's I 指数，空间权重矩阵的确定则选择的是基于 Queen 连接的一阶二元邻近矩阵，并对全局 Moran's I 指数进行显著性检验。其结果如表 7-9、表 7-10 所示。结果发现，2012—2019 年我国区域绿色金融水平以及绿色发展水平的全局 Moran's I 指数全部为正值，统计量 Z 值均大于 0，绿色金融指数除 2012 年、2016 年外，经济绿色发展指数除 2012 年、2019 年外，二者全局 Moran's I 指数的 P 值均小于 0.100，通过显著性检验，说明我国区域绿色金融水平以及经济绿色发展水平呈现出一定的空间集聚效应。

表 7-9　2012—2019 年我国区域绿色金融全局 Moran's I 指数计算结果

年份	I	E（I）	Sd（I）	Z	P-value *
2012	0.075	−0.034	0.120	0.911	0.362
2013	0.243	−0.034	0.118	2.350	0.019
2014	0.227	−0.034	0.114	2.300	0.021
2015	0.158	−0.034	0.117	1.649	0.099
2016	0.135	−0.034	0.120	1.415	0.157
2017	0.173	−0.034	0.115	1.808	0.071
2018	0.197	−0.034	0.112	2.056	0.040
2019	0.190	−0.034	0.115	1.956	0.050

表 7-10　2012—2019 年我国区域绿色发展全局 Moran's I 指数计算结果

年份	I	E（I）	Sd（I）	Z	P-value *
2012	0.138	−0.034	0.118	1.471	0.141
2013	0.244	−0.034	0.121	2.302	0.021

表7-10(续)

年份	I	E (I)	Sd (I)	Z	P-value *
2014	0.169	−0.034	0.119	1.703	0.089
2015	0.302	−0.034	0.122	2.757	0.006
2016	0.249	−0.034	0.121	2.353	0.019
2017	0.189	−0.034	0.122	1.841	0.066
2018	0.170	−0.034	0.119	1.719	0.086
2019	0.129	−0.034	0.118	1.384	0.166

二、局部空间自相关分析

局域空间自相关反映的是某个变量在整个研究区域中的某个区域里与邻近区域空间单元上的同一变量的相关程度。本研究采用局部 Moran's I 指数检验我国区域绿色金融与绿色发展的局域空间相关性以及局部地区是否存在集聚效应。根据局部 Moran's I 指数，我国区域绿色金融与绿色发展水平可以分为四种空间关联模式：扩散效应区（H-H）、低水平区（L-L）、过渡区（L-H）、极化效应区（H-L）四种类型。其中，①扩散效应区（H-H）为"高—高"集聚型，表示观测区域与周边区域的观测值水平均相对较高，呈现正向相关性，空间关联表现为高水平区域；②低水平区（L-L）为"低—低"集聚型，表示观测区域与周边区域的观测值水平均相对较低，呈现正向相关性，空间关联表现为低水平区域；③过渡区（L-H）为"低—高"集聚型，表示观测区域的观测值水平较低，而周边区域的观测值水平均相对较高，呈现负向相关性，空间关联表现为过渡区域；④极化效应区（H-L）为"高—低"集聚型，表示观测区域的观测值水平较高，而周边区域的观测值水平均相对较低，呈现负向相关性，空间关联表现为极化区域。

去除不显著值，表 7-11、表 7-12 呈现了 2012—2019 年绿色金融与绿色发展局域 Moran's I 的区域分布情况。研究结果表明：①我国部分区域绿色金融与绿色发展存在显著的空间依赖关系，即区域绿色发展和绿色金融发展水平与相邻区域呈现集聚特征。主要表现为绿色金融局部 Moran's I 显示东南沿海区域集聚在"高-高"集聚的扩散效应区，北部内陆区域集聚在"低—低"集聚的低水平区，呈现出显著的正相关性。绿色发展的局部 Moran's I 显示东部沿海区域集聚在高—高集聚的扩散效应区，南部内陆区域集聚在"低—低"集聚的低水平区。②我国区域绿色金融的发展水平差异显著。从绿色金融来看，其表现为海南及其邻近省份南部沿海区域分布在过渡区（L-H），北京及其邻近省份北部区域分布在极化效应区（H-L），具有显著的空间负相关性。

由此，我国大部分区域绿色金融与绿色发展的发展水平仍然处于低水平区，处于扩散效应区的区域较少，整体水平不高，亟须推动我国绿色金融与绿色发展的高质量发展。

表 7-11　2012—2019 年绿色金融局域 Moran's I 区域分布状况

年份	扩散效应区（H-H）	低水平区（L-L）	过渡区（L-H）	极化效应区（H-L）
2012	福建	内蒙古、山西、宁夏、陕西、河南、山东	暂无	暂无
2013	福建、广东、海南	内蒙古、山西、陕西、河南、山东	暂无	暂无
2014	福建	内蒙古、山西、宁夏、陕西、河南	暂无	暂无
2015	福建、广东、江西、湖南	内蒙古、山西、宁夏、陕西、河南	海南	暂无
2016	福建、江西、海南	内蒙古、陕西、河南、山东	暂无	暂无
2017	福建	内蒙古、陕西、山西、河南	暂无	北京
2018	暂无	内蒙古、陕西、山西、河南	暂无	暂无
2019	福建	内蒙古、陕西、山西、河南	海南	北京

表 7-12　2012—2019 年绿色发展局域 Moran's I 区域分布状况

年份	扩散效应区（H-H）	低水平区（L-L）	过渡区（L-H）	极化效应区（H-L）
2012	宁夏	云南、湖南、广东	暂无	安徽
2013	内蒙古、宁夏、甘肃	贵州、湖南、广东	暂无	安徽
2014	暂无	云南、贵州、广西、广东、重庆、湖北、湖南、江西	甘肃	暂无
2015	天津	云南、贵州、广西、广东、重庆、湖南	暂无	暂无
2016	暂无	云南、贵州、广西、广东、重庆、湖南	暂无	暂无
2017	河北、天津	云南、贵州、广西、广东、重庆、湖南、四川	暂无	暂无
2018	天津	云南、贵州、广西、重庆、湖南	暂无	暂无
2019	天津	云南、贵州、广西、重庆、湖南	暂无	暂无

第五节 本章小结

本研究基于我国区域绿色金融与绿色发展水平测度的视角，分别从绿色信贷、绿色投资、绿色保险和政府支持四个维度构建我国区域绿色金融评价体系，并从增长质量、绿色生活、生态保护、资源利用和环境质量五个维度构建我国区域绿色发展评价体系，科学地测算 2012—2019 年我国区域的绿色金融与绿色发展综合指数，并运用泰尔指数、探索性空间数据分析等方法，揭示区域高质量发展的时空演变特征。研究结果表明：

第一，从时序演化特征来看，我国区域绿色金融发展水平表现为：①从全国来看，全国绿色金融测算水平由 0.148 6 上升到 0.201 4，在增长的过程中波动较小，即我国区域绿色金融的总体发展水平呈稳健型增长态势，反映出我国正稳步地推进绿色金融发展。②从八大经济区来看，大部分地区在所选研究时段（2012—2019 年）的绿色金融测算水平在总体上都呈上升趋势，唯有西南地区较 2012 年有所下降。同时，在各上升地区中，除南部沿海地区和西北地区波动较大外，其余各地区上升态势平稳。③从五大经济带来看，各地区的绿色金融水平发展也均呈增长态势。其中，"一带一路"经济带与黄河流域经济带的波动较为频繁，二者初始增速较快，均在 2014 年达到峰值，但未能得到巩固，在之后开始下滑，其间虽有反弹，但增速不够稳定且不足，未能达到 2014 年的水平。此外，京津冀经济带增长趋势最为明显，在初始阶段增速稳定且较快，但在 2015—2016 年开始回弹，可在后续再次发力，将增速进一步提升，在 2018—2019 年开始放缓，且达到峰值。其余经济区则稳健增长。④随着时间的推移，依据泰尔指数计算的结果，我们发现造成我国区域绿色金融发展水平不均衡的根源均在于八大经济区各区域之间的发展水平不协调，且这种现状仍未得到显著改善。可见，此种不协调的区域间差距亟须得到改善。

第二，从时序演化特征来看，我国区域绿色发展水平则表现为：①从全国来看，我国绿色发展总体水平的时序演化趋势呈现出先升后降的波动趋势，类似于倒"V"状，其中，变异发生在 2016 年，全国的绿色发展水平测算值大幅上涨并达到最高点，但未能保持局面及得到巩固，之后便开始大幅下跌。除此之外，其余年份则均保持平稳。②从八大经济区来看，各地区的绿色发展水平的时序演化趋势与全国基本保持一致，各区域绿色发展水平测算值均在 2016 年达到峰值，呈现为倒"V"状。其中，绿色发展高质量地区主要为东部沿海地区及南部沿海地区，而黄河中游地区则相对最为落后。③从五大经济带来看，初始阶段，各区域的测算值均呈下降趋势，至 2016 年发生变异，大幅上涨，达到峰值，而后下降并趋于稳定。此次变异可能与2016年环保部印发《"十三五"环境影响评价改革实施方案》和中央环保督察全面启动等相关行动政策有关。④类似于上文我国区域绿色金融发展水平的差异来源，随着时间的推移，依据泰尔指数计算的结果，我们发现造成我国区域绿色发展水平不均衡的根源均在于八大经济区各区域之间的发展水平不协调，且这种现状仍未得到显著改善。

第三，从空间分布特征来看，我国区域绿色金融与绿色发展水平则表现为：①经探索性空间数据分析，我们发现我国区域绿色金融指数及绿色发展水平在空间上的分布具有显著的非均衡性特征。全国区域绿色金融水平测算值呈现出南低北高、东西差距不明显，而中部地区普遍偏低的非均衡特征。全国区域绿色发展水平测算值则呈现出东高西低、南升北降的非均衡特征。加入时空演化分析后，表现出我国区域的绿色金融水平发展态势从总体上呈现出由低水平向中等及中等以上水平渐进过渡的演化趋势，而我国区域的绿色发展水平发展态势从总体上呈现出由中等水平向中等以上水平渐进过渡的演化趋势。②经全局空间相关性检验，全局Moran's I指数均为正值，表明我国区域绿色金融与绿色发展水平均具有较为显著的空间正相关性，存在空间集聚特征。可见，我国区域之间的绿色金融与绿色发展水平具有较为显著的空间正相关性，呈现出高水平与高水平区域聚集、低水平与低水平区域聚集的空间分布模式。③经局部空间相关性检验，去除非显著值后，我国区域绿色金融水平的局部Moran's I显示东南沿海区域集聚在"高—高"集聚的扩散效应区，北部内陆区域集聚在"低—低"集聚的低水平区，呈现出显著的正相关性；而海南及其邻近省份南部沿海区域分布在过渡区（L-H），北京及其邻近省份北部区域分布在极化效应区（H-L），具有显著的空间负相关性。绿色发展的局部Moran's I显示东部沿海区域集聚在高—高集聚的扩散效应区，南部内陆区域集聚在"低—低"集聚的低水平区，呈现出显著的正相关性；由于绿色发展的过渡区（L-H）及极化效应区（H-L）的值均不显著，故暂不论述。由此，我国大部分区域绿色金融与绿色发展的发展水平仍然处于低水平区，整体水平不高，且区域间差异显著，亟须调整此不充分、不均衡的发展格局，挖掘新动力、调整发展结构，以推动我国绿色金融与绿色经济的高质量发展。

第八章
金融支持西部地区高质量开放型
经济发展

第一节　引言

　　高水平对外开放是高质量经济发展的重要内容之一。从实体经济层面而言，对外开放包括了对外商品与服务贸易以及对外资本流动。高质量开放型经济建设是对外经济开放量和质两个层面的全面提升，不但需要对外经贸的往来规模上升，更需要在高技术含量、高附加值和高产业水平方面有质的提升。

　　随着西部地区深度融入"一带一路"建设，其对外贸易与投资的物流运输成本不断降低，使得当前尚显落后的西部欠发达地区的经济对外开放质量有了大幅上升的潜能。根据金融功能观的视角，金融系统的发展意味着能够更低成本、更快速便捷地实现经济资源、金融资源的跨境配置。通过降低跨国清算、结算与支付成本，推动资本跨境流动和优化风险在不同国家投资者之间的优化分担等，金融体系的发展能够为经济高水平开放提供更加坚实的金融基础设施。但是，金融体系的改变同样可能会对西部欠发达地区的高质量开放型经济建设产生负面影响。随着金融体系的发展，资金在国际配置的成本逐渐降低，可能会对欠发达地区形成"虹吸效应"，造成这些地区的资本向境外流动，反而阻碍了区域经济的发展。本章运用党的十八大召开以来全国各省份年度金融发展以及经济开放的相关数据，从规模和质量两个层面检验了金融发展的两个维度——规模和结构分别对各省份高水平开放型经济建设的影响。通过分区域检验，探索西部欠发达地区高质量开放性经济建设的金融支持路径。

第二节　样本选择、变量与模型设置

一、样本选择

本章选择党的十八大召开以来我国各省份年度经济表现作为分析对象，样本期间为2012—2020年。考虑到发展阶段、经济环境以及经济制度的巨大差异，我们剔除了中国香港、中国澳门两大特别行政区以及中国台湾地区。我们按照国家统计局经济区域划分标准，将各省份分为东部、中部、西部和东北三省四大地区。具体而言，东部包括北京、天津、河北、上海、江苏、浙江、福建、山东、广东和海南；中部包括山西、安徽、江西、河南、湖北和湖南；西部包括内蒙古、广西、重庆、四川、贵州、云南、西藏、陕西、甘肃、青海、宁夏和新疆；东北三省包括辽宁、吉林和黑龙江。

二、变量设置

（一）高质量开放

我们采用各省份对外贸易系数FTD作为对外开放程度的度量指标，并将其定义为年度进出口金额除以年度名义地区GDP。FTD代表了地区经济对外开放的程度，开放程度越高则FTD越大。然而，高质量开放并非仅指开放程度高，而是更加强调对外经贸往来中高水平往来的数量与比例。对此，我们定义了高质量贸易系数HT_FTD，该变量等于高新技术进出口总额/进出口总额。HT_FTD代表了对外经贸往来的质量，该指标越高代表对外经贸往来的质量越高。FTD和HT_FTD分别代表了对外开放的两个维度——数量与质量。

相对于直接的贸易往来，直接投资在对外高质量开放中具有更加重要的地位，因为直接投资不仅仅意味着货物贸易，还意味着资本流动、风险分担以及技术交流，因此直接投资额越高通常开放质量也越高。西部地区对外高质量经济开放包括了"请进来"和"走出去"。我们也采用FDIGrow和OFDIGrow分别度量资本"请进来"和"走出去"两个维度，两者分别指年内本省吸引外商直接投资增速和本省份对外直接投资增速。

（二）金融发展

根据金融功能观的视角，金融发展促进经济发展质量提升的关键点是其服务经济的六大核心功能的提升。但是，在宏观和中观层面我们通常很难直接观测到金融发展改善服务经济能力的直接指标性证据，现有经济增长与发展相关研究因而采用了金融体系本身的数量和结构作为金融发展的度量。本研究参考了这些研究，在数量方面以各省份的金融深度FI和FinDepth两个指标作为金融规模发展的度量，采用 FinStr 指标作为金融结构发展的度量。其中，将 FI 定义为年末各省份存贷款总额/地区 GDP，将 FinDepth 定义为年度社会融资规模/地区 GDP。FinStr 以社会融资规模中间接融资占比度量，代表了区域金融体系对银行的依赖程度。

（三）控制变量

分析过程中，我们还控制了区域经济增长 GDPGrow、经济发展水平 Income、公共投入力度 Gov、区域产业结构 PrimInd 以及城市化水平 Urbanization 等指标，具体定义见表 8-1。

表 8-1　变量定义

类别	变量	内涵	计算方式
因变量	FTD	对外贸易系数	进出口金额/名义地区 GDP
	HT_FTD	高质量贸易系数	高新技术进出口总额/进出口总额
	FDIGrow	外商直接投资增速	外商直接投资年增长率
	OFDIGrow	对外直接投资增速	对外直接投资年增长率
自变量	FI	金融深度	存贷款总额/地区 GDP
	FinDepth	金融深度	年度社会融资规模/地区 GDP
	FinStr	金融结构	社会融资规模中间接融资占比
控制变量	GDPGrow	经济增长	真实地区 GDP 年增长率
	Income	经济发展水平	人均地区 GDP 对数值
	Gov	政府投入	政府公共财政支出占地区 GDP 比例
	PrimInd	区域产业结构	第一产业占地区 GDP 比重（%）
	Urbanization	城市化水平	城镇就业人口占总就业人口比例

注：数据来自 Wind 资讯平台和国泰安数据库，其中，高技术产品进出口额数据根据《科技统计年鉴》整理，但仅有 2012—2017 年的数据。

表 8-2 和表 8-3 分别汇总了变量的整体统计特征以及分区域统计特征。分区域描述性统计显示，东部地区开放程度、开放质量以及吸引外商直接投资均远领先于中部、东北三省和西部。西部地区外贸依存度虽然低于东部地区和东北三省，但高于中部地区。西部地区的对外贸易质量以及吸引外商投资均低于东部和中部地区，但高于东北三省。让人出乎意料的是，西部地区自身对外的直接投资不仅高于东北三省、中部地区，甚至高于东部地区。这说明在样本期间内，西部地区不但对外经贸开放的规模以及质量均在全国范围内处于较低的位置，而且面临比其他地区更加明显的资本（向国外）流出的问题。

117

表 8-2　变量描述性统计

变量	样本量	均值	标准差	最小值	最大值
FTD	279	4.124	4.712	0.182	23.970
HT_FTD	187	21.545	18.616	0.964	74.380
FDIGrow	262	0.046	0.279	−0.642	0.866
OFDIGrow	246	0.531	1.253	−0.826	5.181
FI	279	3.155	1.126	1.518	7.575
FinStr	248	0.734	0.507	−4.478	2.895
GDPGrow	248	0.083	0.060	−0.250	0.299
Income	279	10.797	0.436	9.706	12.009
Gov	279	0.282	0.208	0.121	1.283
PrimInd	279	9.744	5.043	0.300	26.100
lnGDP	279	9.710	0.981	6.407	11.587

注：FDIGrow、OFDIGrow 以及 Gov 按照两端各 2.5% 进行了缩尾处理。

表 8-3　分区域描述性统计

	东部	中部	东北三省	西部
FTD	8.878	1.665	2.598	1.773
HT_FTD	23.053	28.535	7.759	20.219
FDIGrow	0.055	0.100	−0.016	0.023
OFDIGrow	0.483	0.388	0.261	0.713
FI	3.537	2.501	2.698	3.279
FinStr	0.711	0.778	0.800	0.713
GDPGrow	0.082	0.095	0.017	0.096
Income	11.200	10.611	10.767	10.562
Gov	0.183	0.212	0.233	0.411
PrimInd	6.614	10.000	12.219	11.605
lnGDP	10.271	10.066	9.738	9.057

三、模型选择

我们采用带交乘项的双向固定效应模型检验了金融发展对经济高质量开放的整体影响，以及对不同经济区域的差异化影响效果，模型见公式（8-1）。

$$EconOpening_{i,t} = \alpha + a \times FinancialDevelopment_{i,t} + b \times EconZone_i + c \times$$

$$FinancialDevelopent_{i,t} \times EconZone_i + \sum_k \beta_k \, covarites_{i,t}^k + u_i + \tau_t + \epsilon_{i,t} \quad (8\text{-}1)$$

式中，$EconOpening_{i,t}$ 为省份 i 在 t 年度的经济对外开放指标，包括以对外贸易系数（FTD）度量的贸易开放度、以高新技术产品占比度量的贸易开放质量（HT_FTD）、以直接利用外资增长率和对企业直接外投资增长率度量的投资开放度。$FinancialDevelopent_{i,t}$ 为金融发展变量，包括了金融发展深度 FI 以及金融结构 FinStr。我们根据经济区域划分，以东部省份作为基准，生成了经济区域虚拟变量 $EconZone_i$，包括中部地区（middle）、东北三省（northeast）和西部地区（west）。$covarites_{i,t}^k$ 为协变量，u_i、τ_t 和 $\epsilon_{i,t}$ 分别为个体固定效应、年度效应和随机扰动项。

系数 a 的估计结果 $\hat{a}$ 代表了基准地区（东部）金融发展 $FinancialDevelopent_{i,t}$ 对 $EconOpening_{i,t}$ 的影响，而不同区域指标变量 $EconZone_i$ 与金融发展交乘项的估计系数 $\hat{c}$ 则代表了在不同区域的差异化影响效果。对于特定经济区域，如果 $\hat{c}$ 显著区别于零，则代表金融发展对区域内省份对外开放的影响效果相对于东部地区存在显著差异，金融发展对经济高质量开放的总体影响效果为 $\hat{a} + \hat{c}$。

第三节　回归结果与讨论

一、对对外开放的影响

（一）对对外贸易开放规模的影响

我们首先以对外贸易系数作为左端变量，实证分析了金融深度以及金融结构对区域贸易开放度的影响，结果见表 8-4。Hausman 检验支持了个体固定效应。回归（2）展示了以东部地区为基准的回归结果，表明金融规模提升对于各个区域对外贸易开放程度存在差异化影响。对于东部和东北三省而言，金融规模的提升与对外贸易系数负相关，经济金融化反而抑制了这些地区的对外经济开放。对于西部地区而言，FI 上升带来的效应为（−2.778+2.781），但统计意义不显著，表明金融规模的提升并没有直接影响西部地区的经济对外开放程度。对于中部地区而言，FI 的上升显著提升了其对外贸易系数（−2.778+4.140）。回归（4）显示了金融结构变化对对外贸易系数的影响，同样表明金融结构变化对不同区域对外贸易开放程度的影响存在差异。对于东部、中部和东北三省而言，金融结构 FinStr 与对外贸易系数正相关，但西部地区则影响不显著（2.149−2.164）。

对外贸易系数的回归结果表明，就整体而言，样本期内金融规模和金融结构的发展均没有对西部地区的对外贸易开放程度产生显著影响，但会对各地区对外贸易的均衡性产生显著影响。金融规模的发展有助于西部地区在对外贸易往来方面追赶东部地区，而金融结构中银行占比上升则会拉大和东部之间的对外贸易差距。

表 8-4　金融发展对区域对外贸易开放度发生影响的实证结果

变量	对外贸易系数			
	随机效应（1）	固定效应（2）	随机效应（3）	固定效应（4）
FI	−0.209 （−0.557）	−2.778*** （−6.266）		
FinStr			2.092** （2.484）	2.149*** （2.719）
northeast	−8.127*** （−3.815）		−3.426* 	 （−1.665）
middle	−12.938*** （−5.482）	−6.605*** （−3.283）		
west	−8.292*** （−4.577）	−4.406*** （−3.180）		
neFI	1.072** （2.101）	1.696*** （3.662）		
midFI	2.376*** （3.280）	4.140*** （6.307）		
westFI	0.912** （2.277）	2.781*** （6.986）		
neFinStr			−2.221 （−1.422）	−2.415 （−1.632）
midFinStr			−0.622 （−0.326）	−1.435 （−0.797）
westFinStr			−2.002** （−2.373）	−2.164*** （−2.732）
GDPGrow	−4.702** （−2.390）	−4.896*** （−2.749）	−3.637** （−2.038）	−1.912 （−1.019）
Income	−1.744 （−1.471）	−8.472*** （−6.224）	−2.861** （−2.558）	−6.663*** （−4.885）
Gov	−4.295* （−1.722）	−16.093*** （−3.245）	−2.413 （−1.059）	−16.141*** （−2.983）
PrimInd	−0.332*** （−4.271）	−0.290*** （−3.563）	−0.366*** （−4.837）	−0.288*** （−3.200）

表8-4(续)

变量	对外贸易系数			
	随机效应 （1）	固定效应 （2）	随机效应 （3）	固定效应 （4）
_ cons	31.485** （2.237）	107.905*** （6.687）	41.959*** （3.178）	84.063*** （5.187）
控制年度固定效应	是	是	是	是
N	248	248	217	217
R^2		0.571		0.456
Hausman Chi2	169.86***		39.51***	

注：括号内为 t 统计量；推断过程采用了异方差稳健标准误；*、** 以及 *** 分别代表在10%、5%以及1%统计水平上显著。

（二）对对外贸易开放质量的影响

表 8-5 以对外贸易开放质量 HT_ FTD 作为左端变量，检验了金融规模和金融结构变化对不同区域的差异化影响。金融规模回归中，Hausman 检验拒绝了随机效应模型。固定效应回归（2）显示，金融规模 FI 的变化对东部地区、东北三省的对外贸易开放质量均没有显著影响，但中部地区和西部地区对外贸易开放质量有着显著提升。根据回归结果，金融规模的提升不但有助于提升西部地区自身对外贸易质量，还有助于追赶东部发达地区。

金融结构回归中，Hausman 检验未能拒绝随机效应模型。但是，随机效应和固定效应模型均显示，金融结构对各个地区的对外贸易开放质量总体以及区域间差异均没有显著影响。

表 8-5　金融发展对区域对外贸易开放质量发生影响的实证结果

变量	高质量对外贸易			
	随机效应 （1）	固定效应 （2）	随机效应 （3）	固定效应 （4）
FI	−1.702 （−0.657）	−1.322 （−0.404）		
FinStr			−7.144 （−0.963）	−7.853 （−1.079）
northeast	−32.473* （−1.955）		−14.344 （−0.787）	
middle	−35.952** （−2.318）		3.833 （0.200）	
west	−16.107 （−1.222）		3.996 （0.296）	

表8-5(续)

变量	高质量对外贸易			
	随机效应 （1）	固定效应 （2）	随机效应 （3）	固定效应 （4）
neFI	8.656 ** （2.215）	6.323 （1.479）		
midFI	21.528 *** （5.205）	22.245 *** （5.103）		
westFI	10.894 *** （4.296）	10.672 *** （3.583）		
neFinStr			6.228 （0.397）	3.291 （0.212）
midFinStr			20.060 （1.073）	26.630 （1.433）
westFinStr			12.578 （1.192）	15.263 （1.472）
GDPGrow	19.277 （1.401）	22.924 （1.580）	1.029 （0.063）	1.964 （0.110）
Income	23.697 *** （2.865）	11.880 （1.099）	21.433 ** （2.323）	17.705 （1.505）
Gov	−53.371 *** （−2.843）	−108.229 *** （−2.943）	−21.119 （−1.161）	−58.388 （−1.253）
PrimInd	1.061 ** （2.078）	1.524 ** （2.489）	0.728 （1.180）	1.741 ** （2.086）
_ cons	−235.919 ** （−2.454）	−112.214 （−0.897）	−211.398 ** （−1.977）	−169.326 （−1.251）
控制年度固定效应	是	是	是	是
N	156	156	125	125
R^2		0.576		0.376
Hausman Chi2	24.44 **		1.70	

注：括号内为 t 统计量；推断过程采用了异方差稳健标准误差；* 、** 以及 *** 分别代表在10%、5%以及1%统计水平上显著。

结合对外贸易规模和对外贸易质量回归结果，可以发现，金融规模以及金融结构的变化对西部地区对外贸易开放规模整体没有显著影响，但是金融规模上升显著提升了西部地区对外贸易开放的质量，促进了西部高质量对外开放。

二、对直接投资的影响

(一) 对吸收外商直接投资的影响

表8-6汇总了金融发展对本区域利用外商直接投资的影响的检验结果。Hausman检验结果没有支持固定效应。表8-6随机效应回归 (1) 显示，区域金融规模 FI 的提升对于各个省份均没有产生显著影响 (在5%统计水平上)。回归 (3) 表明，金融结构的变化对于各区域吸收外商直接投资的效果存在显著差异，对东部、中部以及东北三省没有显著影响，但对西部地区影响显著。对于西部地区而言，银行占主导的金融结构不利于其吸引外商直接投资。外商对国内的直接投资一般采用股权形式，而且外商作为股东通常不愿意放弃控制权。如果区域融资结构比较依赖于银行业，则相对于本地竞争者，外商更难以从银行得到长期的债务资金，不利于保持稳定的财务政策。除此以外，如果当地资本市场活跃程度不够，那么当外商计划退出投资的时候，将只能通过全国甚至全球性股票市场交易退出，很难通过股权转手的方式实现低成本退出。因此，对于西部地区而言，发展更加多元化的金融体系将在吸引外商投资方面具有更大的推动作用。

表8-6　区域金融发展对利用外资的影响检验

变量	实际利用外资增速			
	随机效应 (1)	固定效应 (2)	随机效应 (3)	固定效应 (4)
FI	0.033 (1.333)	−0.121 (−0.781)		
FinStr			0.396* (1.790)	0.638** (2.519)
northeast	0.339 (1.316)		0.328 (0.792)	
middle	0.407* (1.828)		0.107 (0.268)	
west	0.150 (0.773)		0.580*** (2.882)	
neFI	−0.144 (−1.587)	0.016 (0.096)		
midFI	−0.154* (−1.726)	−0.158 (−0.746)		
westFI	−0.072 (−1.040)	0.039 (0.294)		

表8-6(续)

变量	实际利用外资增速			
	随机效应 （1）	固定效应 （2）	随机效应 （3）	固定效应 （4）
neFinStr			−0. 519 （−1. 043）	−0. 967* （−1. 736）
midFinStr			−0. 119 （−0. 243）	−0. 300 （−0. 525）
westFinStr			−0. 757*** （−3. 082）	−0. 969*** （−3. 522）
GDPGrow	0. 282 （0. 756）	−0. 080 （−0. 133）	0. 266 （0. 699）	−0. 130 （−0. 210）
Income	−0. 155 （−1. 236）	0. 182 （0. 392）	−0. 031 （−0. 274）	0. 147 （0. 327）
Gov	0. 010 （0. 050）	2. 308 （1. 408）	−0. 097 （−0. 609）	1. 224 （0. 701）
PrimInd	−0. 003 （−0. 429）	−0. 026 （−0. 919）	0. 002 （0. 260）	−0. 034 （−1. 092）
_ cons	1. 748 （1. 192）	−1. 891 （−0. 343）	0. 123 （0. 090）	−1. 632 （−0. 306）
控制年度固定效应	是	是	是	是
N	239	239	208	208
R^2		0. 055		0. 121
Hausman Chi2	3. 32		6. 36	

注：括号内为 t 统计量；推断过程采用了异方差稳健标准误；* 、** 以及 *** 分别代表在10%、5%以及1%统计水平上显著。

（二）对对外直接投资的影响

表8-7汇总了本省份企业对国外直接投资的回归结果。Hausman检验结果没有支持固定效应，后续的解读基于随机效应回归结果。随机效应回归（1）显示，金融规模以及金融结构对于各个区域非金融企业对国外的直接投资均没有显著影响。可见，我国企业"走出去"的投资决策主要还是基于投资前景以及目标地的经济金融环境，国内金融环境对其影响不大。

表 8-7 金融发展对区域企业外向发展的影响检验

变量	非金融企业对外直接投资增速			
	随机效应（1）	固定效应（2）	随机效应（3）	固定效应（4）
FI	−0.037 (−0.352)	1.143* (1.916)		
FinStr			0.564 (0.619)	0.627 (0.598)
northeast	−0.034 (−0.031)		0.976 (0.684)	
middle	−0.126 (−0.131)		−0.506 (−0.306)	
west	0.437 (0.568)		−0.172 (−0.227)	
neFI	−0.063 (−0.166)	−0.033 (−0.054)		
midFI	0.006 (0.017)	0.187 (0.213)		
westFI	−0.148 (−0.529)	−0.373 (−0.693)		
estFinStr				
neFinStr			−1.760 (−0.997)	−1.588 (−0.809)
midFinStr			0.500 (0.247)	0.741 (0.310)
westFinStr			−0.094 (−0.102)	−0.118 (−0.112)
GDPGrow	0.000 (0.000)	2.283 (0.959)	0.240 (0.158)	2.196 (0.879)
Income	0.007 (0.013)	1.464 (0.788)	0.137 (0.296)	−1.390 (−0.748)
Gov	1.872** (2.093)	5.327 (0.796)	2.074*** (3.751)	5.590 (0.762)
PrimInd	−0.023 (−0.723)	−0.196* (−1.799)	−0.005 (−0.167)	−0.184 (−1.541)
_ cons	−0.221 (−0.037)	−19.780 (−0.897)	−2.218 (−0.397)	14.991 (0.679)
控制年度固定效应	是	是	是	是

表8-7(续)

变量	非金融企业对外直接投资增速			
	随机效应 (1)	固定效应 (2)	随机效应 (3)	固定效应 (4)
N	246	246	215	215
R^2	0.152		0.154	
Hausman Chi2	13.91		4.97	

注:括号内为 t 统计量;推断过程采用了异方差稳健标准误;*、** 以及 *** 分别代表在10%、5%以及1%统计水平上显著。

第四节　本章小结

　　本章以党的十八大召开以来我国西部相关省份数据,检验了区域金融规模和结构发展对当地高质量开放型经济建设的影响。分析结果表明:①金融规模的提升有助于西部地区在对外贸易规模方面追赶东部地区,金融结构中银行占比上升会拉大和东部之间的对外贸易差距。②金融规模提升显著提高了西部地区对外贸易的质量,但金融结构对对外贸易质量的影响不显著。③金融体系中直接融资占比提升将会显著提高西部地区对国外直接投资的吸引力。④区域金融规模以及金融机构均对本地企业对国外的直接投资没有显著影响。

第九章
普惠金融创新支持西部地区农民
共同富裕

第一节 引言

党的十八大召开以来，习近平总书记提出了"共享发展理念"新概念，并指出共享发展是中国特色社会主义的本质要求，也是五大发展理念中创新、协调、绿色、开放发展理念的最终目标。党的十八届五中全会进一步阐述了共享发展理念内涵，包含全民共享、渐进共享、全面共享、共建共享。"十四五"规划更是明确提出要增进民生福祉，提升共建共治共享水平。因此，共享发展成果，既是改革开放的价值追求，也是实现共同富裕的有效途径。这是一个再分配的过程，包括政治、经济、社会、文化和生态领域，根据客观情况和实际需要全面、均衡、公平地分享发展成果。党的十九大报告中指出："我国社会主要矛盾已经转化为人民日益增长的美好生活需要和不平衡不充分的发展之间的矛盾。"特别是我国西部地区，由于历史、社会、自然条件等因素，导致该地区交通不便、贫困人口众多、城乡发展不平衡等问题层出不穷，并与中、东部经济发达地区形成明显差距。这种地区发展不平衡导致人民生活共享水平不平衡的矛盾日益突出，在西部大开发背景下，推动西部地区快速发展，促进社会公平正义成为亟须解决的问题。

长期以来，共享发展离不开我国的经济发展。而现有研究表明，数字普惠金融显著促进了我国经济增长（钱海章 等，2020；王永仓、温涛，2020）。数字金融是互联网与金融的有机结合，是金融机构利用数字科技创新融资、支付、投资、风（险）控（制）等金融服务方式，扩大金融服务范围，实现包容性增长目标。其核心属性是金融普惠。一是数字金融能在原有金融服务的基础上，解决地理空间障碍，降低金融服务成本，扩大被正规金融排斥在外的农村、贫困地区居民、低收入人群等的金融获取渠道，以此发挥数字金融的减贫效应；二是数字金融能为居民提供包括移动支付、互联网借贷、众筹融资、投资理财、保险等多样化的金融产品和服务，为居民增加资产投资收益、解决创业融资难题、信用消费等提供解决途径，从而增加居民的经济福利。因此，数字金融可能通过经济增长、提高居民收入水平等路径促进地区的共享发展水平。有鉴于此，在西部地区经济发展不平衡与人民美好生活需要矛盾的背景下，探讨数字普惠金融对西部地区的共享发展水平的影响作用具有重要的现实意义。

深层次地理解数字普惠金融对西部地区共享发展的影响是至关重要的。基于此，本研究利用中国西部地区省级面板数据，就数字普惠金融是否影响西部地区共享发展水平进行了理论分析和实证检验。与现有研究相比，本研究可能的贡献体现在：首先，本研究从经济福利、社会福利、金融福利三个维度构建了共享发展的测度指标。其次，本研究进一步扩展了关于数字普惠金融重要作用的研究。本研究基于金融科技视角，以我国西部12个省份为研究对象，探究数字金融对西部地区共享发展的影响及其路径。最后，进一步丰富西部大开发战略实施的理论经验。研究结论不仅加深了我们对数字金融的普惠效应的理解，也有助于政府政策的制定和决策，充分发挥数字普惠金融对西部地区共享发展的驱动力量，加快实现我国经济全面发展、人民群众共同富裕的目标。

第二节　文献综述与理论假设

一、文献综述

（一）共享发展水平的测度

2019年，习近平总书记发表文章指出，共享理念坚持以人民为中心，逐步实现共同富裕。文章指出共享发展的内涵包括全民共享、全面共享、共建共享和渐进共享，并分别从共享覆盖面、共享内容、实现途径和推进进程来加以描述。"十四五"规划纲要中强调了公共教育、就业创业、社会保险、医疗卫生、社会服务、住房保障、公共文化体育、优抚安置、残疾人服务等在全民共享指标体系中的重要作用。从现有研究来看，已有一些评价共享发展理念的研究出现。例如，国家统计局课题组和中国统计学会分别就全面建成小康社会实现程度、各地区发展与民生状况构建了一套评价体系，虽然是以社会民生为主题构建的指标体系，但对经济社会发展情况也做了较为全面的指标体系研究（国家统计局课题组，2008；中国统计学会，2013）。易昌良（2016）从共享环境、共享绩效和知识共享3个维度构建我国共享发展水平指标体系，其中省际共享43个指标、城市共享27个指标。张琦等（2017）以共享发展的内涵为出发点，从经济发展分享度、公共服务均等度、社会保障公平度、减贫脱贫实现度和生态环境共享度等 5 个维度构建我国共享发展水平指标体系。更进一步地，李晖等（2017）以经济普惠、社会公平、政治清明、生态和谐、文化繁荣 5 个维度 37 个指标构建了共享发展指标体系。刘昌宇等（2019）将共享理念分解为规则共享、机会共享、参与共享、成果共享四个方面，但未能构建起定量化指标体系。高质量发展研究课题组（2020）则从全民共享、全面共享、共建共享、渐进共享四个方面出发，构建了 26 个定量化指标。

（二）数字普惠金融

2016 年，全球普惠金融合作伙伴组织（GPFI）定义"数字普惠金融"：泛指一切通过使用数字金融服务以促进普惠金融的行为，包括利用数字技术为被正规金融排斥的特殊群体提供负责任、成本可负担、可持续的金融服务。其涵盖的金融产品和服务包括支付、转账、储蓄、信贷、保险、证券、电子货币、付费卡以及常规银行账户等。数字普惠金融本质上是普惠金融与互联网技术的结合。相比于传统普惠金融以遵循商业价值原则和可负担成本为前提提供金融服务，数字普惠金融则是利用数字技术创新金融服务方式，以线上支付、网络借贷、数字货币、大数据风险控制等方式，为被排挤在正规金融门槛外的偏远地区农民、低收入人群、小微企业主、妇女人群、老年人和残疾人等特殊群体，提供平等、可负担的金融服务，既实现了金融服务"普"的触达能力的提升，又以降低金融成本的方式实现了"惠"的可能。

关于数字普惠金融的文献，现有研究仍处于初级阶段，大部分研究主要针对传统普惠金融进行。首先，关于评价指标体系及金融发展水平的研究主要以传统普惠金融为主，鲜有关于数字普惠金融发展评价的研究。大量数字普惠金融研究主要采用北京大学数字金融研究中心课题组发布的"数字普惠金融指数"数据，该数据在数字普惠金融的覆盖广度、使用深度、数字支持程度三个维度基础上，细分支付、保险、货币基金、征信、投资、信贷等业务指数，对数字普惠金融发展水平进行了全面评估。其次，关于数字普惠金融影响效应的研究，大量学者证实了数字普惠金融的减贫效应作用，金融抑制是地区贫困的一个重要因素（Wells、Mckinnon，1974；Shaw，1973）。普惠金融以提高弱势群体接触金融服务机会的概率来达到减贫作用（Park、Mercado，2016；Jin，2017）。而数字普惠金融则利用数字技术、用户群与风险控制的耦合作用，进一步解决了成本与收益之间不匹配的矛盾，通过降低门槛效应、缓解排除效应，从而缩小城乡收入差距（宋晓玲，2017）。除此之外，数字普惠金融的经济效应表现在其对我国经济增长的显著正向影响上（王永仓、温涛，2020），并通过创新效应、减贫效应、消费效应等机制促进经济发展，助力城乡包容性增长。最后，关于数字普惠金融风险监管的研究。全球普惠金融合作伙伴组织（GPFI）在其白皮书中指出，金融创新的同时带来了风险，包括运营管理风险、结算汇兑风险、流动性风险、信用风险、洗钱风险及恐怖融资风险等。多维开放与互联互通的网络平台为金融风险、技

129

术风险与网络风险的叠加与扩散提供了渠道（何宏庆，2020）。同时，金融监管体系的建设与升级需要时间与资金投入，致使数字普惠金融的虚拟性监管空缺，为不法分子窃取信息、挪用资金提供了条件（黄益平，2017；杨万寿，2020）。因此，要及时建立全面的均衡性监管体系，适时开展风险评估等活动，明晰数字普惠金融的参与主体，对其相应的金融活动的金融属性和法律边界进行密切监管，健全事前、事中、事后的全流程监管机制（胡滨，2016；杨万寿，2020）。

二、研究假设

从金融的普惠性来看，数字普惠金融能够起到保障社会公平的作用，实现金融发展成果由广大社会公众共享：第一，数字普惠金融能增加弱势群体对金融资源的可获得性（杨艳琳、付晨玉，2019）。通过信息通信技术创新金融服务手段，促使被正规金融体系排斥的弱势群体公平且低成本地获取金融服务可接触性和便利度（孟凡征 等，2014），并在提高穷人的议价能力和降低贫困脆弱性方面起到重要作用（黄倩 等，2019）。第二，数字金融促进居民对金融的使用深度。数字金融包含多元化的支付、信贷、保险、理财等金融产品和服务，能满足居民对信贷、投资理财等方面的资金需求，也能利用信贷、保险等提升弱势群体在自然灾害、疾病等情况下防范风险冲击的能力（Mehrotra，2014）。数字普惠金融还通过降低供给侧的市场摩擦，提升需求端的家庭金融素养、风险偏好和财富水平（路晓蒙 等，2019），增强金融弱势群体的金融素养，更好地帮助其进行理财投资，优化家庭资产组合，进而提高其资产收入水平。第三，数字金融能提升金融服务效率和降低服务门槛（王聪聪，2018）。数字普惠金融利用贷款人在互联网上沉淀下来的大量行为信息，以大数据分析为手段，构建信用评估模型，显著降低弱势群体的融资成本和融资风险。数字普惠金融数字化程度越高，越能显著提升金融服务的效率。

数字金融是解决了地理空间、人群特征约束的普惠金融，通过线上支付、网络借贷、互联网投资、大数据风险防控的方式为不同区域的居民提供无差别的金融服务，实现各阶层共享的包容性增长（滕磊、马德功，2020）。数字金融可能通过以下三个方面提升居民的经济福利：一是数字金融能提升居民收入。根据金融深化理论，数字普惠金融通过减贫效应能显著提升农村贫困地区居民的收入（梁双陆、刘培培，2019）。一方面，数字金融可降低居民获取金融服务的成本，同时通过数字金融的远程操作、大数据信息库、信息识别技术等的使用更有效地降低运营成本，增加企业与员工的收入；另一方面，数字金融能有效地缓解居民的融资约束。数字货币基金能提高居民的投资理财收益水平，数字信贷可以提供生产所需资金，缓解暂时性资金流动危机。数字保险则可以通过缓释疾病、意外等风险增加居民的经济安全（杨伟明，2020）。二是数字金融能促进居民消费。在正规金融出现空白的地区，数字金融能缓释家庭融资约束，增加信贷需求（尹志超、张号栋，2017）。数字金融提供的公平且可负担的金融服务，能帮助家庭提升资本配置效率，提高消费能力，平滑消费水平，从而做出长期投资和消费的决策行为（Corrado、Corrado，2017；尹志超 等，2019）。易行健、周利（2018）也通过实证检验发现数字金融能显著促进居民消费，且对中西部地区及农村地区的作用更为明显。三是数字金融促进居民就业与创业。一方面，数字金融降低了企业的融资成本，为企业扩大规模提供了经济基础，从而增加了居民就业机会和工作收入（Manyika et al.，2016）；另一方面，数字金融的发展通过缓解个体户的信贷约束、社会信任感的提升也为创业提供基础，特别是国家倡导的"地摊经济"背景下，数字金融增加了小微创业者资金来源，因而也扩大了居民的收入水平。综上所述，数字金融提高了广大弱势群体及其他被传统金融排斥人群的经济福利，为这些人实现就业创业、提高收入水平、增强信用消费能力等提供了渠道。

数字普惠金融对提高居民的收入具有积极推动作用，无论是哪个收入阶层，缴纳社保、获得教育等的资金归根结底来源于居民的劳动收入。因此，收入是人们参与社会成果再分配的前提条件。而数字金融能通过提供就业、创业机会，增加居民收入来源，还能通过信贷、理财等提高资产投资收益水平，提升我国居民的收入，从而提高居民获取文化、教育、医疗等社会福利的能力和机会。除此之外，地区居民利用数字普惠金融获得金融服务提升经济福利的同时，地区的经济实力也不断提高。钱海章等（2020）研究发现，数字普惠金融的发展有效促进了我国经济增长。国家及地区的经济发展成果同时也是全体人民再分配的体现。随着我国经济红利的增长，政府将大量财政资金投入文化、生态、教育、医疗、住房等各个方面，降低我国居民获取社会福利的成本，提高我国居民的社会幸福感。据此，本研究提出下列假设：

H1：数字金融能够助推共享发展水平的提升。

第三节　研究设计

一、数据来源

数据来源为我国西部地区除西藏自治区以外的 11 个省级面板数据，样本区间为 2012—2018 年[①]，其中数字普惠金融指数来源于北京大学数字金融研究中心，其余样本数据来源于历年《中国统计年鉴》《中国金融年鉴》。

---

① 考虑到原始数据的口径统一性与可得性问题，本研究选取样本区间为 2012—2018 年。

二、变量说明

（一）因变量：西部地区共享发展水平的测度

西部地区[①]共享发展水平具有多维特性，本研究从五个层面构建了指标体系，包括经济共享体系、文化共享体系、生态共享体系、社会福利体系、政治共享体系5个二级指标、15个三级指标。本研究的评价指标借鉴已有研究成果（李晖、李詹，2017；高质量发展研究课题组，2020），并以科学性、完备性、可获性为原则，最终指标如表9-1所示。

表9-1 西部地区共享发展水平的评价指标

一级指标	二级指标	三级指标	指标说明	单位	属性
西部地区共享发展水平	经济共享	人均存款余额	各项存款余额/年末常住人口数	万元	正
		失业率	—	%	负
		人均住房面积	—	平方米	正
	文化共享	人均拥有公共图书馆藏书量	—	册	正
		人均文化体育与传媒支出	地方财政文化体育与传媒支出/年末常住人口数	万元	正
	生态共享	生活垃圾无害化处理率	—	%	正
		人均公园绿地面积	—	平方米	正
	社会福利	人均地方财政环境保护支出	地方财政环境保护支出/年末常住人口数	万元	正
		每万人在校大学生人数	在校大学生人数/年末常住人口数	人	正
		每万人拥有卫生技术人员数	卫生技术人员数/年末常住人口数	人	正
		养老保险覆盖率	城乡居民基本养老保险参保人数/年末常住人口数	%	正
		人均城市道路面积	—	平方米	正
		人均地方财政一般公共服务支出	地方财政一般公共服务支出/年末常住人口数	万元	正
	政治共享	每万人拥有自治组织年末成员数	自治组织年末成员数/年末常住人口数	人	正
		女性自治组织成员占比	女性自治组织成员/自治组织年末成员数	%	正

本研究采用熵值法确定共享发展水平综合指数，即我们需对标准化之后的数据进行指标赋权。具体评价过程如下：

---

① 西部地区：内蒙古、广西、重庆、四川、贵州、云南、西藏、陕西、甘肃、青海、宁夏、新疆。

（1）由于不同的指标具有不同的量纲和单位，需要我们对数据进行标准化处理，如正向指标标准化：$X'_{ij} = X_{ij} / X_{max}$；负向指标标准化：$X'_{ij} = X_{min} / X_{ij}$；

（2）确定研究对象的指标矩阵，设有 m 个年份，n 个省市，z 个指标，$X_{\theta ij}$ 则表示第 θ 年第 i 省份的第 j 个指标值；

（3）确定指标权重，即第 i 省份的第 j 个指标在样本内的贡献度：$Y_{\theta ij} = X'_{\theta ij} / \sum_{i=1}^{n} X'_{\theta ij}$；

（4）计算第 j 个指标的熵值：$E_j = - k \sum_{i=1}^{n} ln Y_{\theta ij} ln Y_{\theta ij}$，其中 k>0，$k = ln(mn)$；

（5）计算信息熵：$d_j = 1 - E_j$；最后计算第 j 个指标的权重：$w_j = d_j / \sum_{i=1}^{n} d_j$；

（6）计算各省份的共享发展水平的综合指数：$L_{\theta i} = \sum_{i=1}^{n} (w_j X'_{\theta ij})$。

由表 9-2 可以看出，第一，从各年份均值来看，我国西部地区共享水平逐年上升，年均值由 2012 年的 0.383 6 上升到 2018 年的 0.499 2，年均涨幅 0.50%。这说明西部地区的共享发展水平明显提升；第二，从各省份均值来看，有 4 个省份（内蒙古、西藏、青海、宁夏）的共享发展指数超过了西部地区的平均水平，西藏的共享发展指数超过 0.7；广西、贵州、云南、四川地区的共享发展水平相对落后。

表 9-2　2012—2018 年西部地区共享发展水平的综合指数

地区		2012 年	2013 年	2014 年	2015 年	2016 年	2017 年	2018 年	均值
西部	内蒙古	0.413 3	0.422 0	0.441 7	0.471 4	0.613 4	0.511 1	0.520 6	0.484 8
	广西	0.301 1	0.303 0	0.332 3	0.350 0	0.360 2	0.379 4	0.379 0	0.343 6
	重庆	0.391 1	0.371 6	0.387 1	0.411 2	0.434 8	0.465 1	0.481 0	0.420 3
	四川	0.338 8	0.334 8	0.351 1	0.363 9	0.374 9	0.400 3	0.412 9	0.368 1
	贵州	0.303 4	0.300 7	0.328 2	0.347 0	0.368 4	0.393 8	0.395 9	0.348 2
	云南	0.296 3	0.292 9	0.312 2	0.322 8	0.340 4	0.364 6	0.360 5	0.327 1
	西藏	0.552 1	0.560 7	0.672 1	0.855 2	0.714 9	0.823 5	0.830 6	0.715 6
	陕西	0.379 7	0.389 8	0.408 0	0.503 3	0.433 3	0.463 2	0.470 2	0.435 4
	甘肃	0.345 7	0.359 1	0.384 6	0.480 6	0.412 3	0.440 2	0.452 9	0.410 8
	青海	0.463 4	0.499 8	0.537 7	0.688 1	0.593 2	0.609 1	0.607 1	0.571 2
	宁夏	0.430 7	0.443 2	0.496 7	0.628 1	0.534 3	0.566 2	0.609 9	0.529 9
	新疆	0.387 6	0.385 0	0.401 9	0.528 3	0.434 1	0.442 6	0.469 7	0.435 6
	均值	0.383 6	0.388 6	0.421 1	0.495 8	0.467 9	0.488 3	0.499 2	0.449 2

（二）自变量：数字普惠金融

本研究借鉴北京大学数字金融研究中心联合蚂蚁金服研究院发布的"北京大学数字普惠金融指数"，该指数从覆盖广度、使用深度和数字化程度三个维度对数字普惠金融指标体系进行了测度，为数字金融研究提供了可靠的数据参考。

（三）其他控制变量

除此之外，本研究还纳入了以下控制变量：①政府干预程度（Gov）。市场运行的规范化需要政府的干预，适度的政府干预能促进资源的优化配置，从而能有效促进经济共享发展水平。本研究采用地区财政总支出与地区 GDP 的比值来衡量政府的干预程度（孙英杰、林春，2018）。②教育重视程度（Edu）。高素质的劳动人口有利于创新研发，能够更好促进地区创新发展，并具有更强的环保意识和对外交流能力，是共享发展的重要基础条件。本研究用教育支出占总财政支出的比表示。③技术创新水平（Innov）。科技创新是经济增长的核心动力来源，地区技术创新水平越高，越能加速地区的经济增长，从而增加地区的发展投入，提高地区的共享水平。本研究采用地区专利申请授权量进行度量。④人均固定资产投资（Invest）。较高的固定资产投资水平能够提高地区对资本的吸引能力，拉动实体经济固定资本加速形成，而在新发展理念引领下，政府也会引导固定资产投向更具有外部经济性的领域，从而促进高质量发展。本研究使用人均固定资产投资表示。⑤每万人银行网点数（Bank）。银行网点是居民获得金融服务的传统手段，在数字普惠金融发展初期，银行网点仍是居民获取信贷服务、保险服务等服务的重要场所，因此，在数字普惠金融快速发展的现在，仍不能忽视传统金融对居民提供资金需求的作用。⑥产业结构（Str）。数字金融和传统金融服务业本身属于第三产业，第三产业的发展和壮大对于提升地区就业水平、实现绿色共享发展具有重大作用，同时，完善的第三产业能够提升自主创新能力，不同产业之间的创新溢出效应有助于经济发展质量的提高。本研究使用第三产业增加值与地区生产总值之比衡量产业结构情况。相关变量说明如表 9-3 所示，表 9-4 为相关变量的描述性统计。

表9-3　变量说明

变量类型	变量符号	变量名称	指标说明
被解释变量	Share	共享发展水平总指数	由熵值法测算获得
	Eco	经济共享指数	
	Lit	文化共享指数	
	Fin	生态共享指数	
	Soc	社会共享指数	
	Pol	政治共享指数	
解释变量	Index	数字普惠金融总指数	来自"北京大学数字普惠金融指数"报告①
	Breadth	覆盖广度	
	Depth	使用深度	
	Digit	数字化程度	
控制变量	Gov	政府干预水平	政府支出占地区 GDP 比重
	Edu	教育重视程度	教育支出占总财政支出的比重
	Innov	技术创新水平	地区专利申请授权量
	Invest	人均固定资产投资	固定资产投资（亿元）/年末常住人口数
	Bank	每万人银行网点数	银行类金融机构的网点总数/年末常住人口数
	Str	产业结构	第三产业增加值与地区生产总值之比

表9-4　相关变量的描述性统计

变量名称		观测值	均值	标准误	最小值	最大值
共享发展水平总指数	Share	84	0.449 205 7	0.122 787 2	0.292 932 8	0.855 206 4
经济共享指数	Eco	84	0.567 477 7	0.114 107 6	0.356 576 5	0.914 272 4
文化共享指数	Lit	84	0.636 109	0.235 804 6	0.354 381 8	1.346 983
生态共享指数	Fin	84	0.346 423 5	0.164 938 2	0.166 136	0.945 975 2
社会共享指数	Soc	84	0.324 177 6	0.135 092 1	0.199 255	0.911 698 7
政治共享指数	Pol	84	0.371 840 8	0.154 288 8	0.226 981 3	0.897 834 8
数字普惠金融总指数	Index	84	192.248 6	64.663 03	61.47	301.53
覆盖广度	Breadth	84	169.631 9	67.020 49	32.86	285.11
使用深度	Depth	84	175.604	64.784 27	51.85	301.54
数字化程度	Digit	84	297.177 9	86.285 76	115.46	453.66
政府干预水平	Gov	84	0.354 524 7	0.259 650 6	0.178 794 6	1.231 829
教育重视程度	Edu	84	0.154 606 7	0.028 544 5	0.098 945 5	0.211 607 2

---

①　该指数由"北京大学数字普惠金融指数"课题组发布，网站地址：https://idf.pku.edu.cn/.

表9-4(续)

变量名称		观测值	均值	标准误	最小值	最大值
技术创新水平	Innov	84	15 185.73	18 000.14	121	87 372
人均固定资产投资	Invest	84	4.136 793	1.393 833	1.641 16	7.238 012
每万人银行网点数	Bank	84	1.693 647	0.315 840 3	1.130 285	2.330 952
产业结构	Str	84	0.446 532 1	0.056 872 1	0.329 694 6	0.544 958 3

三、计量模型

本研究为考察数字普惠金融对西部地区经济共享发展水平的促进作用，建立如下基准实证模型：

$$Share_{it} = \beta_0 + \beta_1 index_{it} + \beta_2 control_{it} + \lambda_i + \eta_t + \varepsilon_{it} \tag{9-1}$$

在计量模型（9-2）中，$Share_{it}$ 表示 t 年份 i 省份的经济共享发展水平；$index_{it}$ 表示 t 年份 i 省份的数字普惠金融指数；$control_i$ 表示控制变量集，包括基础设施建设水平、产业结构、固定资产投资、政府干预水平、地区创新水平、教育重视程度；λ_i 表示地区固定效应，η_t 表示年份固定效应，ε_i 表示随机扰动项。

同时，为了进一步考察数字普惠金融各维度对西部地区经济共享发展水平的影响作用，本研究将3个维度的数字普惠金融纳入回归模型中：

$$Share_{it} = \beta_0 + \beta_1 breadth_{it} + \beta_2 control_{it} + \lambda_i + \eta_t + \varepsilon_{it} \tag{9-2}$$

$$Share_{it} = \beta_0 + \beta_1 depth_{it} + \beta_2 control_{it} + \lambda_i + \eta_t + \varepsilon_{it} \tag{9-3}$$

$$Share_{it} = \beta_0 + \beta_1 digit_{it} + \beta_2 control_{it} + \lambda_i + \eta_t + \varepsilon_{it} \tag{9-4}$$

另外，由于高质量发展及其五个维度在当期的实际水平很大程度上会受到其前一期数值的影响，即存在序列自相关问题，同时，除本研究选择的控制变量之外，难免存在可能影响高质量发展的其他遗漏变量，而这都会造成模型的内生性问题。为此，除选择固定效应进行回归外，本研究还引入差分 GMM 模型和系统 GMM 模型进行估计，并与固定效应模型进行比较。

第四节　实证分析

一、基准回归

本研究采用固定效应模型对模型（9-1）进行估计，表9-5报告的是数字普惠金融与西部地区共享发展水平的影响，其中第1列在控制个体固定效应之后，数字普惠金融与西部地区共享发展水平具有积极影响，且在1%的水平上显著。第2列在第1列的基础上叠加控制了时间固定效应，回归结果显示，数字普惠金融与西部地区共享发展水平仍具有积极影响，且在 1% 的水平上显著。第 3 列、第 4 列分别在第 1 列、第 2 列的基础上叠加控制变量，结果分别显示在 5%、1% 的水平上显著为正。从第 4 列估计值来看，平均而言，数字普惠金融每增加一个单位标准差，西部地区共享发展水平提升 0.34%。上述结果意味着，数字普惠金融会促进西部地区共享发展水平，研究结果证实了研究假设 H1。除此之外，控制变量的回归系数也比较符合预期。首先，政府的干预程度在 5% 的显著水平上正向影响西部地区的共享发展水平，这说明市场在政府有效干预基础上运行，不仅促进了市场资源的优化配置，还能提升地区共享发展水平。其次，人均固定资产投资在 10% 的显著水平上正向影响西部地区的共享发展水平，这意味着高水平人均固定资产投资能够加速固定资本的形成。同时，在政府引导下的固定资本投入也会加快地区经济发展，从而促进提高地区的共享发展水平。

表 9-5　数字普惠金融与西部地区共享发展水平的回归结果

变量	Share1	Share2	Share3	Share4
Index	0.000 7 *** (0.000 1)	0.003 3 *** (0.000 7)	0.000 7 ** (0.000 3)	0.003 4 *** (0.000 9)
Gov			0.606 6 *** (0.107 2)	0.535 1 ** (0.174 1)
Edu			1.160 8 (0.738 0)	0.839 6 (0.827 4)
Innov			−0.000 0 (0.000 0)	−0.000 0 (0.000 0)
Invest			0.013 7 * (0.006 4)	0.014 5 * (0.006 9)
Bank			0.038 9 (0.057 1)	0.038 8 (0.056 2)
Str			−0.407 2 * (0.219 6)	−0.184 4 (0.186 4)
Constant	0.315 6 *** (0.019 8)	0.105 6 (0.069 6)	−0.022 8 (0.118 4)	−0.252 8 (0.167 2)
时间固定效应	NO	YES	NO	YES
个体固定效应	YES	YES	YES	YES
观测值	84	84	84	84
R^2	0.587 3	0.714 3	0.692 2	0.779 0
样本量	12	12	12	12

注：*、** 和 *** 分别表示在 10%、5% 和 1% 的水平上显著，括号内数值表示标准误差。

二、稳健性检验

（一）GMM 模型

上述回归采用固定效应对模型进行估计，同时由于本研究构建的面板数据模型，解释变量和控制变量可能存在内生性问题，为了缓解因遗漏变量和反向因果所引致的内生性问题，本研究进一步通过系统 GMM 模型进行估计，回归结果如表 9-6 中（1）所示。系统 GMM 模型通过扰动项二阶差分无自相关检验和工具变量有效性检验，估计结果也显示在 10% 的显著性水平上，数字普惠金融能够助推提高西部地区的共享发展水平。

（二）条件分位数回归

由于传统条件期望分析中极容易漏掉部分边际效应信息，因此，条件分位数回归的结果更能描述被解释变量条件分布的全貌，同时能够考查在不同的共享发展水平下，数字普惠金融影响作用的差异性，结果也具有更强的稳健性。本研究依次选用 0.25、0.5、0.75 三个分位数点进一步评估数字普惠金融对西部地区共享发展水平的影响。回归结果如表 9-6 中（2）（3）（4）列所示，在地区共享发展水平不同的条件分布位置上，正向影响作用均十分显著，从而验证了上述结果的稳健性。

表 9-6　数字普惠金融与西部地区共享发展水平的稳健性检验

变量	（1） GMM 模型	（2） 0.25	（3） 0.5	（4） 0.75
Index	0.001 9 *** （0.000 6）	0.003 3 *** （0.001 2）	0.002 9 * （0.001 6）	0.003 9 ** （0.001 9）
Gov	0.509 0 *** （0.105 8）	0.504 2 （0.379 1）	0.347 1 （0.489 7）	0.694 7 （0.589 2）
Edu	-1.132 4 （0.856 8）	0.832 4 （0.563 0）	0.795 7 （0.737 7）	0.876 9 （0.887 9）
Innov	-0.000 0 （0.000 0）	-0.000 0 （0.000 0）	-0.000 0 （0.000 0）	-0.000 0 （0.000 0）
Invest	0.003 7 （0.018 9）	0.014 3 （0.010 3）	0.013 7 （0.013 5）	0.015 1 （0.016 3）
Bank	0.138 6 *** （0.040 2）	0.039 6 （0.036 1）	0.043 8 （0.047 3）	0.034 5 （0.056 9）
Str	-1.505 3 *** （0.455 8）	-0.192 5 （0.195 2）	-0.233 7 （0.255 3）	-0.142 6 （0.307 2）
Constant	0.616 5 *** （0.220 8）			

表9-6(续)

变量	（1） GMM 模型	（2） 0.25	（3） 0.5	（4） 0.75
AR（1）	0.049			
AR（2）	0.459			
Hansen	0.259			
观测值	72	84	84	84
样本量	12	12	12	12

注：*、** 和 *** 分别表示在 10%、5%和 1%的水平上显著，括号内数值表示标准误差。

第五节　进一步的讨论

一、数字普惠金融维度异质性

本研究所使用的数字普惠金融指数是从覆盖广度、使用深度和数字化程度三个层面对地区数字普惠金融的发展程度进行的测度，因此，为了明晰数字普惠金融指数各维度对西部地区共享发展水平的影响作用，进一步考察数字普惠金融的三类分项指标（覆盖广度、使用深度以及数字化程度）对西部地区共享发展水平的影响作用，本研究将数字普惠金融的三个维度分别纳入固定效应模型（2）、（3）、（4）中进行估算，估计结果如表9-7所示，数字普惠金融的使用深度（Depth）对西部地区共享发展水平具有显著的促进作用，而覆盖广度（Breadth）、数字化程度（Digit）对西部地区的共享发展水平提高的影响并不明显，这说明数字普惠金融主要通过数字金融的使用深度推动提高西部地区共享发展水平。

表 9-7　数字普惠金融各维度与提高西部地区共享发展水平的回归结果

变量	Share 1	Share 2	Share 3
Breadth	−0.001 0 (0.001 2)		
Depth		0.001 9 *** (0.000 6)	
IDigit			0.000 4 (0.000 4)
Gov	0.244 0 (0.215 7)	0.277 4 (0.205 3)	0.412 7 ** (0.144 7)

表9-7（续）

变量	Share 1	Share 2	Share 3
Edu	0.631 9 (0.932 8)	0.722 8 (0.630 4)	0.742 6 (0.933 9)
Innov	−0.000 0* (0.000 0)	−0.000 0** (0.000 0)	−0.000 0* (0.000 0)
Invest	0.022 1** (0.009 6)	0.008 7 (0.009 8)	0.021 7** (0.008 5)
Bank	0.044 6 (0.053 4)	0.041 3 (0.055 3)	0.041 9 (0.052 8)
Str	−0.259 3 (0.250 6)	−0.214 8 (0.165 9)	−0.248 4 (0.222 6)
Constant	0.239 2 (0.204 2)	0.001 5 (0.174 8)	0.042 1 (0.152 3)
时间固定效应	YES	YES	YES
个体固定效应	YES	YES	YES
观测值	84	84	84
R^2	0.737 7	0.791 6	0.747 8
样本量	12	12	12

注：*、**和***分别表示在10%、5%和1%的水平上显著，括号内数值表示标准误差。

二、共享发展指数异质性

为检验数字普惠金融促使共享发展水平提高的作用机制，本研究在构建西部地区共享发展水平指数的同时，将15个指标按照经济、文化、生态、社会、政治5个类别指标进行分类处理，分别构建了各地区经济共享指数、文化共享指数、生态共享指数、社会共享指数和政治共享指数，并将其作为被解释变量纳入固定效应模型（1）中重新进行回归估计，以探讨数字金融究竟通过何种机制促进了西部地区的共享发展水平提高。结果见表9-8。

表9-8　数字普惠金融与不同共享发展指数的回归结果

变量	(1) Eco	(2) Lit	(3) Bio	(4) Soc	(5) Pol
Index	0.001 6*** (0.000 5)	0.002 8* (0.001 5)	0.002 3 (0.002 0)	0.011 3** (0.004 2)	−0.000 8 (0.000 5)
Gov	0.359 7* (0.169 6)	1.124 9** (0.411 1)	0.686 2** (0.284 8)	0.684 5 (0.615 9)	−0.180 0 (0.185 7)

表9-8(续)

变量	(1) Eco	(2) Lit	(3) Bio	(4) Soc	(5) Pol
Edu	0.469 7 (0.464 6)	3.139 3** (1.317 8)	0.367 5 (2.276 4)	−0.061 2 (1.154 0)	0.282 6 (0.528 6)
Innov	0.000 0 (0.000 0)	−0.000 0 (0.000 0)	−0.000 0 (0.000 0)	−0.000 0 (0.000 0)	−0.000 0** (0.000 0)
Invest	0.021 0 (0.012 1)	0.030 0 (0.020 0)	0.002 5 (0.010 0)	0.024 1 (0.027 0)	−0.005 3 (0.009 1)
Bank	−0.006 3 (0.033 9)	−0.005 8 (0.095 5)	−0.018 4 (0.045 9)	0.278 4 (0.214 8)	−0.053 9 (0.033 8)
Str	−0.289 5 (0.195 4)	−0.712 9 (0.809 9)	−0.774 7*** (0.210 9)	0.629 9 (0.433 6)	0.225 1* (0.120 0)
Constant	0.177 2 (0.152 0)	−0.368 6 (0.271 1)	0.135 6 (0.414 2)	−1.681 1** (0.684 0)	0.473 1*** (0.129 3)
时间固定效应	YES	YES	YES	YES	YES
个体固定效应	YES	YES	YES	YES	YES
观测值	84	84	84	84	84
R^2	0.948 1	0.671 6	0.489 5	0.519 3	0.443 2
样本量	12	12	12	12	12

注：*、**和***分别表示在10%、5%和1%的水平上显著，括号内数值表示标准误差。

表9-8报告了数字普惠金融与经济共享、文化共享、生态共享、社会共享以及政治共享的回归结果。可以看出，数字普惠金融对经济共享、文化共享、社会共享的影响显著为正，即数字普惠金融通过促进经济共享、文化共享和社会共享，从而促进了西部地区的共享发展水平。数字普惠金融利用网络信息化技术很大程度地缓释了信息不对称导致的融资约束，通过精准匹配投融资方，降低融资成本，为企业的规模扩张、个体户创业行为提供了资金支持，就业创业行为带来的经济效应增加了国家的总体经济产出，促进了地方的经济共享发展水平提高。同时，数字普惠金融在一定程度上需要投融资需求者掌握一定的金融知识，从而促进居民对金融知识的了解以及金融素养的提升。另外，数字普惠金融让西部贫穷地区最大限度提高弱势群体享受金融服务的可能性，从而促进社会资本向西部贫穷地区流动，并通过经济效应、减贫效应为西部地区带来经济产出快速增长，以此推动该地区对文化、基础设施、医疗、教育、养老、保险等方面的投入，实现文化共享和社会共享水平的提高。值得注意的是，金融发展对生态共享、政治共享的影响并不显著。

第六节　结论与启示

本研究基于2012—2018年西部12个省级面板数据，构建综合指标体系对地区层面的共享发展进行测算，并结合北京大学数字普惠金融指数，对数字普惠金融在提高西部地区共享发展水平中的实际作用提供了经验证据。研究表明：①数字普惠金融能显著促进西部地区的共享发展水平提高，增强西部地区居民的共享能力；②数字普惠金融三个维度指标中，主要是通过数字金融的使用深度来正向影响西部地区的共享发展水平，这意味着居民对互联网金融服务包括支付服务、货币基金服务、信贷服务、保险服务、投资服务等的使用活跃度越高，越能提高西部地区的共享发展水平；③我们进一步研究了数字普惠金融影响西部地区提高共享发展水平的具体机制，研究发现，数字普惠金融对西部地区的经济共享、文化共享以及社会共享发展水平具有显著的积极影响，对生态共享、政治共享的影响作用并不明显。上述发现在一定程度上加深了我们对数字普惠金融的影响的理解，为政府提高地区居民共享发展水平等提供了新的思路和科学的理论依据。

基于上述研究结论，本研究提出以下政策建议：第一，加快数字信息化基础设施建设，制定相对宽松的数字金融政策环境，为数字普惠金融进一步推动共享发展水平提供有利的市场环境与政策环境。第二，进一步提高金融科技在西部地区的运用水平。一方面要提高农村居民、贫困地区人口、低收入人群等弱势群体数字普惠金融知识水平，加强西部地区居民的金融素养；另一方面利用普惠和精准的服务方式，为该部分弱势群体提供公平、无差别、无负担的金融服务，从而降低弱势群体获取金融服务的成本，继续通过相对宽松的政策环境促进数字技术与金融服务的结合。还要把握数字普惠金融的核心属性，加强数字金融监管体系，防止金融资源扭曲配置、网络侵犯、不正当竞争等问题的出现。第三，创新共同富裕目标下财政金融投入的协同考评机制。共同富裕不仅是社会主义的本质要求，也是中国式现代化的重要特征。实现共同富裕，最大的难点在农村，最重要的任务是解决农民收入过低和农村内部贫富差距过大的问题，最大的抓手是发挥农村集体所有制优势。以农村集体经济发展为例，完善的财政金融支持体系是推进其发展的关键因素之一。应结合西部各地区区域发展的实际情况，构建财政金融投入的动态考评机制，不断调整和完善村集体经济发展水平评价指标体系，通过开展年度动态评估，并建立评估结果的运用机制，发挥评估的导向作用，不断提高财政金融投入的绩效，切实提高财政与金融协同支持农民共同富裕的实效。

第三篇 风险防范篇

第十章
经济高质量发展背景下
西部欠发达地区的财政风险防范

第一节　引言

当前，中国经济正处于产业结构升级、增长动能转换的关键阶段，经济发展的着力点由原先的侧重增长速度转向强调增长质量。作为基础设施建设和公共服务提供的责任主体，地方政府在区域经济高质量发展过程中发挥着基础性的引导和支持作用，这意味着其在基础设施、文化教育、医疗卫生、科技创新、环境保护、生态建设等领域的投入力度将进一步加大，各地的财政支出压力和资金需求也将持续增加。

与此同时，随着我国经济进入新常态，地方政府的财力结构和融资环境也发生了重要变化。在经济下行压力加大以及结构性减税等因素的作用下，多数地区税收收入增长乏力，公共预算收入质量存在下滑趋势；受土地和房地产市场景气变化及政策调控的影响，地方土地出让收入增速放缓、波动增加，土地财政不可持续的隐患日渐凸显；2014 年以来，新预算法的修订实施和一系列政策法规的出台使得地方政府举债融资机制逐步规范化，发行政府债券成为地方政府举债的唯一合法途径，而地方融资平台公司不再具有政府融资职能。

收入增速下降，支出刚性增大，融资渠道收紧，加之外部环境的多种不确定性因素聚集叠加，给地方财政的持续稳定运行带来严峻挑战。而在经济和财政实力相对落后的西部地区，其地方政府的资金压力和收支矛盾更为突出。在经济新常态背景下，地方财政运行也步入了新常态，呈现出赤字持续增长、收支缺口扩大、债务规模攀升等基本特征（刘尚希，2015），由此积累的潜在风险不容小觑。因此，全面评估并准确把握新时代我国地方财政风险状况，对于保障地区财政安全、推动经济高质量发展具有重要的现实意义。

已有研究侧重从政府债务的角度来界定地方财政风险并进行相关分析，如姚绍学等（2001）指出债务风险是地方财政风险的核心，进而构建了能够反映地方财政偿债能力和流动性的财政风险预警指标体系；刘谊等（2004）认为地方财政风险的本质是地方经济不确定性在财政领域的反映，并集中表现为地方政府债务问题；郭玉清（2006）指出地方政府债务是引发地方财政风险的重要因素，并基于防控财政风险的目的提出了测算地方政府违约债务规模及合理偿债准备金水平的基本思路。此外，也有学者从融资模式、财政可持续性、财政效率等角度对我国地方财政风险问题展开研究。缪小林和史倩茹（2016）认为地方财政风险形成的根源在于财政资金配置效率，并采用1995—2014年数据对我国地方财政效率及其与地方政府债务负担之间的关系进行了实证检验；庄佳强和陈志勇（2017）指出城镇化建设中的三类主要融资模式，即卖地融资、举债融资和合作融资所蕴含的财政风险既具有共性特征又存在明显差异；李建军和王鑫（2018）采用1995—2015年省级面板数据对我国地方财政的可持续性进行实证检验，结果表明我国地方财政总体处于弱可持续状态；梁城城和王鹏（2018）利用空间计量模型实证考察了财政透明度与分权对我国地方财政赤字风险的影响。

国内不少学者对分省份的政府债务风险进行了量化评估与比较分析，普遍发现我国地方债务风险存在明显的区域性差异。朱文蔚和陈勇（2015）以2014年各省份发布的政府性债务审计公告为数据来源，采用因子分析法实证发现贵州的政府性债务风险在全国除香港地区、澳门地区、台湾地区、西藏自治区以外的30个省份中最为严重；胡娟等（2016）也基于审计公告数据度量了我国27个省份的债务可持续性程度，结果显示内蒙古、河南、云南、四川的债务可持续水平明显低于其他省份；刁伟涛和王楠（2017）基于熵值法研究发现，2010—2014年我国地方政府的偿债能力从高到低依次为东部、西部和中部省份；洪源等（2018）运用非线性方法对2006—2016年全国除香港地区、澳门地区、台湾地区、西藏自治区以外的30个省份的地方债务风险进行评估及预警，结果表明多数省份处于中度或重度风险状态，且东部地区债务风险总体上低于中、西部地区。

关于财政风险的综合测度，诸多学者在风险分类、指标体系、度量方法等方面进行了大量的探索，其中，大部分研究是从国家层面判断一国整体的财政风险状况。Polackova（1998）在将政府债务划分为直接显性、直接隐性、或有显性和或有隐性四类的基础上，提出了可用于评价国家财政风险的财政风险矩阵；丛树海和李生祥（2004）指出财政风险是内部因素和外部因素共同作用的结果，并最终表现为赤字风险、收入风险、支出风险和债务风险四种类别，进而从内部和外部两方面选取共20个预警指标编制财政风险合成指数；张明喜和丛树海（2009）从 31 个预警指标中提炼出债务风险、财政收支风险、金融风险和宏观经济风险四个财政风险因子；杨志安和宁宇之（2014）运用层次分析法，构建了包含财政体制风险、财政债务风险、财政收支风险以及宏观经济运行风险四方面指标的中国财政风险预警系统；中国财政科学研究院宏观经济研究中心课题组（2016）设计了以宏观经济运行、静态财政风险、动态财政风险和可转移潜在债务四个分指标体系为基本构成的财政风险指数框架；孟庆斌和杨俊华（2016）以财政赤字率衡量财政风险，基于门限自回归模型研究发现在 2008 年之前我国财政风险基本处于中低度风险状态，2008 年之后则转变为高度风险状态；刘慧悦和刘金全（2017）依据财政风险矩阵建立了中国财政风险指标体系，并采用主成分分析法构造了财政风险总指数。

　　综上所述，目前，从定量层面对我国地方财政风险进行综合测度的研究较为匮乏，多数文献仅聚焦于地方政府债务问题。尽管地方债务风险是地方财政风险的重要体现，但并非其唯一来源，因此，单从地方债务角度评估地方财政风险，不利于全面准确地把握我国地方财政风险的特征及机理。部分学者对财政风险的类别进行了细分，将债务风险、赤字风险、经济金融风险等风险因子纳入综合评价体系，但由于数据搜集难度较大，这些研究或是以个别地区为研究对象，或是着眼于国家层面的整体性分析，鲜有对不同省份的财政风险情况进行量化评价与横向比较，难以揭示地方财政风险的区域异质性。

　　鉴于此，本研究构建了包含政府债务风险、财政赤字风险、财政收支风险和经济金融风险四个风险子类别的地方财政风险综合指标体系，采用因子分析法和 K—均值聚类法，对 2014—2017 年全国除香港地区、澳门地区、台湾地区、西藏自治区以外的 30 个省份的地方财政风险状况进行量化评估；在此基础上，通过横向维度的区域比较和纵向维度的动态分析，全面系统地揭示新时代我国地方财政风险的时空差异特征，并基于对风险子系统的细化分析透视我国地方财政风险的根源，以期为经济高质量发展背景下防范和化解地方财政风险提供具有针对性的对策建议。

第二节　地方财政风险识别及初步判断

一、地方政府债务状况及风险特征分析[①]

（一）总体债务情况

　　地方政府债务是地方财政风险监控的核心（刘谊 等，2004）。近年来，我国地方政府举债融资模式发生了重要变革。2014 年新预算法的修订赋予了

---

① 本研究提及的政府债务均为审计口径中政府负有偿还责任的债务。

地方政府适度发债的权利；同年 10 月国务院发布《关于加强地方政府性债务管理的意见》（国发〔2014〕43 号），明确规定地方政府举债只能采用发行政府债券的方式，融资平台新增债务不再属于地方政府负债；2015 年财政部推出地方债务置换计划，允许地方政府在 3 年过渡期内将此前积累的期限短、利率高的存量债务（包括银行贷款、理财产品、城投债等）置换为期限长、利率低的地方政府债券。

尽管 2014 年之后，随着一系列地方政府债务管理新政的出台，我国地方债务风险总体上得到了一定程度的缓释，但由于前期积累的存量债务规模过于庞大，当前各地的债务负担依旧十分沉重，局部地区存在较大的风险隐患。审计署于 2013 年 12 月公布的《全国政府性债务审计结果》显示，截至 2013 年 6 月底，全国地方政府负有偿还责任的债务余额共计 10.89 万亿元；据财政部统计，截至 2018 年底，全国地方政府债务余额达到 18.39 万亿元，较 2017 年上涨 11.63%，地方政府债务规模持续膨胀；从期限结构来看，截至 2018 年底，于 2020—2023 年到期的存量地方政府债券规模高达 10.72 万亿元[①]，未来的集中偿付压力不容小觑。

图 10-1 展示了 2017 年全国除香港地区、澳门地区、台湾地区、西藏自治区以外的 30 个省份的地方政府债务余额、负债率和债务率情况，其中，负债率（又称债务负担率）为年末政府债务余额与当年地区 GDP 的比值，债务率为年末政府债务余额与当年政府综合财力[②]的比值，二者是重要的政府债务风险监测指标，可综合反映地方政府的偿债压力及债务负担。

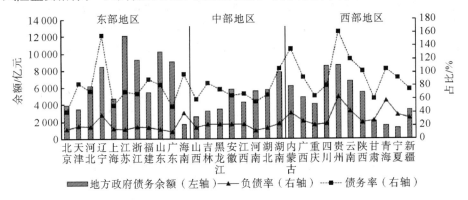

图 10-1　2017 年各省份地方政府债务余额、负债率及债务率情况

资料来源：笔者根据《中国统计年鉴》《中国财政年鉴》各年版、各省份地方政府债券发行文件及财政决算报告计算整理。

---

① 数据来源：上海新世纪资信评估投资服务有限公司《2018 年地方政府债券发行情况与市场表现分析》。该报告下载网址：http://www.invest-data.com/eWebEditor/uploadfile/20190525090408890 14845.pdf.

② 政府综合财力＝一般公共预算收入+政府性基金收入+中央补助收入。

从图 10-1 可以看出，我国地方政府债务负担的区域分化趋势明显。债务余额方面，截至 2017 年底，地方政府债务余额较大的省份主要集中在东部沿海地区，排名前四的依次为江苏、山东、浙江、广东；而债务规模较小的省份大多分布在中、西部地区，其中，宁夏最小，其次为青海。在负债率和债务率方面，就总体而言，中部地区以及多数东部省份的表现优于西部地区，其中，贵州的债务率和负债率为全国最高，青海、云南、内蒙古等西部欠发达省份的指标值也处于较高水平，说明这些省份的债务负担较重、债务风险较大；此外，东部省份辽宁的债务风险问题也十分突出，其 2017 年的债务率水平仅次于贵州，值得警惕。

为进一步考察地方政府债务风险的时空差异特征，本研究分别测算了 2014—2017 年东、中、西部地区负债率和债务率的均值及变异系数，并从横向空间和纵向时间两个维度进行比较分析，其中，指标均值用以反映区域整体水平，变异系数则可刻画指标在区域内部的分化程度，具体结果如表 10-1 所示。

表 10-1　2014—2017 年分区域负债率和债务率均值及变异系数

区域	负债率				债务率			
	2014 年	2015 年	2016 年	2017 年	2014 年	2015 年	2016 年	2017 年
均值								
东部	22.044	20.030	19.542	19.389	85.303	85.893	81.111	77.960
中部	19.375	19.102	18.912	19.254	72.078	73.542	72.940	72.491
西部	37.954	35.796	35.281	35.397	101.063	98.395	100.455	98.802
变异系数								
东部	0.354	0.394	0.489	0.475	0.220	0.376	0.407	0.402
中部	0.197	0.173	0.159	0.193	0.222	0.156	0.165	0.221
西部	0.560	0.511	0.451	0.397	0.407	0.404	0.345	0.310

从表 10-1 可以看出，无论是均值还是变异系数，负债率和债务率在横纵维度的演变规律基本一致。

均值方面，从区域间的横向对比来看，西部地区的负债率和债务率均值明显高于东部和中部地区，东部地区则略高于中部地区。结合图 10-1 可知，尽管东部省份的债务余额普遍较高，但这些地区经济发展强劲、财政实力雄厚，对政府债务的承载和偿付能力也相对较强；而西部地区经济发展相对落后、财政实力较为薄弱，虽然其总体债务规模相对于东、中部省份而言并不算高，却面临更大的偿债压力和债务风险。从纵向演变情况来看，2014—2017 年，各区域的平均负债率和债务率状况总体有所改善，这与我国近年来逐步规范地方政府举债融资机制、不断加强政府债务管理密切相关。

变异系数方面，从横向维度来看，中部地区的变异系数为三者中最小，表明债务负担在中部区域内部的分布相对均衡；而东部和西部区域内部的分化相对较明显，就二者对比而言，2014—2015 年西部省份间的债务负担差异大于东部省份间差异，2016—2017 年则是东部省份间的差异更为明显。从纵向维度来看，2014—2017 年三大区域的动态演进规律各异，东部地区变异系数除在 2017 年略有下降之外，总体呈上升态势，说明东部各省份间的债务负担差距逐渐增大；中部地区经历了先降后升的过程，表明中部省份间的债务负担先是逐渐趋同，近期则分化加剧；西部地区则呈逐年下降趋势，说明西部各省份的差距在不断缩小。

（二）分类债务情况

在国发〔2014〕43 号文中，地方政府债务被明确划分为两类，即一般债务和专项债务。一般债务用于没有收益的公益性事业，偿债资金主要来自一般公共预算收入；专项债务用于有一定收益的公益性事业，偿债资金主要自政府性基金收入或专项收入。两类债务的偿债基础不同，所蕴含的债务风险也可能存在差异，因此，除对地方政府债务状况进行总体分析外，还有必要进行分类评估。借鉴刁伟涛和王楠（2017）的做法，本研究以一般债务余额与一般公共预算收入的比值作为一般债务率，衡量一般债务的偿债压力及负担状况；以专项债务余额与政府性基金收入的比值作为专项债务率，衡量专项债务的偿债压力及负担状况。

如图 10-2 所示，分类债务率的空间分布也极不均衡。2017 年，一般债务率最高的三个省份分别为青海、贵州和内蒙古，专项债务率最高的三个省份是贵州、辽宁和青海；就总体而言，无论是一般债务率还是专项债务率，指标值较高的省份仍以西部地区为主，此外，辽宁等东部个别省份的形势也不容乐观。进一步观察可知，多数西部省份和部分东、中部省份 2017 年的一般债务率水平较 2016 年显著上升，内蒙古增幅最大，其次为吉林和湖南；而各省 2017 年的专项债务率水平较 2016 年普遍出现下降，云南降幅最大，其次为贵州和北京。

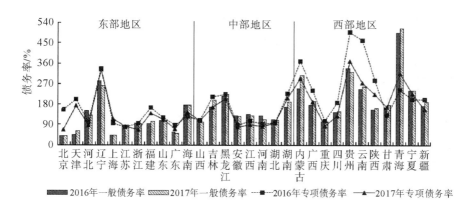

图 10-2　2016—2017 年各省份一般和专项债务率情况

资料来源：根据《中国财政年鉴》各年版、各省地方政府债券发行文件及财政决算报告计算整理。

表 10-2 为 2014—2017 年东、中、西部地区一般债务率和专项债务率的均值及变异系数。

表 10-2　2014—2017 年分区域一般和专项债务率均值及变异系数

区域	一般债务率				专项债务率			
	2014 年	2015 年	2016 年	2017 年	2014 年	2015 年	2016 年	2017 年
均值								
东部	102. 518	100. 029	102. 118	100. 366	115. 101	150. 595	137. 461	122. 038
中部	133. 317	136. 709	141. 771	144. 416	105. 933	142. 846	139. 996	124. 766
西部	213. 488	202. 490	221. 726	233. 053	191. 591	261. 873	261. 803	216. 133
变异系数								
东部	0. 540	0. 752	0. 719	0. 657	0. 322	0. 448	0. 546	0. 633
中部	0. 225	0. 260	0. 250	0. 329	0. 428	0. 429	0. 457	0. 439
西部	0. 466	0. 480	0. 498	0. 486	0. 548	0. 566	0. 486	0. 397

一般债务率方面，从横向比较来看，均值水平为西部最大，中部次之，东部最小，西部均值是东部均值的 2 倍以上；变异系数为东部最大，西部次之，中部最小。由此可知，西部省份的一般债务负担普遍高于东、中部省份，而东部地区的一般债务负担整体较小，但省份间存在较大差异。从 2014—2017 年的纵向演变来看，在东部地区，一般债务率均值呈震荡变化态势，变异系数则先升后降，说明东部地区的一般债务负担整体存在一定波动性，且 2016—2017 年省份间差异有所缩小；在中部地区，均值和变异系数总体呈上升趋势，表明中部地区的一般债务负担不断增加，且区域内省份间差距逐渐扩大；在西部地区，指标均值先是于 2015 年短暂下降，随后大幅攀升，变异

系数走势则基本平稳，说明西部省份整体的一般债务负担在2016—2017年急剧增加，且在区域内部的分布结构较为稳定。

专项债务率方面，从横向维度来看，西部均值显著大于东部和中部均值，表明西部省份的专项债务负担整体高于东、中部省份，这与一般债务情况一致；东部和中部的均值水平相当，2014—2015年前者高于后者，2016—2017年则是后者略高于前者；变异系数对比结果显示，区域内专项债务负担的分异程度在2014年呈现出东、中、西部依次递增的阶梯状格局，而在2017年则恰好相反，即转变为东、中、西部依次递减的格局。从纵向维度来看，各区域在2014—2017年的均值走势均经历先升后降的过程，尤其是2016—2017年东、中、西部地区的专项债务负担均明显下降，这与一般债务情况不同；东部地区的变异系数持续攀升，西部地区的变异系数总体呈下降趋势，而中部地区的变异系数基本保持平稳，这表明东部省份间的专项债务负担差距在逐渐扩大，相反，西部省份间的差距在逐渐缩小。

二、地方财政收支状况及风险特征分析

地方财政收支的规模及结构将直接影响地方政府的财政运行效率和财政安全程度。接下来，本研究分别从财政收入质量、财政支出刚性、财政平衡能力以及土地财政依赖情况四个方面，定量分析各省份的财政收支状况并对相应的风险特征进行初步识别与判断。

（一）财政收入质量

在地方财政收入的构成中，税收收入是最稳定的财力来源（李建军、王鑫，2018），因此，税收收入占比即税收收入占一般公共预算收入的比重，能够反映财政收入的稳定性和可持续性，是衡量财政收入质量的重要指标。通常情况下，税收收入占比越高，意味着政府财力结构越稳健、抵御外部冲击的能力越强，财政收入稳定性越强（郭玉清 等，2015；中国财政科学研究院宏观经济研究中心课题组，2016）。图10-3展示了2017年全国除香港地区、澳门地区、台湾地区、西藏自治区以外的30个省份的一般公共预算收入、税收收入和税收收入占比情况。

如图10-3所示，无论是收入规模还是收入结构，不同省份间均存在较大差异。2017年，一般预算收入和税收收入规模最大的三个省份依次为广东、江苏和上海，这些省份均属东部沿海地区，经济发展水平位居全国前列，地方财政资源丰富；青海、宁夏和海南三个省份的一般预算收入和税收收入规模最小，其中，青海和宁夏属西部经济欠发达地区，本级财源较为贫瘠；综合来看，财政收入规模较大的省份聚集在东部地区，而中、西部省份的财政收入规模普遍较低。从税收收入占比来看，东部省份的总体表现也明显优于中部和西部省份，2017年税收收入占比排名前三的省份分别是上海、北京和

浙江，而排名垫底的三个省份依次是湖南、新疆和宁夏，因此，与中、西部地区相比，东部地区不仅收入总量更为丰厚，收入结构也更加稳健，收入质量相对更高。

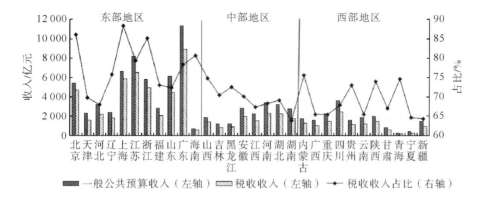

图 10-3　2017 年各省份一般公共预算收入、税收收入及税收收入占比情况
资料来源：笔者根据《中国财政年鉴》各年版计算整理。

表 10-3 列示了 2014—2017 年东、中、西部地区税收收入占比的均值及变异系数。从横向维度来看，东部地区的均值最高、变异系数最大，中部和西部地区的均值和变异系数水平相当，由此可知，东部地区财政收入的稳定性整体强于中、西部地区，但区域内各省份的收入质量差距也相对较大。从纵向维度来看，2014—2017 年，三个区域的均值走势基本一致，即总体呈下降趋势，在 2017 年略有回升，表明近年来各地区的财政收入质量有所下滑，收入稳定性受到一定冲击；东部和中部地区的变异系数不断减小，与之相反，2016—2017 年西部地区的变异系数明显增大，这意味着东中部区域内的收入质量差距在不断缩小，而西部省份间的收入质量差距则存在扩大趋势。

表 10-3　2014—2017 年分区域税收收入占比均值及变异系数

年份	东部地区		中部地区		西部地区	
	均值	变异系数	均值	变异系数	均值	变异系数
2014 年	82.019	0.120	71.047	0.074	72.024	0.053
2015 年	79.086	0.108	69.197	0.068	68.994	0.061
2016 年	77.350	0.109	67.500	0.064	67.242	0.047
2017 年	77.906	0.087	69.595	0.048	68.907	0.065

（二）财政支出刚性
财政支出刚性指政府调节财政支出的困难程度，可通过刚性支出占比，

即刚性支出占一般公共预算支出的比重来衡量。根据主流评级机构的定义①，刚性支出包括一般公共服务支出、教育支出、社会保障和就业支出、医疗卫生与计划生育支出四项内容，属于各地政府在行政管理和民生领域的必要投入，通常难以压缩，其相对规模增加将直接限制地方政府的财政空间，削弱财政支出的可调节性和灵活性，进而加重地方政府的支出负担和财政压力。因此，刚性支出占比可作为衡量地方政府剩余财力的反向指标（洪源 等，2018），其值越高，则地方政府可灵活支配的财政资金越有限、支出刚性越强、财政弹性越小、财政压力越大。

图 10-4 给出了 2017 年全国除香港地区、澳门地区、台湾地区、西藏自治区以外的 30 个省（自治区、直辖市）的一般公共预算支出、刚性支出及刚性支出占比情况。与收入规模的空间分布情况相似，一般公共预算支出较大的省份主要集中在东部经济发达地区，排名前三的分别是广东、江苏和山东，这三个省份的刚性支出规模也位居全国前列；此外，中、西部个别经济发展较快的省份，如四川、河南等也具有较高的支出水平。从刚性支出占比来看，2017 年支出刚性最强、财政弹性最小的省份是辽宁，其次为河南和河北；支出刚性最小、财政弹性最大的省份为上海，其次是宁夏和天津；就总体而言，中、西部省份的支出刚性普遍较高，而东部省份则呈显著的分化趋势。

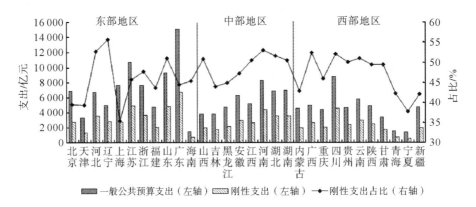

图 10-4　2017 年各省份一般公共预算支出、刚性支出及刚性支出占比情况

资料来源：笔者根据《中国财政年鉴》各年版计算整理。

表 10-4 列示了 2014—2017 年东、中、西部地区刚性支出占比的均值及变异系数。从横向对比来看，三个区域的均值水平较为接近，其中，中部均值最大，西部次之，东部最小；变异系数的区域分布则恰好相反，即东部最大，西部次之，中部最小。由此可知，中部地区的刚性支出负担相对较重，

---

① 包括大公国际资信评估有限公司、东方金诚国际信用评估有限公司、联合资信评估有限公司等，这些机构为各级政府主体及其债券发行提供信用评级服务。

且区域内分布较为均衡；东部地区的刚性支出负担整体上小于中部和西部地区，但区域内省份间差异相对明显。从 2014—2017 年的纵向演变来看，三个区域的均值走势基本保持平稳，三年来持续小幅攀升；三个区域的变异系数呈震荡变化态势，2017 年较 2016 年均有所下降，表明近期我国地方政府的财政支出刚性总体呈增大趋势，且各区域内部的分化程度有所减小。

表 10-4　2014—2017 年分区域刚性支出占比均值及变异系数

年份	东部地区		中部地区		西部地区	
	均值	变异系数	均值	变异系数	均值	变异系数
2014 年	44.234	0.112	48.208	0.074	44.461	0.119
2015 年	42.490	0.152	47.836	0.060	45.003	0.106
2016 年	43.989	0.141	48.121	0.075	46.098	0.113
2017 年	45.360	0.134	48.940	0.067	46.745	0.105

（三）财政平衡能力

在分别考察了各省份的财政收入状况和财政支出状况之后，可进一步对地方财政的收支平衡性进行评估分析。参照郭玉清等（2015）、洪源等（2018）的研究，本研究以财政自给率即一般公共预算收入与一般公共预算支出的比值作为评价指标，该指标旨在衡量地方财政支出在多大程度上可由地方本级收入满足。财政自给率较低的地区往往需要依赖中央转移支付或债务融资来弥补自身财力不足，这将加重地方偿债压力，并削弱财政可持续性（郭玉清 等，2015；李建军、王鑫，2018）。一般来讲，财政自给率越低，表明地方政府的财政平衡能力越差，地方财政出现收支缺口的可能性越大，财政收支矛盾越严重，潜在的财政风险也越大。

图 10-5 展示了 2016—2018 年全国除香港地区、澳门地区、台湾地区、西藏自治区以外的 30 个省份的财政自给率情况。从总体来看，东部省份的财政平衡能力明显优于中部和西部省份，其中，上海的财政自给率连续三年稳居第一，北京、广东、浙江、江苏等东部经济发达省份也持续位于全国前列，而青海、甘肃和黑龙江三个省份则连续三年排名垫底，宁夏、新疆、广西等西部经济欠发达省份也始终处于全国较低水平。此外，从指标的动态变化来看，三年来大多数省份的财政平衡性呈下降趋势，收支矛盾不断加大。

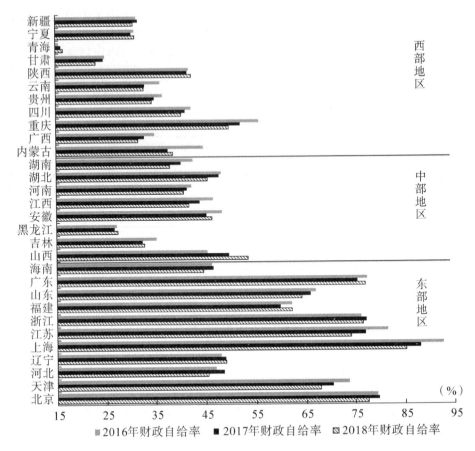

图 10-5　2016—2018 年各省份财政自给率

资料来源：笔者根据《中国财政年鉴》各年版计算整理。

表 10-5 列示了 2014—2018 年东、中、西部地区财政自给率的均值及变异系数。从横向维度来看，均值分布呈东、中、西依次减小的阶梯状格局，区域间差异明显，东部地区的均值水平是西部地区的 2 倍左右；变异系数则是西部最大，东部次之，中部最小。因此，就总体而言，西部地区的财政平衡能力相对较弱，收支矛盾较为突出，且西部各省份间的差异程度也相对较大，东部地区的财政平衡能力则显著强于其他地区。从纵向维度来看，2014—2018 年各区域的指标均值持续下降，表明我国地方政府的财政平衡能力整体呈下降趋势，收支矛盾日益加剧；东部和西部地区的变异系数总体呈先升后降趋势，中部地区的变异系数则逐年攀升。因此，就近期而言，东部和西部各自区域内收支平衡能力的差异有所缩小，而中部区域内则分化加剧。

表 10-5 2014—2018 年分区域财政自给率均值及变异系数

年份	东部地区		中部地区		西部地区	
	均值	变异系数	均值	变异系数	均值	变异系数
2014 年	75.046	0.197	47.100	0.137	39.446	0.272
2015 年	68.910	0.220	43.549	0.158	38.109	0.283
2016 年	68.245	0.229	41.996	0.175	35.922	0.295
2017 年	67.049	0.211	40.958	0.190	34.176	0.273
2018 年	65.778	0.213	40.782	0.200	33.765	0.270

（四）土地财政依赖情况

土地财政在我国城镇化建设进程中扮演了重要角色，长期以来，土地相关收入为地方财力提供了有效补充，同时也是地方政府偿债资金的主要来源。然而，地方政府对土地财政高度依赖的现象背后也存在着极大的潜在风险（邹秀清 等，2017）。一方面，土地资源的稀缺性和不可再生性构成土地财政的禀赋约束，地方政府依靠卖地融资增加收入、弥补财政缺口的模式难以为继（牟燕、钱忠好，2015）；另一方面，受当前土地和房地产市场景气变化以及政策调控的影响，土地出让收入的不确定性增加，不利于地方财政的平稳运行。

图 10-6 展示了 2016—2017 年全国除香港地区、澳门地区、台湾地区、西藏自治区以外的 30 个省份的土地出让收入和土地财政依赖度情况，其中，土地出让收入以政府性基金收入决算中的国有土地使用权出让收入数据衡量，土地财政依赖度为土地出让收入占政府综合财力的比重[1]。如图 10-6 所示，无论是土地出让收入规模还是土地财政依赖度，不同省份间存在显著差异。从总体来看，东部省份的土地出让收入规模明显高于中部和西部省份，2017年收入排名前三的省份分别为江苏、浙江和广东，收入最低的三个省份分别是青海、宁夏和内蒙古，2016 年的情况也基本一致。土地财政依赖度方面，对土地财政依赖性较高的省份也大多集中在东部地区，浙江和江苏尤为突出，此外，西部直辖市重庆以及中部经济大省安徽的土地财政依赖度也位于全国较高水平；2017 年绝大多数省份对土地财政的依赖水平较 2016 年显著提升，其中，北京增幅最大，其次是浙江和天津。

157

---

[1] 也有学者以土地出让收入与一般公共预算收入之比衡量土地出让依赖度（庄佳强、陈志勇，2017；洪源等，2018）。但实际上国有土地使用权出让收入并不在公共预算收入构成中，而是政府性基金收入的主要来源，因此，本研究以涵盖公共预算收入和政府性基金收入的政府综合财力作为测度基础，能够更加合理地反映地方政府对土地财政的依赖程度。

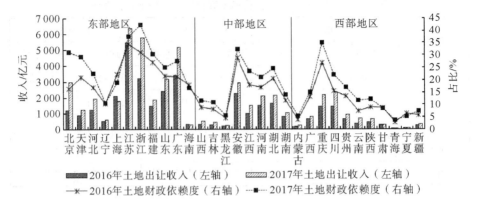

图 10-6　2016—2017 年各省份土地出让收入和土地财政依赖度情况

资料来源：笔者根据《中国财政年鉴》各年版、各省份地方政府债券发行文件及财政决算报告计算整理。

表 10-6 给出了 2014—2017 年东、中、西部地区土地财政依赖度的均值及变异系数。从横向对比来看，我国地方土地财政依赖度存在明显的区域差异；均值方面，东部最大，中部次之，西部最小，且东部是西部的 2 倍左右；变异系数方面，则是西部最大，中部次之，东部最小，且西部为东部的 2 倍以上。因此，综合而言，东部地区对土地财政的依赖程度显著高于中、西部地区，其潜在的土地财政风险相对较大，而西部地区的土地财政依赖水平整体不高，但省份间差异相对较大。从纵向演变情况来看，三个区域的指标均值在 2014—2015 年显著下降，随后在 2016—2017 年又急剧回升，因此，我国地方土地财政依赖状况虽在早期有改善趋势，但在近期则表现出明显的恶化迹象，土地财政风险存在增大可能；与 2016 年相比，2017 年东部地区和西部地区的变异系数均出现上升，中部地区的变异系数则有所下降，表明 2016—2017 年土地财政依赖度在东部和西部各自区域内的分化程度呈加剧之势，而中部省份间的差异则有所减小。

表 10-6　2014—2017 年分区域土地财政依赖度均值及变异系数

年份	东部地区		中部地区		西部地区	
	均值	变异系数	均值	变异系数	均值	变异系数
2014 年	27.233	0.238	17.560	0.412	14.056	0.566
2015 年	20.762	0.236	13.357	0.462	10.245	0.750
2016 年	21.829	0.314	14.651	0.538	10.165	0.674
2017 年	26.524	0.344	17.910	0.494	12.896	0.710

第三节　地方财政风险指标体系构建

一、指标体系构建

参考已有文献的研究成果，同时结合新时代我国地方财政运行的实际情况，并考虑到数据可得性，本研究分别从内部因素和外部因素两方面，将我国地方财政风险分解为政府债务风险、财政赤字风险、财政收支风险和经济金融风险四个类别，其中，前三者为财政系统内部的风险因素，最后一类则代表影响财政运行的外部环境风险。本研究共选取了代表上述四个风险子类别的 20 个评价指标，由此构建地方财政风险综合指标体系，如表 10-7 所示。

表 10-7　地方财政风险综合指标体系

指标类型	指标名称	指标说明	指标方向
政府债务风险	负债率	年末政府债务余额/当年地区 GDP	正
	债务率	年末政府债务余额/当年政府综合财力	正
	一般债务率	一般债务余额/一般公共预算收入	正
	专项债务率	专项债务余额/政府性基金收入	正
	债务增速与地区 GDP 增速比	债务余额增长率/地区 GDP 增长率①	正
	债务增速与综合财力增速比	债务余额增长率/综合财力增长率	正
财政收支风险	宏观税负	一般公共预算收入/地区 GDP	负
	税收收入占比	税收收入/一般公共预算收入	负
	刚性支出占比	刚性支出/一般公共预算支出	正
	土地财政依赖度	土地出让收入/政府综合财力	正
财政赤字风险	财政自给率	一般公共预算收入/一般公共预算支出	负
	财政赤字率	当年财政赤字额/当年地区 GDP	正
	赤字增长率	当年财政赤字/上年财政赤字−1	正
	赤字依存度	财政赤字额/财政支出	正
	人均财政赤字占比	地方人均财政赤字/全国人均财政赤字	正
经济金融风险	地区 GDP 增长率	按不变价格计算，即实际地区 GDP 增长率	负
	失业率	城镇登记失业率	正
	国有企业资产负债率	国有工业企业负债总额/国有工业企业资产总额	正
	金融机构存贷比	金融机构贷款余额/金融机构存款余额	正
	不良贷款率	商业银行不良贷款率	正

①　为与政府债务数据保持一致，此处地区 GDP 增长率为名义增长率。

（一）政府债务风险

选取地方政府负债率、债务率、一般债务率、专项债务率、债务增速与地区 GDP 增速比、债务增速与综合财力增速比作为债务风险评价指标。负债率衡量地方经济总量对政府债务的承受能力，若债务规模超过经济承载力，则将给地区经济的稳定运行和可持续发展带来不利影响（缪小林、伏润民，2012）；债务率反映地方政府以综合财力清偿债务的能力，指标数值越高，表明地方政府的债务负担越重、偿债压力越大（胡娟 等，2016）；一般债务率和专项债务率对一般债务和专项债务的偿债风险进行分类评估，旨在捕捉债务结构风险的异质性；债务增速与地区 GDP 增速比从动态角度反映地方经济的长期应债能力，债务增速与综合财力增速比则从动态角度反映地方政府的长期偿债能力，通常来讲，债务规模相对于经济总量和政府财力的增长速度越快，地方债务的可持续性越弱，债务风险越大（缪小林、伏润民，2012；胡娟 等，2016）。

（二）财政收支风险

选取宏观税负、税收收入占比、刚性支出占比、土地财政依赖度作为收支风险评价指标。宏观税负体现地方财政收入汲取能力，其值越高，表明地方政府从广义税基中汲取财政资金的能力越强，财政风险越小（刘谊 等，2004；郭玉清 等，2015）；税收收入占比反映财政收入的稳健性，一般认为税收收入占比越高的地区财力结构越稳定、财政收入质量越高；刚性支出占比反映财政支出的灵活性和可调节性，其值越高，代表地方政府用于必要开支之后的剩余财力空间越有限、刚性支出压力越大；土地财政依赖度衡量土地出让收入对地方财政收入的贡献度，土地资源的稀缺性和有限性决定了土地财政的不可持续性，土地财政依赖度过高不利于地方财政经济的可持续发展（邹秀清 等，2017）。

（三）财政赤字风险

选取财政自给率、财政赤字率、赤字增长率、赤字依存度、人均财政赤字占比作为赤字风险评价指标。财政自给率衡量地方政府本级收入对其财政支出的覆盖程度，指标数值越低，则地方政府的收支平衡能力越差、财政收支矛盾越突出；财政赤字率衡量财政赤字占经济总量的相对规模，赤字规模越大，则地方财政运行陷入支付危机和困境的可能性越大（刘谊 等，2004）；赤字增长率体现财政赤字的动态演变趋势，赤字增长过快将导致风险积累，影响地方财政安全；赤字依存度反映财政支出在多大程度上是依靠赤字融资实现的，赤字依存度越高，财政风险越大（中国财政科学研究院宏观经济研究中心课题组，2016）；人均财政赤字占比为地方人均财政赤字与全国人均赤字之比，若其数值大于 1，表明地方收支缺口超过国家平均水平，赤字风险相对较高（梁城城、王鹏，2018）。

（四）经济金融风险方面，

选取地区 GDP 增长率、失业率、国有企业资产负债率、金融机构存贷比、商业银行不良贷款率作为评价指标。地区 GDP 增长率和失业率是衡量宏观经济运行状况的重要指标，前者可在一定程度上反映地方财政收入的增长潜力，后者与地方财政刚性支出压力直接相关（中国财政科学研究院宏观经济研究中心课题组，2016）；作为保障我国财政能力的核心力量，国有企业的资产负债率越高，其对地方政府的财税支撑作用越弱，地方财政压力随之增大（梁城城、王鹏，2018）；此外，国有企业债务高企意味着其财务风险较大，一旦陷入财务困境、面临破产危机，地方政府将不得不承担债务清偿及救助责任（中国财政科学研究院宏观经济研究中心课题组，2016）；金融机构存贷比和不良贷款率综合反映区域金融信贷状况，存贷比和不良贷款率上升，意味着地区金融生态环境恶化、信贷资产安全性下降、金融部门风险增大，这将给地方财政运行带来严重威胁（刘谊 等，2004）。

二、数据说明

本研究数据区间为 2014—2017 年。以 2014 年为起始点，主要是基于两点考虑：一是在 2014 年新预算法修订和国发〔2014〕43 号文出台之后，地方政府债务管理和财政运行机制较之前发生了较大改变，二是该时段与我国经济新常态和高质量发展的新时代背景相契合。以全国除香港地区、澳门地区、台湾地区、西藏自治区以外的 30 个省份为研究对象。此外，由于青岛市（山东省）、宁波市（浙江省）、大连市（辽宁省）、厦门市（福建省）和深圳市（广东省）为计划单列市，其财政债务数据是单独公布的，为保证横向可比性，将这五个计划单列市数据并入所在省份，得到全省汇总数据。

本研究使用省级数据。由于数据来源分散，且部分核心指标暂无公开完整的权威数据，仅能通过手工搜集和估算获得，故在此做出说明。财政收支数据方面，分省份的一般公共预算收支总额及其构成数据（包括税收收入、刚性支出、中央补助）来自《中国财政年鉴》；政府性基金收支及国有土地使用权出让收入数据根据中国债券信息网发布的各省份政府债券信息披露文件及评级报告整理而得，为保证数据可靠性，我们还对债券发行文件中的数据与各省份财政决算或执行报告数据①进行了比对。地方政府债务数据方面，2014—2017 年各年末分省份的地方政府债务余额、一般和专项债务余额数据均来自政府债券信息披露文件及评级报告，部分缺失值由各省份财政决算报告数据补充；2013 年末数据用 2014 年 1 月各省份审计公告中披露的截至 2013

---

① 各省份财政决算或执行报告来自各省份财政厅（局），但此数据不完整，缺失较多，故只作为核对参考。

年6月底政府负有偿还责任的债务余额与2014年末数据的平均值代替。经济金融数据方面，各省份地区GDP及全国GDP、各省份人均地区GDP、城镇登记失业率、国有工业企业资产和负债数据均来自《中国统计年鉴》，金融机构存贷款余额和商业银行不良贷款率数据来自《中国金融年鉴》，部分缺失值由中国人民银行各省级分行的金融数据库补充。

三、描述性统计

表10-8给出了各地区财政风险主要指标的均值和变异系数。

表10-8　各地区财政风险主要指标的均值和变异系数

变量	东部地区		中部地区		西部地区	
	均值	变异系数	均值	变异系数	均值	变异系数
负债率	20.251	41.545	19.161	17.247	36.302	47.243
债务率	82.567	34.614	72.763	18.358	100.585	35.188
一般债务率	101.258	64.717	139.053	25.948	218.768	47.132
专项债务率	131.299	49.771	128.385	43.601	234.490	50.996
债务余额增长率/地区GDP增长率	0.369	786.801	12.690	445.997	1.246	161.133
债务余额增长率/综合财力增长率	0.078	15 411.797	1.245	218.484	1.706	211.082
宏观税负	12.952	33.727	9.725	19.218	11.484	14.913
税收收入占比	79.090	10.579	69.335	6.378	69.343	6.066
刚性支出占比	44.018	13.251	48.276	6.630	45.488	10.935
土地财政依赖度	24.087	30.471	15.869	47.161	11.920	66.559
综合财力	8 450.628	52.105	5 966.694	32.312	4 437.268	48.565
财政赤字率	5.894	73.067	12.868	23.549	22.012	50.383
赤字增长率	22.285	188.209	11.841	80.305	11.229	44.943
赤字依存度	30.187	48.840	56.599	12.700	62.802	16.175
人均财政赤字占比	2.436	48.637	3.566	36.616	5.923	62.544
财政自给率	69.813	21.119	43.401	16.563	37.198	27.309
地区GDP增速	7.193	28.313	7.553	22.149	8.500	15.696
城镇登记失业率	3.083	24.582	3.430	16.011	3.336	16.596
国有及国有控股工业企业资产负债率	58.654	13.235	63.372	9.293	65.459	5.340
金融机构存贷比	74.938	19.441	72.696	8.048	83.893	14.996
商业银行不良贷款率	1.540	45.951	1.821	26.781	1.836	45.717

东部、中部及西部对应的政府债务风险、财政收支风险、财政赤字风险

和经济金融风险各指标对比分析如下：

（1）政府债务风险的相关指标方面。①负债率：东部和中部地区较为接近，均在20%上下，而西部地区达到36.302%，说明西部地区具有较重的财务负担。②债务率：只有西部地区达到了100.35%，说明西部地区的财务负担已经超过了当地的综合财力，具有较大的债务风险。而东部地区和中部地区分别为82.567%和72.763%，相对而言具有较强的偿债能力。③一般债务率：东、中、西三个地区依次递增，且西部地区达到了218.768%，是东部地区的2倍以上。④专项债务率：东部地区和中部地区较为接近，分别为131.299%和128.385%，但是西部地区达到了234.49%，说明西部地区同样具有较重的专项债务负担。⑤债务余额增长率/地区GDP增长率：东部地区为0.369，中部和西部地区均超过了1，说明债务的增长超过了经济增长。⑥债务余额增长率/综合财力增长率：东、中、西分别为0.078、1.245和1.706，这说明东部地区的债务负担比综合财力的增长率低，但是中部和西部的债务增长都超过了综合财力的增长，形成了较重的财务负担。

（2）财政收支风险的相关指标方面。①宏观税负：就总体而言，东中西三个地区的宏观税负差异不大，但东部地区要略微高于中部和西部地区。②税收收入占比：中部地区和西部地区较为接近，东部地区大致高出10个百分点，这说明东部地区有更充足的税收来源。③刚性支出占比：东、中、西三个地区刚性支出占比差异不大，均在45%上下。④土地财政依赖度：东部最高，中部次之，西部最低，这说明西部地区相对而言对土地财政的依赖度更低。

（3）财政赤字风险的相关指标方面。①财政自给率：东部地区的财政自给率接近70%，而中部和西部地区分别为43.401%和37.198%，由此可以发现西部地区的财政自给率较低，需要其他收入来源才能满足财政支出需求。就总体而言，西部地区的政府债务风险要高于中部地区和东部地区。②财政赤字率：东部最低，中部次之，西部最高，表明相对于东部和西部地区，西部地区的财政赤字在地区GDP中的占比大，这进一步反映出西部地区财政收入的不足。③赤字增长率：相对而言，西部地区财政赤字的增长率均值较低。④赤字依存度：西部地区的赤字依存度是东部地区的2.08倍，这说明西部地区的财政支出更多地依靠财政赤字融资实现，且其变异系数较低，说明西部地区依靠赤字满足财政支出的结构未得到改变。⑤人均财政赤字占比：从人均角度来看，财政赤字依然存在自东向西逐步增加的现象。⑥综合财力：通过横向对比可知，综合财力呈东、中、西递减，而且东部地区接近西部地区的2倍，表明我国不同区域间的经济水平存在较为明显的差异。从以上指标的变异系数来看，三个地区之间的稳定性较为接近，说明三个地区的财政赤字风险差异一直持续存在。

（4）经济金融风险的相关指标方面。①地区 GDP 增速：在经济增速方面，西部地区略有优势，但是西部地区的经济总量与中部和东部有较大差距，因此，经济发展水平的差距仍然较大。②城镇登记失业率：东、中、西的城镇登记失业率分别为 3.083%、3.43% 和 3.336%，差异并不显著。③国有及国有控股工业企业资产负债率：东部地区低于中部和西部地区，西部地区最高且较为稳定，说明西部地区国有及国有控股工业企业具有较重的债务负担。④金融机构存贷比：东部地区和中部地区分别为 74.938% 和 72.696%，西部地区为 83.893%，说明西部地区金融机构的资金利用率相对较高。⑤商业银行不良贷款率：东、中、西三个地区分别为 1.540、1.821 和 1.836，西部地区的不良贷款率明显高于东部和西部，这在一定程度上反映了西部地区经济发展劣于东、中部，导致其盈利能力较低，最终形成金融机构的不良贷款。

第四节　地方财政风险测度结果与分析

一、基于因子分析和 K—均值聚类的测度结果

本研究采用因子分析法对我国除香港地区、澳门地区、台湾地区、西藏自治区以外的 30 个省份的财政风险水平进行综合测度与量化分析。为消除量纲差异对实证结果的影响，首先对表 10-7 中的原始指标进行标准化处理，处理程序如下：对于正向指标，直接采用 Z-Score 方法标准化，即将指标原始值减去样本均值之后再除以标准差；对于负向指标，则先取负数予以正向化，再采用 Z-Score 方法标准化。随后，基于标准化数据建立因子模型，并利用主成分方法提取公因子以及估计因子载荷矩阵。在估计因子模型前需要确定公因子数目，本研究根据平行分析法选择因子个数，最终从 20 个指标中提取出 4 个公因子，分别记作 F_1、F_2、F_3、F_4。为赋予各因子更加明确的经济含义，本研究进一步采用方差最大正交旋转法进行因子旋转，第一、二、三、四个公因子旋转后的方差贡献率依次为 24.784%、12.677%、15.123%、7.331%，旋转后的累计方差贡献率达 59.915%，可有效覆盖原数据集的大部分信息。

表 10-9 给出了旋转后的因子载荷矩阵估计结果。

表 10-9　旋转后的因子载荷矩阵

指标	F_1	F_2	F_3	F_4
负债率	0.463	−0.127	0.819	−0.206
债务率	0.080	0.136	0.954	0.079
一般债务率	0.701	0.085	0.621	0.047

表10-9(续)

指标	F_1	F_2	F_3	F_4
专项债务率	0.238	0.005	0.838	0.208
债务增速与地区GDP增速比	0.043	0.017	−0.134	0.274
债务增速与综合财力增速比	0.140	0.178	0.021	−0.164
宏观税负	0.214	0.800	−0.022	0.180
税收收入占比	0.408	0.541	−0.070	0.281
刚性支出占比	−0.089	0.839	0.083	−0.107
土地财政依赖度	−0.705	−0.027	−0.229	−0.416
财政自给率	0.820	0.375	0.196	0.094
财政赤字率	0.945	−0.033	0.195	−0.045
赤字增长率	−0.151	−0.304	−0.088	0.135
赤字依存度	0.820	0.375	0.196	0.094
人均财政赤字占比	0.807	−0.205	0.105	−0.180
地区GDP增长率	−0.085	−0.029	−0.008	**0.537**
失业率	0.090	0.175	0.152	**0.439**
国有企业资产负债率	0.483	0.513	0.108	0.265
金融机构存贷比	0.533	0.050	0.193	0.150
不良贷款率	0.086	0.330	0.258	**0.576**

165

可以看出：F_1在财政自给率、赤字率等赤字风险指标上有较大载荷，故可代表财政赤字风险因子；F_2在税收收入占比、刚性支出占比等收支风险指标上有较大载荷，可理解为财政收支风险因子；F_3在负债率、债务率等债务风险指标上有较大载荷，可代表政府债务风险因子；F_4在地区GDP增长率、不良贷款率等指标上有较大载荷，可代表经济金融风险因子。

接下来，本研究采用回归法计算各风险因子的估计值，即因子得分[①]。在此基础上，以各因子旋转后的方差贡献率占累计方差贡献率的比例为权重系数，对4个分类风险的因子得分进行加权求和，可进一步得到地方财政风险的综合得分 F，即

---

① 受篇幅所限，因子得分对应的系数矩阵估计结果未在文中列示，感兴趣的读者可向本书作者索取。

$$F = (F_1 \times 24.784\% + F_2 \times 12.677\% + F_3 \times 15.123\% + F_4 \times 7.331\%) / 59.915\%$$
$$(10-1)$$

最后，考虑到因子分析使用的是均值为 0、方差为 1 的标准化数据，由此得到的因子得分值有正有负，为方便后续分析[①]，我们借鉴杜思正等（2016）、刘国强（2018）以及张伯超和沈开艳（2018）的思路，将各分类因子得分和综合得分分别映射到 [0, 100] 区间上，以此作为最终的风险评价值 FR，映射函数为：

$$FR_{it} = \frac{F_{it} - \min(F_{it})}{\max(F_{it}) - \min(F_{it})} \times 100 \qquad (10-2)$$

其中，F_{it} 为省份 i 在 t 年的因子得分（分类或综合），$\min(F_{it})$ 和 $\max(F_{it})$ 分别为所有省份和年度中该因子得分的最小值和最大值。通过式（10-2）可将包含正负数的因子得分值转换为百分制的风险评价值，同时不改变原因子得分的数据结构（杜思正 等，2016）。

图 10-7 展示了 2014—2017 年全国除香港地区、澳门地区、台湾地区、西藏自治区以外的 30 个省份地方财政分类风险的评价值情况，其中，图 10-7（a）为财政赤字风险评价结果，图 10-7（b）为财政收支风险评价结果，图 10-7（c）为政府债务风险评价结果，图 10-7（d）为经济金融风险评价结果。

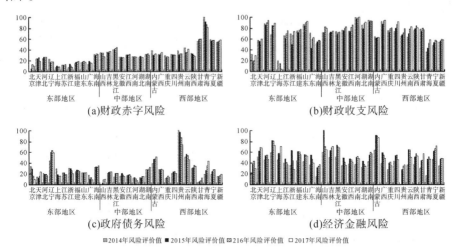

图 10-7　2014—2017 年各省份地方财政分类风险评价结果

如图 10-7（a）所示，在财政赤字风险方面，评价值较高的省份主要集中在西部欠发达地区，其中，青海、甘肃、新疆和宁夏四省份的赤字风险最

经济高质量发展背景下西部欠发达地区创新金融支持研究

---

① 例如，分区域计算因子得分的变异系数时，若某区域某年度的因子得分均值为负，则其变异系数也将为负值，难以直观反映区域内部的风险集聚程度，也不利于考察风险分化的时空差异。

为严重；中部个别省份，如黑龙江和吉林的赤字风险水平也位居全国前列；而东部省份的风险评价值普遍较低，赤字风险最小的四个省份分别为浙江、上海、北京和江苏。进一步观察可知，赤字风险评价结果与财政自给率情况（图10-5）基本相符，财政自给率越低、收支平衡能力越差的省份，其财政收不抵支的可能性越大，收支矛盾更突出，面临的财政赤字风险也相对更高。

如图10-7（b）所示，在财政收支风险方面，中部省份的收支风险水平普遍较高，其中，河南的风险评价值始终排在全国首位；部分西部和东部省份，如广西、四川、河北、山东和辽宁等的财政收支风险也相对较大；此外，与中、西部地区相比，东部地区的省份差异更为明显，其中，上海和北京的风险评价值显著低于其他省份。结合前文分析（图10-3和图10-4）可知，财政收支风险较高的省份往往收入质量较差、支出刚性较大；相反，收支风险较低的省份通常具有较强的收入稳定性以及较小的刚性支出负担。

如图10-7（c）所示，在政府债务风险方面，就总体而言，风险评价值较高的省份大多属于西部欠发达地区，中部省份的风险评价值相对较低；分省份来看，贵州的债务风险最为严重，其风险评价值连续四年排名第一且远高于其他省份，内蒙古、云南、青海等西部省份的评价值也处于全国较高水平；在东部地区，辽宁和海南两省份的债务风险问题较为突出，其中，辽宁省情况尤为严重，其2014—2017年风险评价值均仅次于贵州，位列第二。

如图10-7（d）所示，与其他子风险类别相比，经济金融风险的区域分布规律并不明显，风险评价值较高的既有经济发展相对落后的中、西部省份，也有经济发展水平较高的东部沿海省份。2017年经济金融风险最高的三个省份分别为内蒙古、辽宁和宁夏，此外，天津、山西、吉林、黑龙江等省份也常年位居全国前列；2017年经济金融风险最低的三个省份分别是浙江、北京和湖北，重庆、贵州、安徽、海南等省份也常年处于全国较低水平。

表10-10为2014—2017年全国除香港地区、澳门地区、台湾地区、西藏自治区以外的30个省份地方财政赤字风险的描述性统计结果。由表10-10可知，财政风险评价值较低的省份主要分布在经济发达的东部地区，东部地区除了海南之外，其余省份的财政赤字风险排名均属于最低的前10位。相反，西部省份的财政赤字风险均较高，风险最高的10个省份中有7个是西部省份。另外，西部省份地方财政赤字风险的最小值和最大值均大于东部和中部省份，其中，青海省最为严重。根据各地区的均值可以发现，东、中、西三个地区的均值分别为16.799、31.578和44.315，这说明西部地区省份相对于东部和中部而言具有较大的财政赤字风险。

表 10-10　各省份财政赤字风险描述性统计

区域	省份	最小值	最大值	均值	变异系数	排名（由小到大）
东部地区 16.799	北京	0.000	12.500	6.820	80.496	1
	天津	18.707	25.549	22.900	12.844	9
	河北	23.704	26.597	25.689	5.256	10
	辽宁	16.019	22.948	18.617	16.160	8
	上海	7.454	9.942	8.465	12.464	2
	江苏	11.259	12.107	11.775	3.212	4
	浙江	6.975	13.122	9.458	29.596	3
	福建	15.157	18.982	17.270	9.567	7
	山东	15.767	18.182	17.004	6.125	6
	广东	12.360	18.522	15.545	16.433	5
中部地区 31.578	海南	29.463	32.703	31.217	4.336	18
	山西	27.436	34.686	32.536	10.495	21
	吉林	34.663	36.817	35.996	2.649	24
	黑龙江	40.361	44.048	41.900	4.216	26
	安徽	25.679	26.457	26.060	1.554	11
	江西	30.464	31.182	30.833	1.080	17
	河南	26.631	27.421	27.099	1.234	13
	湖北	25.512	28.286	26.755	4.290	12
	湖南	30.132	32.733	31.445	3.378	19
西部地区 44.315	内蒙古	29.386	38.549	32.646	12.606	22
	广西	30.541	34.771	32.235	5.576	20
	重庆	26.419	28.510	27.274	3.572	14
	四川	30.138	31.309	30.647	1.595	15
	贵州	30.750	38.774	33.446	10.800	23
	云南	34.692	43.269	38.363	11.294	25
	陕西	27.823	32.786	30.806	7.510	16
	甘肃	55.316	60.109	58.678	3.853	29
	青海	81.377	100.000	89.982	8.813	30
	宁夏	56.043	58.905	57.518	2.052	28
	新疆	54.024	58.175	55.876	3.389	27

　　表 10-11 为 2014—2017 年全国除香港地区、澳门地区、台湾地区、西藏自治区以外的 30 个省份地方财政收支风险的描述性统计结果。由表 10-11 可以发现，地方政府财政收支风险评价值较低的省份主要分布在经济发达的东部地区，排名最低的前 10 位中，东部省份占 6 个，其中，上海市的财政收支风险最低，

其次是北京市。根据各地区的均值可以发现，东、中、西三个地区的均值分别为61.027、81.996和70.226，这说明西部地区省份的财政收支风险介于东部和中部之间。所有省份中，财政收支风险最大的是河南省，且变异系数较小，说明河南省持续存在着较为严重的财政收支风险。

表 10-11 各省份财政收支风险描述性统计

区域	省份	最小值	最大值	均值	变异系数	排名（由小到大）
东部地区 61.027	北京	17.500	31.532	24.238	28.187	2
	天津	49.036	60.283	55.602	8.520	6
	河北	85.871	94.155	89.539	3.939	27
	辽宁	68.297	89.237	81.480	11.183	23
	上海	0.000	19.526	9.439	96.901	1
	江苏	60.839	75.535	67.942	9.169	11
	浙江	49.256	73.856	64.882	16.651	10
	福建	71.645	78.248	75.318	3.643	16
	山东	84.280	92.564	88.532	4.098	26
	广东	43.014	71.379	59.237	20.072	8
	海南	51.691	57.551	55.088	4.551	5
中部地区 81.996	山西	72.126	82.518	76.719	6.985	18
	吉林	70.259	74.954	72.362	2.959	14
	黑龙江	68.548	73.993	71.810	3.325	13
	安徽	75.292	82.381	78.449	4.274	20
	江西	73.940	85.469	78.743	7.208	21
	河南	96.965	100.000	98.897	1.401	30
	湖北	79.094	90.939	86.183	5.937	25
	湖南	91.364	94.100	92.803	1.224	29
西部地区 70.226	内蒙古	61.759	63.959	62.695	1.470	9
	广西	87.343	94.155	91.804	3.345	28
	重庆	71.808	80.345	76.476	4.979	17
	四川	73.508	91.585	82.852	9.445	24
	贵州	64.968	78.584	70.675	8.352	12
	云南	63.426	82.595	73.300	11.801	15
	陕西	76.560	84.288	79.975	4.119	22
	甘肃	73.297	80.151	77.304	3.751	19
	青海	35.872	58.013	47.103	20.974	3
	宁夏	47.993	57.240	53.525	7.668	4
	新疆	54.012	58.966	56.777	3.817	7

表 10-12 为 2014—2017 年全国除香港地区、澳门地区、台湾地区、西藏自治区以外的 30 个省份政府债务风险的描述性统计结果。与财政收支风险和财政赤字风险不同，各省份政府债务风险最小的是中部地区，其中最小的是山西省，但是其变异系数较大，说明其债务风险变动较大。根据各地区的均值可以发现，东、中、西三个地区的均值分别为 24.176、16.249 和 32.458，这说明西部地区省份的政府债务风险远远大于中部和东部省份。所有省份中，政府债务风险最大的是贵州省，根据变异系数可知，其持续存在着较为严重的政府债务风险。

表 10-12　各省份政府债务风险描述性统计

区域	省份	最小值	最大值	均值	变异系数	排名 （由小到大）
东部地区 24.176	北京	9.408	33.100	21.562	52.140	16
	天津	11.757	22.651	15.744	30.449	7
	河北	15.561	20.082	18.159	10.416	11
	辽宁	43.695	62.815	56.070	15.099	29
	上海	14.219	28.694	19.022	34.856	13
	江苏	17.499	21.171	19.392	9.816	14
	浙江	19.620	29.500	25.882	17.689	21
	福建	23.854	26.378	24.987	5.102	20
	山东	20.803	21.491	21.187	1.608	15
	广东	8.460	17.241	11.672	35.199	4
	海南	31.197	33.942	32.261	3.715	26
中部地区 16.249	山西	0.000	8.853	4.916	91.189	1
	吉林	20.427	22.893	22.133	5.281	18
	黑龙江	13.667	20.348	18.561	17.596	12
	安徽	14.598	19.970	16.420	15.285	10
	江西	14.904	17.712	16.370	7.692	9
	河南	6.449	12.774	10.135	27.108	3
	湖北	11.945	14.381	13.169	9.454	6
	湖南	26.230	31.767	28.284	8.711	23

表10-12(续)

区域	省份	最小值	最大值	均值	变异系数	排名 (由小到大)
西部地区 32.458	内蒙古	38.734	50.865	45.776	11.114	27
	广西	26.527	28.433	27.372	2.934	22
	重庆	10.740	15.123	12.653	14.412	5
	四川	20.538	23.924	21.921	7.536	17
	贵州	73.512	100.000	89.299	13.323	30
	云南	44.879	55.994	51.062	9.362	28
	陕西	30.187	34.705	32.129	6.363	25
	甘肃	4.225	11.979	6.831	52.002	2
	青海	18.210	42.964	30.114	35.628	24
	宁夏	18.285	27.410	24.078	17.328	19
	新疆	14.228	18.263	15.803	11.540	8

表10-13为2014—2017年全国除香港地区、澳门地区、台湾地区、西藏自治区以外的30个省份经济金融风险的描述性统计结果。由表10-13可知，东、中、西三个地区的经济金融风险较为接近，其风险评价值均值在50上下。相对而言，经济金融风险最小的是贵州省，其风险评价值均值为24.063，但是其变异系数较大，说明贵州省的经济金融风险存在着较大的变化。经济金融风险最大的是内蒙古自治区，其风险评价值均值达到82.672。

表10-13　各省份经济金融风险描述性统计

区域	省份	最小值	最大值	均值	变异系数	排名 (由小到大)
东部地区 48.598	北京	21.678	42.284	32.553	27.824	3
	天津	50.758	68.623	62.195	13.298	25
	河北	45.672	54.137	49.746	9.316	18
	辽宁	58.382	81.769	73.072	14.774	28
	上海	44.952	69.843	56.459	18.289	23
	江苏	35.886	46.926	40.471	11.460	8
	浙江	27.240	62.252	41.970	36.038	9
	福建	43.833	61.103	54.836	14.333	22
	山东	41.858	54.723	50.696	11.787	19
	广东	35.672	53.805	43.750	18.210	13
	海南	14.127	36.851	28.836	35.033	2

表10-13(续)

区域	省份	最小值	最大值	均值	变异系数	排名 （由小到大）
中部地区 52.323	山西	58.822	100.000	73.386	25.059	29
	吉林	49.715	70.344	62.555	14.604	26
	黑龙江	50.840	73.171	65.307	15.186	27
	安徽	34.943	48.725	40.038	16.116	7
	江西	37.145	47.198	42.724	10.677	10
	河南	36.811	50.923	46.124	13.973	14
	湖北	31.385	42.426	35.829	13.721	5
	湖南	41.815	58.755	52.619	14.280	20
西部地区 48.205	内蒙古	63.336	90.723	82.672	15.741	30
	广西	38.652	58.542	49.583	17.298	17
	重庆	27.250	41.056	35.436	17.690	4
	四川	42.968	53.998	48.823	11.420	15
	贵州	0.000	36.014	24.063	68.495	1
	云南	36.077	63.812	53.189	25.041	21
	陕西	37.054	56.368	48.983	16.996	16
	甘肃	29.360	56.088	43.365	25.233	11
	青海	15.729	50.619	39.741	40.606	6
	宁夏	45.853	70.812	60.893	17.677	24
	新疆	33.856	47.571	43.505	14.872	12

表10-14给出了2014—2017年全国除香港地区、澳门地区、台湾地区、西藏自治区以外的30个省份地方财政风险的综合评价结果。由表10-14可以看出，我国地方财政综合风险的空间分布极不均衡，综合评价值排名靠前的多为西部欠发达省份，而综合评价值较低的省份则主要分布在经济发达的东部地区。以2017年为例，综合评价值排名前十的省份中有7个属于西部地区、2个属于中部地区、1个属于东部地区，排名后十位的省份中有7个属于东部地区、2个属于中部地区、1个属于西部地区。综合来看，青海省的财政综合风险状况最为严重，其风险评价值连续四年为全国最高，且呈逐年攀升趋势；贵州省紧随其后，其综合评价值连续四年位列第二，但近期有一定程度改善；宁夏、云南、甘肃、内蒙古等省份也持续处于高位水平。此外，值得注意的是，尽管东部省份的风险评价值普遍较低，但也存在例外——辽宁省始终位居全国前列，其财政综合风险水平甚至超过部分西部欠发达省份，财政安全形势不容乐观。

表 10-14 2014—2017 年各省份地方财政风险综合评价结果

区域	省份	2014 年		2015 年		2016 年		2017 年	
		评价值	排名	评价值	排名	评价值	排名	评价值	排名
东部地区	北京	3.418	30	4.372	29	5.550	29	0.000	30
	天津	31.750	25	33.790	25	36.231	25	38.432	25
	河北	46.402	16	49.300	17	51.239	16	48.400	15
	辽宁	54.479	9	69.579	4	72.614	5	69.389	7
	上海	9.367	29	1.371	30	2.404	30	3.292	29
	江苏	25.206	28	25.890	27	25.597	27	26.879	26
	浙江	26.126	26	31.060	26	28.183	26	20.952	27
	福建	35.243	24	41.430	22	43.546	22	42.828	21
	山东	38.263	20	42.463	20	45.222	20	43.931	20
	广东	25.282	27	19.968	28	24.260	28	20.640	28
	海南	37.267	22	41.406	23	45.489	19	45.897	18
中部地区	山西	42.655	18	54.421	14	53.997	15	45.443	19
	吉林	51.902	13	56.405	13	58.870	13	61.445	12
	黑龙江	53.914	11	61.630	8	63.642	9	65.143	9
	安徽	38.248	21	44.683	19	41.891	24	40.152	23
	江西	42.961	17	45.780	18	48.800	18	48.064	16
	河南	47.264	14	50.184	16	49.484	17	46.532	17
	湖北	40.012	19	41.694	21	43.590	21	42.571	22
	湖南	58.583	6	60.262	9	64.638	8	63.411	10
西部地区	内蒙古	65.576	4	68.030	6	69.452	6	72.295	6
	广西	57.285	8	59.910	10	62.790	11	62.919	11
	重庆	35.554	23	36.648	24	42.282	23	38.506	24
	四川	47.186	15	52.881	15	56.410	14	53.759	14
	贵州	82.890	2	82.163	2	81.073	2	77.377	2
	云南	68.550	3	73.745	3	75.793	3	74.430	4
	陕西	53.425	12	57.957	12	61.766	12	55.903	13
	甘肃	58.183	7	64.066	7	68.532	7	73.519	5
	青海	86.265	1	93.530	1	98.707	1	100.000	1
	宁夏	61.814	5	68.356	5	74.801	4	74.993	3
	新疆	54.238	10	59.158	11	63.295	10	65.260	8

表 10-15 为 2014—2017 年全国除香港地区、澳门地区、台湾地区、西藏自治区以外的 30 个省份总风险的描述性统计结果。从具体的排名值可知，风险值最小的前 10 位中有 7 个是东部地区的省份，其中，最小的是北京市，风险值为 3.335，然后是上海市和广东省，风险值分别是 4.109 和 22.538。相反，风险值最大的前 10 位中有 7 个是西部地区的省份，其中，最大的是青海省，风险值为 94.626，然后是贵州省和云南省，风险值分别为 80.876 和 73.129。具体从地区的均值来看，东、中、西三个地区分别为 32.6、50.883 和 65.711，由此发现西部地区的风险远远高于东部地区和中部地区。从变异系数来看，除了北京和上海之外，其余各省份的变异系数均较小，说明风险值在过去几年中一直较为稳定，各地区之间的风险格局没有发生太大变化。

表 10-15 各省份总风险描述性统计

区域	省份	最小值	最大值	均值	变异系数	排名（由小到大）
东部地区 32.6	北京	0.000	5.550	3.335	71.612	1
	天津	31.750	38.432	35.051	8.287	6
	河北	46.402	51.239	48.835	4.113	15
	辽宁	54.479	72.614	66.515	12.266	25
	上海	1.371	9.367	4.109	87.439	2
	江苏	25.206	26.879	25.893	2.760	4
	浙江	20.952	31.060	26.580	16.039	5
	福建	35.243	43.546	40.762	9.280	8
	山东	38.263	45.222	42.470	7.116	11
	广东	19.968	25.282	22.538	11.655	3
	海南	37.267	45.897	42.515	9.512	12
中部地区 50.883	山西	42.655	54.421	49.129	12.168	16
	吉林	51.902	61.445	57.155	7.107	18
	黑龙江	53.914	65.143	61.082	8.170	22
	安徽	38.248	44.683	41.243	6.627	9
	江西	42.961	48.800	46.401	5.666	13
	河南	46.532	50.184	48.366	3.608	14
	湖北	40.012	43.590	41.967	3.613	10
	湖南	58.583	64.638	61.723	4.519	23

表10-15（续）

区域	省份	最小值	最大值	均值	变异系数	排名（由小到大）
西部地区 65.711	内蒙古	65.576	72.295	68.838	4.076	26
	广西	57.285	62.919	60.726	4.416	21
	重庆	35.554	42.282	38.248	7.720	7
	四川	47.186	56.410	52.559	7.389	17
	贵州	77.377	82.890	80.876	3.029	29
	云南	68.550	75.793	73.129	4.334	28
	陕西	53.425	61.766	57.263	6.160	19
	甘肃	58.183	73.519	66.075	9.877	24
	青海	86.265	100.000	94.626	6.589	30
	宁夏	61.814	74.993	69.991	8.949	27
	新疆	54.238	65.260	60.488	8.070	20

　　为更加清晰、直观地评判各地财政风险的严重程度，本研究根据地方财政风险综合评价值划分风险区间，进而识别各省份所处的风险状态。参照洪源等（2018）的做法，采用K—均值聚类法进行区间划分，其优点是能够有效避免人为选择风险阈值存在的主观性缺陷。具体而言，以2014—2017年全国除香港地区、澳门地区、台湾地区、西藏自治区以外的30个省份的地方财政风险综合评价值为样本，通过K—均值聚类将地方财政风险状态划分为"基本安全""轻度风险""中度风险""重度风险"4个等级，聚类分析结果如表10-16所示。

表 10-16　地方财政风险状态聚类分析结果

年份	风险状态	省份
2014 年	基本安全	北京（东）、上海（东）、江苏（东）、浙江（东）、广东（东）
	轻度风险	天津（东）、河北（东）、山东（东）、福建（东）、海南（东）、江西（中）、山西（中）、安徽（中）、河南（中）、湖北（中）、重庆（西）、四川（西）
	中度风险	辽宁（东）、吉林（中）、黑龙江（中）、湖南（中）、内蒙古（西）、广西（西）、云南（西）、陕西（西）、甘肃（西）、宁夏（西）、新疆（西）
	重度风险	贵州（西）、青海（西）

表10-16（续）

年份	风险状态	省份
2015年	基本安全	北京（东）、上海（东）、江苏（东）、广东（东）
	轻度风险	天津（东）、河北（东）、浙江（东）、福建（东）、山东（东）、海南（东）、安徽（中）、江西（中）、河南（中）、湖北（中）、重庆（西）
	中度风险	辽宁（东）、山西（中）、吉林（中）、黑龙江（中）、湖南（中）、内蒙古（西）、广西（西）、四川（西）、陕西（西）、甘肃（西）、宁夏（西）、新疆（西）
	重度风险	贵州（西）、云南（西）、青海（西）
2016年	基本安全	北京（东）、上海（东）、江苏（东）、浙江（东）、广东（东）
	轻度风险	天津（东）、河北（东）、福建（东）、山东（东）、海南（东）、江西（中）、安徽（中）、河南（中）、湖北（中）、重庆（西）
	中度风险	山西（中）、吉林（中）、黑龙江（中）、湖南（中）、内蒙古（西）、广西（西）、四川（西）、陕西（西）、甘肃（西）、新疆（西）
	重度风险	辽宁（东）、贵州（西）、云南（西）、青海（西）、宁夏（西）
2017年	基本安全	北京（东）、上海（东）、江苏（东）、浙江（东）、广东（东）
	轻度风险	天津（东）、河北（东）、福建（东）、山东（东）、海南（东）、山西（中）、安徽（中）、江西（中）、河南（中）、湖北（中）、重庆（西）
	中度风险	辽宁（东）、吉林（中）、黑龙江（中）、湖南（中）、广西（西）、四川（西）、陕西（西）、新疆（西）
	重度风险	内蒙古（西）、贵州（西）、云南（西）、甘肃（西）、青海（西）、宁夏（西）

表10-16显示，在2014—2017年，东部大多数省份财政运行处于基本安全或轻度风险状态，说明东部地区财政综合风险普遍较低，其中，北京、上海、江苏、广东四省份始终呈基本安全状态，财政状况最为健康；而辽宁省显著异于其他东部省份，其在2014年、2015年及2017年处于中度风险状态，在2016年一度呈现出重度风险状态，再次印证前文结论，即辽宁省的财政风险尤为突出，其严重程度甚至超过部分经济欠发达地区。在中部地区，财政综合风险状态以轻度和中度为主，其中，吉林、黑龙江、湖南三省一直处于中度风险状态，财政安全状况相对于其他中部省份而言表现较差。西部省份大多呈中度或重度风险状态，并且，处于重度风险状态的西部省份个数逐年增加，2014年为2个，2015年增加为3个，2016年继续增长为4个，2017年则上升至6个，因此，从总体来看，西部地区财政综合风险要高于东部和中

部地区，且风险状况日趋严重；不过与其他西部省份不同，重庆始终处于轻度风险状态，这与重庆的直辖市地位相吻合，其在西部地区属于经济发展水平相对较高的省份，财政实力也较为强劲，财政运行相对安全。

（二）地方财政风险的区域分布及动态演变

进一步地，本研究计算了2014—2017年东、中、西部各省份财政分类风险评价值的均值和变异系数（具体见表10-17），并通过横向对比和纵向分析来分别考察地方财政风险的区域分布和动态演变情况。

表10-17　2014—2017年分区域地方财政分类风险评价值均值及变异系数

类别	区域	均值				变异系数			
		2014年	2015年	2016年	2017年	2014年	2015年	2016年	2017年
财政赤字风险	东部	15.514	17.181	17.969	16.522	0.595	0.424	0.423	0.439
	中部	31.729	31.636	32.018	30.930	0.158	0.148	0.179	0.210
	西部	46.647	43.353	43.514	43.747	0.442	0.465	0.438	0.407
财政收支风险	东部	62.279	55.271	61.548	65.009	0.342	0.499	0.417	0.429
	中部	80.835	78.820	83.389	84.939	0.137	0.127	0.117	0.108
	西部	66.001	67.372	73.032	74.501	0.239	0.195	0.185	0.184
政府债务风险	东部	25.778	25.001	23.603	22.323	0.332	0.542	0.603	0.621
	中部	14.414	16.597	17.210	16.774	0.535	0.451	0.381	0.482
	西部	30.214	32.791	33.947	32.880	0.878	0.785	0.656	0.570
经济金融风险	东部	39.166	54.623	52.373	48.231	0.320	0.247	0.260	0.336
	中部	42.684	59.696	55.107	51.804	0.222	0.318	0.244	0.286
	西部	33.649	52.744	54.576	51.851	0.486	0.311	0.276	0.292

从表10-17可以看出，在地方财政风险子系统中，各分类风险的空间分布格局有所不同，且各地区的风险状态并非静态而是随时间动态变化的。

在财政赤字风险方面，从横向维度来看，均值分布呈东、中、西依次递增的阶梯状格局，西部均值是东部的2.5倍左右，区域间差异显著；变异系数则是中部地区最小，东部和西部关系交替变化，2017年东部变异系数略高于西部。因此，就区域整体的风险水平而言，西部地区赤字风险最大，中部次之，东部最小；就风险在区域内部的分化情况而言，中部省份间赤字风险的差异程度较小，东部和西部区域内省份间差距相对较大。从纵向维度来看，东部均值在2014—2016年逐年上升，而2017年较2016年有所下降，东部变异系数则呈现先下降后上升的演进特征；中部均值呈震荡变化态势，近年（2016—2017年）出现下跌，中部变异系数于2015年轻微下降，随后迅速回升并持续增长；西部均值于2015年短暂下跌，此后基本保持平稳并呈小幅回升之势，西部变异系数自2015年之后不断减小。因此，就近期来看，东部和中部地区赤字风险整体有所降低，但区域内分化加剧；西部地区赤字风险总体稳定在较高水平，且省份间差距在逐步缩小。

在财政收支风险方面，从横向对比来看，中部地区均值最大、变异系数最小，东部地区均值最小、变异系数最大。由此可知，中部地区的财政收支风险总体高于东部和西部地区，且收支风险在中部区域内的分布较为均衡，省份间差距相对较小；东部地区收支风险水平整体较低，但区域内不同省份间存在较大差异。从纵向演变来看，在东部地区，均值水平先是于2015年显著下降，自2015年之后持续大幅攀升，变异系数呈震荡变化之势，2017年较2016年有所上升；中部和西部情况相似，2014—2017年，均值总体处于上升趋势，变异系数则呈逐年下降趋势。因此，就整体而言，2014—2017年各区域的财政收支风险水平不断上升，且东部省份间的收支风险差距存在扩大趋势，而中部和西部各自区域内的省份差异逐渐缩小。

在政府债务风险方面，从横向维度来看，均值水平由高到低依次为西部、东部、中部地区，西部均值约为中部均值的2倍，区域间分化明显；变异系数分布则不断变化，2014年为西部最大、东部最小，2015年和2016年为西部最大、中部最小，2017年则是东部最大、中部最小。综合来看，西部地区债务风险水平总体最高，且区域内分布较不均衡，省份间差距相对较大；中部地区债务风险水平整体较低，省份间差异也相对较小。从纵向维度来看，2014—2017年，东部均值持续下降，东部变异系数则不断上升；中部地区，均值水平于2014—2016年逐年递增，2017年有所减小，变异系数走势恰好相反，其在2014—2016年逐年下降，2017年显著回升；西部地区均值也呈先升后降趋势，西部变异系数则持续下降。因此，综合来看，各区域整体的债务风险水平近期均有所降低，且西部省份间的差距在不断缩小，而东部和中部区域内分化日趋明显。

在经济金融风险方面，从横向比较来看，三个区域的均值水平较为接近，2014—2016年中部地区均值略高于东部和西部地区，2017年中部和西部均值几乎相同，稍高于东部地区；多数时期中部地区变异系数为三者中最小，2017年东部变异系数最大，西部略高于中部。因此，综合而言，三个区域的经济金融风险水平总体相近，中部地区风险略高于东部和西部地区，但区域内分布相对均衡，而东、西部区域内差异相对较大。从纵向演变来看，2014—2017年，三个区域的均值变化均呈先升后降特征；东部变异系数于2015年短暂下降，自2015年之后持续攀升；中部变异系数震荡变化，2017年较2016年显著增加；西部变异系数在2014—2016年持续下降，2017年有所回升。因此，就整体而言，2016—2017年东、中、西部经济金融风险水平均呈下降趋势，但各区域内部的分化程度近期有所增加。

图10-8展示了2014—2017年东、中、西部财政风险综合评价值的均值

及变异系数。

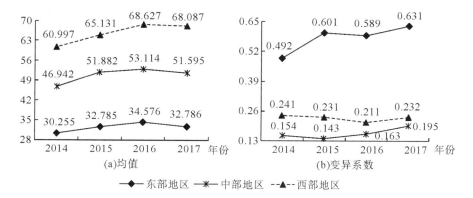

图 10-8　2014—2017 年分区域地方财政风险综合评价均值及变异系数

　　从图 10-8（a）可以看出，在横向空间维度上，均值水平由东向西依次增大，西部均值约为东部均值的 2 倍，由此可见，我国地方财政综合风险存在显著的区域分化特征，西部整体风险最大，东部整体风险相对较小；在纵向时间维度上，东、中、西三个区域的均值变动轨迹基本一致，在 2014—2016 年逐年上升，2017 年较前一年有所下降，但仍高于 2014 年的水平；进一步观察可知，西部地区与中部和东部地区之间的均值差距日益增大，这表明各地区的财政综合风险水平在 2014—2017 年总体上升，近期略有下降，并且区域间差距在不断扩大。从图 10-8（b）可以看出，在横向空间维度上，东部地区变异系数明显高于中部和西部地区，西部变异系数略高于中部地区，说明东部省份间的财政综合风险差距较大，而中部和西部区域内分布相对均衡；在纵向时间维度上，东部变异系数总体呈震荡上升态势，西部变异系数在 2014—2016 年轻微下降并于 2017 年明显回升，中部变异系数于 2015 年短暂减小，此后持续攀升；因此，东、中、西各区域内部省份间的风险差距在近期均存在扩大趋势。

第五节　结论与启示

一、研究结论

　　本研究从财政收支风险、财政赤字风险、政府债务风险和经济金融风险四个方面选取评价指标，构建地方财政风险综合评价体系，基于因子分析与聚类方法对 2014—2017 年全国除香港地区、澳门地区、台湾地区、西藏自治区以外的 30 个省份的财政风险状况进行了量化评估，并通过横向对比与纵向分析进一步探究了我国地方财政风险的区域分布及动态特征，研究结论如下：

首先，从横向维度来看，我国地方财政综合风险存在显著的区域异质性，其空间分布呈东、中、西依次递增的阶梯状格局，就总体而言，西部地区财政风险水平明显高于东部和中部地区，且以中度或重度风险状态为主；东部省份大多呈基本安全或轻度风险状态，中部省份主要呈轻度和中度风险状态；从区域内的风险分化情况来看，东部省份间存在较大差异，区域内分化现象较中、西部更为明显。其次，从纵向维度来看，2014—2017年各地区财政综合风险总体呈上升趋势，近期虽略有改善，但东、中、西部地区间的风险差距在不断扩大，分化加剧，各区域内部不同省份间的差异也日益增大。最后，从风险子系统来看，我国地方财政风险的区域性差异主要来自财政赤字风险和政府债务风险：①赤字风险总体为西部最高、中部次之、东部最低，且东部和西部各自区域内的省份差异相对较大，综合来看，西部地区的财政平衡能力明显弱于中部和东部地区，收支矛盾较为突出；②政府债务风险也主要集中在西部欠发达地区，且西部各省份间的差距较大，区域内分布较不均衡；当前各地债务风险扩张态势得到初步控制，但总体形势仍不容乐观；③财政收支风险由高到低依次为中部、西部、东部地区，东部地区的省份差距最为显著且存在扩大趋势，各区域收支风险程度均逐年攀升。④在经济金融风险方面，中部地区整体风险略高于东部和西部地区，中、西部风险水平逐渐趋同，而各区域内部分化现象日益显著。

二、政策启示

首先，在全局层面，应进一步厘清各级政府间的权责关系，建立健全财政治理与信息披露制度，构建科学完善的地方财政风险评价及预警体系。其次，考虑到我国地方财政风险的内部构成及时空分布差异显著，还需细分风险类别，因地制宜，实行分类分地区的差别化风险防控措施。具体而言，可从以下几方面入手：

第一，针对政府债务风险，在举借环节，应综合考虑地方投融资需求和经济应债能力，合理控制地方债发行规模；在使用环节，须对债务资金投向进行严格把关，并重视对一般和专项债务资金投入产出效益的分类考核与追踪评价；在偿还环节，应避免短融长投、期限错配，保障偿债资金的可持续性。特别是贵州、内蒙古、青海等西部省份，尽管其债务规模不及中、东部省份，但因其财政实力薄弱，偿债压力较大，债务风险尤为突出，这些地区尤其应重视约束政府举债融资行为，既要努力化解债务存量，又应严格控制债务增量，慎重选择举债项目，从长期角度考虑债务资金的成本收益，并严格落实问责机制。

第二，针对财政赤字风险，各地政府应开源节流，一方面大力发展地方特色产业，丰富收入来源；另一方面硬化预算约束，明晰支出责任，降低地方对中央、下级对上级政府的"兜底"预期，强化地方政府支出行为的风险意识，杜绝财政资源的闲置浪费，以增强财政平衡能力，有效缓解收支矛盾。而对于财力紧缺、赤字风险尤为严重的西部欠发达地区，中央应继续加大转移支付力度并适度安排其他地区进行财政支援，促进区域间的财力协调；而西部地区也应发挥主观能动性，积极利用自身的资源禀赋优势进行创收增收，并在支出方面做到精打细算。由于这些经济落后省份往往存在行政效率低下的问题，可考虑精简机构，减少冗员，通过提升政府办公效率来降低行政管理方面的财政负担。

第三，针对财政收支风险，在财政收入方面，应提高收入质量、增强财力结构的稳固性，这就要求地方政府拓宽税基、提高征税效率，尽力汲取稳健财源，并降低对转移支付的过度依赖；在财政支出方面，须优化支出结构和方向，加快落实全面绩效管理，削减低效开支。与东、西部地区相比，中部地区的收支风险更突出，这是由于中部省份经济赶超需求强烈，大多通过税收优惠竞争吸引资本流入，且对生产建设性项目存在过度投资倾向，从而导致收支结构扭曲。因此，应健全地方官员政绩考核制度，建立以经济高质量发展为导向的多维考核评定体系，遏制地方产值竞赛下投资性支出的盲目扩张，并约束攀比式的税收竞争行为；而对于支出刚性较强的民生性项目，则须推进财政资金的统筹使用和优化整合，以拓展财政空间、缓解刚性支出压力；此外，土地财政依赖度较高的东部省份还须注意合理利用土地资源，规范地方政府土地出让行为，抑制房地产市场泡沫，降低由土地财政带来的不确定性。

第四，针对经济金融风险，各地应坚持以高质量发展为中心，加快推进经济转型升级，培育良好的金融生态环境，并高度警惕经济金融风险的转化变形；区域间应加强经济金融多领域交流与合作，区域内经济相对发达的省份应发挥辐射和示范带动作用，加快实现区域协调发展。

第十一章
经济高质量发展背景下西部
欠发达地区的金融风险防范

随着世界金融市场向自由化和全球化不断发展，金融深化程度不断提升，而金融管制的逐步放松使得金融风险极易发生。中央高度重视保障金融安全、守好风险底线、积极稳妥和更加精准地化解金融风险。我们不仅要关注国家整体金融风险的现状，还要对金融风险的区域差异进行分析。我国疆域辽阔，各地资源禀赋、经济发展状况和资本流动情况等不尽相同，因此，金融风险累积程度呈现显著的地区差异，主要分为西部、中部、东部三个区域。除此之外，掌握金融风险的表现形式和成因有助于我们准确识别风险隐患，从而精准施策、重点治理，维护金融安全与稳定。

第一节　金融风险区域差异的形成机制

所谓金融风险通常是指金融行为主体面临的不确定性。金融、企业、政府和家庭部门作为经济活动的主体，其活动的区域差异会对金融风险的区域差异产生影响。

一、金融部门经济活动的区域差异性

金融部门经济活动的区域差异性主要体现在三个方面：一是金融机构的内部脆弱性。不同区域金融机构在法人治理结构、内部控制机制、从业人员素质、风险管理技术和手段等方面具有差异，导致不同区域金融机构内在脆弱性不同。二是不同区域商业银行等金融机构间的相互关联程度不同。关联性既提供了资金流动渠道，分散了单一金融机构的金融风险，又加剧了金融风险的区域间传染。一般来说，东部相对发达地区的经济活动活跃，资金流动频繁，金融机构间的关联复杂，较小的金融风险会因金融机构间的关联而

分散，较大的金融风险甚至金融危机则会因为金融机构间的关联而传染，加大金融危机的破坏性。相比较而言，中部、西部和东北三省金融机构间的关联较弱。三是商业银行等金融机构利益驱动机制会导致金融资本较多地流向资本收益或投资回报较高的地区，资本回报低下的地区普遍面临资金的流动性约束。

二、企业部门经济活动的区域差异性

企业部门经济活动区域差异主要表现为三点：一是周期性企业的信用风险受经济波动影响较大。一般来说，信用风险具有周期性的企业属于周期性行业，此类行业受经济周期的影响较大。二是企业之间的知识技术溢出效应具有空间递减规律，由此先进技术和知识会出现"高-高聚集"和"低-低聚集"的俱乐部趋同现象，致使一些地区因无法获得风险管理先进技术等而无法消除风险，从而金融风险出现地区差异性。三是不同地区对外贸易水平不同，贸易收入对区域内经济反哺程度不同，从而不同区域具有不同的抵御金融风险能力。

三、政府部门经济活动的区域差异性

政府部门经济活动的区域差异性主要体现在以下方面：一是 GDP 晋升激励机制导致地方债务风险呈现空间差异特征。中央政府以财政分权和 GDP 晋升激励的方式影响地方政府履行职能，欠发达地区和发达地区债务风险会在 GDP 晋升激励下出现差异。二是不同区域对同一政策的吸收消化能力不同，发达地区借助其健全的金融机构和金融市场体系能够实现预期的政策效果，欠发达地区则可能相反，由此金融风险会在欠发达地区出现较大程度的积累。

四、家庭部门经济活动的区域差异性

家庭部门经济活动区域差异主要体现为人力资本区际流动，劳动力迁移使得经济活动扩张的地区吸引了大量的青年人才，形成"刺激投资→增加收入"的良性循环，拉大了与欠发达地区的发展差距。不同地区劳动力的差异分布导致不同地区拥有不同抵御金融风险的能力和技术，进而使金融风险呈现区域差异。

第二节　区域金融风险的现状

在本研究中，主要选取了不良贷款率、资产负债率、房地产开发企业资产负债率、保费深度、政府财政困难系数、新冠肺炎疫情刺激六个指标说明

我国金融风险的现状，并从中、东、西三个区域进行金融风险的差异分析。按照经济研究来进行地理划分，将全国除香港地区、澳门地区、台湾地区以外的 31 个省份划分为东、中、西部，东部包括：北京、天津、河北、辽宁、上海、江苏、浙江、福建、山东、广东、海南，中部包括：山西、内蒙古、吉林、黑龙江、安徽、江西、河南、湖北、湖南，西部包括：四川、重庆、贵州、云南、西藏、陕西、甘肃、青海、宁夏、新疆、广西。

一、不良贷款率

不良贷款率指金融机构不良贷款余额占总贷款余额的比重。贷款按风险基础分为正常、关注、次级、可疑和损失五类，之后三类被称为不良贷款。不良贷款率反映了坏账累积引发的风险，不良贷款率与金融风险是正相关关系，不良贷款率的上升会加剧金融风险。

我们从中国银保监会网站上得到 2014—2017 年全国除香港地区、澳门地区、台湾地区以外的 31 个省份的不良贷款率，如表 11-1 所示，可以看到不同地区的不良贷款率呈现较大的差异。北京、上海、天津这三个地方经济发展较好，银行风险管控到位，不良贷款率处于较低的水平。山西、浙江、福建、内蒙古等地的不良贷款率超过 2%，主要原因是中小银行资产质量大幅恶化，不良贷款率飙升。

表 11-1   2014—2017 年全国各地区不良贷款率   单位:%

省份（地区）	2014 年	2015 年	2016 年	2017 年
北京	0.72	0.84	0.55	0.50
天津	1.11	1.60	1.79	2.30
河北	0.74	1.18	1.87	2.00
上海	1.02	1.01	0.68	0.57
江苏	1.31	1.55	1.41	1.30
浙江	2.04	2.50	2.26	1.70
福建	1.94	2.77	2.73	2.10
山东	1.72	2.32	2.48	3.00
广东	1.15	1.43	1.38	1.30
海南	0.55	0.69	0.73	0.80
辽宁	1.46	1.64	2.09	2.90
（东部）	1.25	1.59	1.63	1.68
山西	1.70	2.34	2.72	2.40
安徽	1.30	1.86	1.56	1.60

表11-1（续）

省份（地区）	2014 年	2015 年	2016 年	2017 年
江西	1.44	2.08	2.20	2.30
河南	0.97	1.48	1.84	1.90
湖北	1.28	1.58	1.68	1.50
湖南	1.16	1.67	1.75	1.90
吉林	1.14	1.47	2.68	3.00
黑龙江	1.55	1.72	2.04	2.40
（中部）	1.32	1.78	2.06	2.13
广西	1.13	2.18	1.90	1.70
重庆	0.46	0.99	1.28	1.20
四川	1.26	2.00	2.33	2.50
贵州	0.97	1.60	2.02	3.00
云南	0.94	2.18	3.07	3.00
西藏	0.23	0.23	0.27	0.33
陕西	1.08	1.99	2.23	2.00
甘肃	0.47	1.13	1.77	3.40
青海	1.00	1.90	2.10	2.40
宁夏	1.20	1.58	2.05	2.30
新疆	0.84	1.00	1.40	1.40
内蒙古	2.16	3.97	3.57	3.80
（西部）	0.98	1.73	2.00	2.25

注：数据来源于中国银保监会官网：http://www.cbirc.gov.cn.

从各区域的不良贷款率来看，东部区域的经济较发达，不良贷款率最低，银行在贷款管控方面力度较大，中部和西部区域的不良贷款率较高且相近。2014—2017 年，东、中、西部的不良贷款率呈上升的趋势，在 2017 年上升速度减缓。各个地区在经济发展、政府干预、银行管理等方面存在巨大差异，导致商业银行不良贷款率存在区域发展的不平衡。由图 11-1 可以看到，西部地区不良贷款率上升的幅度最大。由于西部地区经济发展较慢，银行业发展也不完善，在政府干预和银行管理方面存在不足，抵抗风险的能力较弱。2017 年，全国范围内不良贷款率最高的地区是内蒙古，高达 3.80%，而处于西部欠发达地区的西藏不良贷款率较低，原因主要是该地区商业银行还不够完善，不良贷款基数较小。省域发展不平衡，不良贷款率在区域内相差过大，这两个地区的不良贷款率相差3.47%。

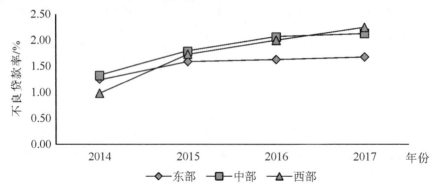

图 11-1 2014—2017 年各区域不良贷款率的变化趋势

不良贷款率的攀升，对银行支持经济发展是相当不利的，对金融市场以及企业融资也会产生较大的影响，继而产生非法集资的问题。近年来，不良贷款率有下降的趋势，但整体仍处于较高的水平。金融机构为了能够完成指标，通常会通过扩大信贷投放途径来收回有利的贷款，以降低不良贷款率，但这无法从根本上消除不良贷款带来的风险，不良贷款带来的金融风险依旧存在。

二、资产负债率

本研究将按东、中、西部三个地区来分析资产负债率对于地区金融风险的影响。资产负债率=负债总额/资产总额×100%，资产负债率高，说明企业的资金来源中，来源于债务的资金较多，而来源于所有者的自有资金较少。资产负债率高，则财务风险相对较高，可能造成现金流不足，资金链断裂，不能及时偿债，从而导致企业破产的情况。资产负债率高，会进一步导致融资成本大幅上升。目前，多数企业的发展资金大部分来源于银行等金融机构，一旦企业出现资金链断裂，那么银行也必然会在此过程中承担相应风险，最终导致企业与银行步入一种恶性循环中，从而进一步扩大金融机构所面对的信贷风险。因此，无论是银行还是投资者，都对资产负债率有一定的要求。2020 年各省份资产负债率见表 11-2。

表 11-2 我国各省份 2020 年资产负债率

省份	债务余额/亿元	资产负债率/%	省份	债务余额/亿元	资产负债率/%
北京	4 248.89	14.01	黑龙江	4 116.49	25.16
天津	4 078.36	21.68	内蒙古	6 534.91	37.8
河北	7 278.26	20.21	河南	6 541.3	13.61

表11-2(续)

省份	债务余额/亿元	资产负债率/%	省份	债务余额/亿元	资产负债率/%
辽宁	8 596.25	33.96	江西	4 779.4	21.74
上海	5 034.9	15.41	四川	9 298	22.86
江苏	13 285.55	14.35	重庆	4 690.4	23.03
浙江	10 794.43	19.21	贵州	8 849.81	59.77
福建	6 056.67	16.92	云南	7 139.8	39.93
广东	10 007.81	10.29	宁夏	1 389.18	37.49
山东	11 436.7	14.96	甘肃	2 490.1	30.22
海南	1 934	40.02	陕西	5 886.92	24.09
吉林	3 711.66	24.62	西藏	134.79	9.12
山西	2 963.67	17.62	新疆	3 980.2	32.63
安徽	6 704.65	22.34	青海	1 763.2	61.54
湖北	6 675.7	16.96	广西	5 488.96	26.97
湖南	8 708.22	23.91			

注：数据来源于政信研究院 2020。http://www.zgzk123.org.cn/f/list-12.html.

从东部地区来看，海南省的资产负债率最高，为 40.02%，第二位是辽宁省，负债率为 33.96%，广东省的资产负债率最低，为 10.29%；北京、上海、天津的资产负债率分别为 14.01%、15.41%、21.68%。不难看出，与其他省份相比，海南省具有更高的经济金融风险发生的可能性，一旦出现资金链断裂，极有可能对整个金融体系的稳健运行构成威胁；与此相对应，广东省在长期发展过程中积累了大量的发展资金，其为沿海省份，对外贸易发展迅速，再加上长期以来的政策扶植，使得广东省的经济发展在国内处于前列，因而这样的地区，由于有着海内外投融资的不断支持，其经济发展活力极为旺盛，因而其发生金融风险的可能性就会相对更低。

从中部地区来看，资产负债率最高的是内蒙古，为 37.8%，河南的资产负债率最低，为 13.61%，安徽、湖北、湖南的资产负债率分别为 22.34%、16.96%、23.91%。中部地区的资产负债率普遍在 20% 左右。出现这一现象并不能说明中部地区的金融风险无须关注，其原因可能在于中部地区的经济发展尚处于平稳发展状态，需要通过大量借贷资金来作为发展资金的阶段尚未到来。因而在中部地区不断发展的过程中，也要警惕借贷资本过高，做好防范金融风险的准备。

从西部地区来看，青海省的资产负债率最高，为 61.54%，第二位是贵州省，其负债率为 59.77%，这两个省份的资产负债率已经达到了很高的水平，一旦出现资金链断裂问题，会直接引发严重的金融风险，而且一旦发生系统性风险，金融体系运转失灵，必然会导致全社会经济秩序的混乱，甚至引发严重的政治危机。资产负债率最低的西部省份是西藏，为 9.12%。虽然越高的资产负债率意味着发生金融风险的可能性越高，但是资产负债率也并非越低越好。资产负债率低，说明企业的资金来源中，来源于债务的资金较少，来源于所有者的自有资金较多。而对于西藏而言，从其实际发展状况出发，其所有者资金不足，再加上发展条件较差，因而其所能争取到的债务资金也很有限，因而研究西藏地区的资产负债率与金融风险的关系不具备代表性。值得关注的是，云南、宁夏、新疆、甘肃的资产负债率都已经达到了 30% 以上，云南和宁夏的负债率已经超过了 35%，直逼 40%。对于这四个地区而言，应当着重防范金融风险的发生，合理调整债务资金在企业发展资金中所占的比重。

根据计算得到的东、中、西部各地区资产负债率的平均值（图 11-2）可知，西部地区的平均资产负债率为 33.42%，要远高于中部和东部地区。前面提到，资产负债率高会使得企业与银行等金融机构陷入恶性循环，会扩大金融机构所需面对的信贷风险，因而西部地区的资产负债率需要重点关注，并出台相关政策加以调整。中部地区和东部地区的平均资产负债率相近，但从实际经济发展状况来看，东部地区发展要好于中部地区，因而对中部地区的资产负债率也应给予适当的关注。虽然东部地区的平均资产负债率最低，但由于东部地区经济体量大，资金流动快速，因而更要继续加强市场监管，防范金融风险。

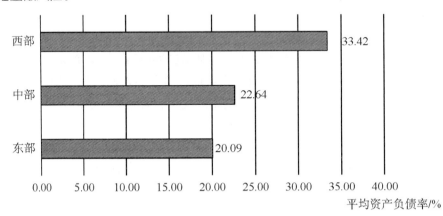

图 11-2　平均资产负债率

三、房地产开发企业

目前我国房地产开发企业整体实力依然偏弱，有雄厚资本的开发企业为数不多，因此企业必须采取各种方式进行融资。但是在当前融资渠道有限的情况下，企业负债以银行借款为主。房地产行业是资金密集型产业，因而对资金的需求量比较大，而且其资金的使用周期也较长，在自有资金不可能满足开发需求的情况下，企业必然会利用财务杠杆采取对外融资的方法弥补资金缺口，而这一融资行为为开发企业形成高负债埋下了隐患。

目前我国东部地区房地产开发企业负债率为 79.7%，中部地区为 83.1%，而西部地区高达 83.8%，如此高的负债导致企业成本增加，盈利下降甚至亏损。有些房地产开发企业靠银行贷款、拖欠工人工资、施工单位垫资等行为进行房地产开发，一旦销售出现问题，资金无法及时回收，资金链断裂，就有可能引发金融风险。

在高负债经营的同时，房地产企业也会承担巨额债务成本。在财务杠杆效应的作用下，企业负债数额越多，产生的股东权益波动就越大，承担的风险也就越大。如果企业在实际经营过程中，项目收益未达到预期水平甚至低于利息支出，那么企业将会无法偿还债务，甚至会面临破产倒闭的风险。

与此同时，我国房地产金融发展尚不成熟，可以利用的融资渠道仅限于股票、银行贷款和企业债券等几种方式，而由于股票和债券的进入门槛较高，绝大部分房地产开发企业不得不申请银行贷款，这也会使房地产开发企业负债增多，而且也会影响到银行对金融风险的抵御能力。我国东、中、西部房地产开发企业 2020 年资产负债率分别见图 11-3、图 11-4、图 11-5[①]。

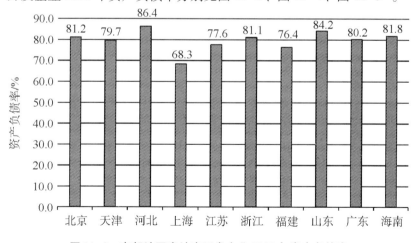

图 11-3　东部地区房地产开发企业 2020 年资产负债率

---

① 基础数据来源于国家统计局网站（http://www.stats.gov.cn/），由笔者整理而得。

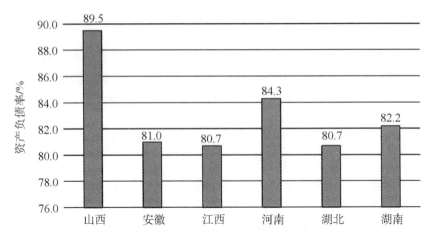

图 11-4　中部地区房地产开发企业 2020 年资产负债率

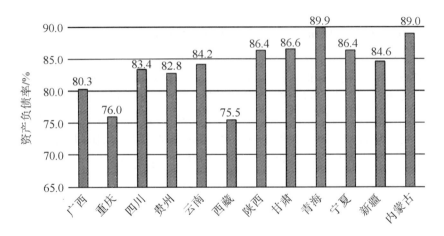

图 11-5　西部地区房地产开发企业 2020 年资产负债率

四、保费深度

保险在金融领域中占据着重要的地位，对人民的生活也会产生重要的影响。我们通过计算保费深度来衡量国家或地区保险业的发展水平和潜力，其计算公式为：保费深度=保费收入/地区 GDP。通过对 2014—2020 年的全国保费深度进行统计分析（图 11-6）[①]，我们可以看到除了 2018 年限制投资型产品导致保险深度有所下降外，整体仍处于上升的趋势，在 2020 年达到近几年的最高值 4.45%。中国已是世界第二大保险市场，近十年超过 20% 的保费收入年均增速使得保险行业成为中国增长最快的产业之一，我国的保险业对国民经济的影响越来越重要，这也意味着我国的金融发展在不断取得突破。

───────────

① 基础数据来源于国家统计局网站（http://www.stats.gov.cn/），由笔者整理而得。

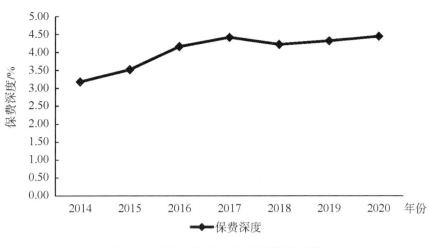

图 11-6　2014—2020 年全国保费深度趋势

　　根据表 11-3 的统计结果，从各个省份来看，2020 年保费深度最高的 5 个省份是黑龙江、北京、河北、吉林、甘肃，这几个地区的保费深度都在 5% 以上，其中黑龙江最高，达到 7.2%，说明该地区的保险业发展较好。西藏、青海、海南、宁夏的保费收入较低，其中西藏的人均保费收入只有 40 元，说明该地区居民保险意识还不强，保险业发展不够充分。西藏、贵州、福建的保费深度较低，处于 2%~3% 区间内，保险行业在这几个地区的发展中没有产生重要的影响。

表 11-3　2020 年各省份保费深度统计

省份	保费收入 /元·人	保费深度 /%	省份	保费收入 /元·人	保费深度 /%
北京	2 303	6.4	湖南	1 513	3.6
天津	672	4.8	吉林	710	5.8
河北	2 089	5.8	黑龙江	987	7.2
上海	1 865	4.8	中部	1 357	4.8
江苏	4 015	3.9	广西	734	3.3
浙江	2 868	4.4	重庆	988	4.0
福建	1 242	2.8	四川	2 274	4.7
山东	3 482	4.8	贵州	512	2.9
广东	5 653	5.1	云南	756	3.1
海南	206	3.7	西藏	40	2.1
辽宁	1 338	5.3	陕西	1 103	4.2

表11-3(续)

省份	保费收入 /元·人	保费深度 /%	省份	保费收入 /元·人	保费深度 /%
东部	2 339	4.7	甘肃	485	5.4
山西	933	5.3	青海	104	3.4
安徽	1 404	3.6	宁夏	211	5.4
江西	928	3.6	新疆	682	4.9
河南	2 506	4.6	内蒙古	740	4.3
湖北	1 854	4.3	西部	719	4.0

将全国分为中、东、西部来看，东部地区的人均保费收入最高，达到2 339元，其次是中部地区，达到1 356元，西部地区的人均保费收入最低，只有719元。东部地区的保费深度为4.7%，中部地区的保费深度为4.8%，西部地区的保费深度最低，为4%，可以发现西部地区的人均保费收入和保费深度较其他两个区域都处于最低的水平。分析其主要原因：一是西部地区经济、金融总量小，人均收入水平低，在保险行业支出占比小；二是经济部门竞争力弱，资本市场不发达，金融机构多元化发展滞后；三是保险观念不够深入。

中国社会的长期稳定需要保障。随着市场经济的深入发展，中国社会的财富分布极其不均衡。从长期来看，最为可靠的制度安排仍然是完善的三支柱社会保障体系。目前第一支柱社保处于收支平衡但长期有缺口的状态，同时也对企业生产经营构成了沉重的负担；第二支柱企业年金和第三支柱商业保险发展严重不足。中国经济已经步入长期逐步下台阶的阶段，建立体系完备、保障充分的三支柱体系，有助于社会保持长期稳定。以商业保险为核心的第三支柱一旦做强做大，可以大幅减轻第一支柱的压力，也可以实现更高层次的社会保障。

中国健康的金融生态需要保险。从居民的资产配置结构来看，长期以来主要财富集中在房产、银行储蓄中。过去十年时间里，有一部分资金进入了刚兑的影子金融体系中，满足了部分实体需求。目前金融严监管已经步入新阶段、"房住不炒"逐步深入人心，居民的现实选择是资金回归银行储蓄。从需求端来看，居民多元化的资产配置需求没有得到满足；从供给端来看，这也挤占了直接融资的发展空间和实体的融资需求。

从客户需求来看，通过大力发展保险保障，可以对冲居民的财产风险和人身风险；大力发展保险长期储蓄，满足居民长期保值增值的需要。从金融体系来看，保险可以跨周期、跨品种、跨地域进行投资，是发展壮大直接融资的重要通路。和银行相比，保险凭借较长缴费期、较长保单期限来保证流动性优势；通过长期资金池和资本金内生来保证安全性优势；通过长期投资、专业投资、分散投资来保证收益率优势。迅速发展壮大保险产业，刚好可以弥补过于依赖银行间接融资体系的缺陷，可以满足当下金融体系中供给侧结构性改革和弥补需求侧缺口的需要。

五、政府财政困难系数与金融风险

2019 年，财政部公布了《关于下达 2019 年中央财政城镇保障性安居工程专项资金预算的通知》（下称《通知》），将近 700 亿元城镇保障性安居工程专项资金分配给 36 个省份。每年中央把一笔庞大的资金分配给地方时，都会考虑地方财政困难，财政部为此专门设置了财政困难程度系数。最近一份文件首次公开了 36 个区域（省、自治区、直辖市、计划单列市）的财政困难程度系数，见表 11-4 所示。

表 11-4　2021 年各区域财政困难系数

区域	财政困难系数	区域	财政困难系数
青海	90.00	内蒙古	70.41
宁夏	88.06	辽宁	69.63
西藏	86.08	湖北	69.35
甘肃	84.84	河北	68.83
广西	78.54	重庆	61.68
新疆	77.81	福建	61.62
黑龙江	77.72	山东	60.51
贵州	76.35	广东	51.71
海南	75.67	浙江	47.45
吉林	75.38	天津	45.11
云南	73.40	深圳	42.40
河南	73.40	大连	40.48
湖南	73.15	江苏	40.45
江西	72.97	厦门	28.74
陕西	72.58	宁波	24.63
四川	72.30	上海	24.14
山西	72.27	青岛	23.43
安徽	70.74	北京	20.00

注：数据来源于财政部于 2019 年 4 月发布的《关于下达 2019 年中央财政城镇保障性安居工程专项资金预算的通知》（下称《通知》）。网址：http://zhs.mof.gov.cn/zhengcefabu/201904/t20190423_3229492.htm.

进行简单排名后我们发现，从各地财政困难系数高低排名情况不难看出，中、西部地区财政困难系数较大，而东部发达地区则较小。一般来说，不考虑其他因素，财政困难系数越高，相应获得的中央财政补贴也越高。

其中，青海财政困难系数最高，为90.00。紧随其后的分别是宁夏、西藏、甘肃，均超过80.00。财政困难系数在70~80之间的分别有广西、新疆、黑龙江、贵州、海南、吉林、云南、河南、湖南、江西、陕西、四川、山西、安徽和内蒙古15个地方。辽宁、湖北、河北、重庆、福建、山东6地财政困难系数在60~70之间。

财政收入连年居首的广东，财政困难系数是51.71。财政困难系数低于50的，按高低排，分别是浙江、天津、深圳、大连、江苏、厦门、宁波、上海、青岛和北京。北京财政困难系数最低，为20。

财政部此前也明确表示，财政困难程度是参照中央财政均衡性转移支付财政困难程度系数确定的。其中，困难程度系数根据地方"保工资、保运转、保民生"支出占标准财政收入比重及缺口率计算确定。

2021年财政预算报告出炉，各地方土地财政依赖性仍强，目标0增长但预算绝对值增长1.37万亿元；新增专项债发行规模3.65万亿元，抓实化解地方政府隐性债务风险工作，我们提示关注改革加置换的方式推进地方政府存量债务化解问题。3.2%的赤字率高于传统3.0%的阈值，体现"不急转弯"的政策思路，经济复位、减税下滑支撑财政收入目标提高，支出维持强度且投向变化不大。

（一）专项债新增规模较高，关注存量债务化解

2021年地方政府专项债新增3.65万亿元，重点布局九大领域。国务院政府工作报告提出合理扩大使用范围，我们认为应着重关注存量债务化解。部分省份在疫情发生后财政收支失衡、债务付息压力较大，存在一定风险；近期部分再融资政府债券的募集资金用途由"偿还到期地方政府债券本金"变化成"偿还政府存量债务"，可能也有所指向。我们认为，化解存量债务风险，将以改革加置换的方式推进，存在通过专项债置换方式化解城投平台等存量债务的可能，后续需进一步关注财政预算的具体安排。如考虑区域风险进行化解，安排东北三省、内蒙古等偿债压力较大的省份进行置换，或者考虑省市县的不同层级进行化解，置换层级较低的城投债务。

（二）土地财政依赖性仍强

2021年国有土地使用权出让收入的目标增速是0，未在2020年决算水平上增加规模，但依旧表现出了较强的土地财政依赖性，主要原因在于以下两点：①2020年地方国有土地使用权出让收入超收19.5%（预算目标-3%，决算达到16.5%），基数变大导致当前预算安排增速对应的绝对值仍然显著高于2020年预算水平，预算绝对量增加1.37万亿元。②结合历史数据来看，预算安排一般相

对审慎，国有土地使用权出让收入科目预算目标偏低，决算往往超收。

2021 年结转结余资金下降，体现财政跨周期调节预留空间思路。2021 年安排 1.68 万亿元调入及结转结余资金，结合 2020 年财政决算来看，一般公共预算、政府性基金预算和国有资本经营预算共超收节支形成 2.6 万亿元的资金结余，可见并未将其全部纳入 2021 年使用。财政预留部分资金来储备政策空间，如纳入地方稳定预算调节基金，符合跨周期调节的政策思路，以备未来不时之需，应对外部风险或意外冲击。赤字率 3.2%，隐含名义 GDP 增速 9.8%。赤字率 3.2% 相对积极，较 2020 年稍降，但高于 3% 的传统阈值，体现"不急转弯"政策思路。同时，根据 3.2% 的赤字率及 3.57 万亿元赤字规模倒算赤字率隐含的名义 GDP 增速，2021 年名义 GDP 增速为 9.8% 左右。

（三）经济复位、减税下滑带动财政收入提升

2021 年财政收入预算目标转正且较高，主要源于两点：①经济复位。2020 年第四季度 GDP 增速同比 6.5%，已回升至疫情前水平，经济回升带动税收回升，支撑财政收入预算增高。②阶段性政策退出。已公布的制度性减税在政策力度上边际下滑，对财政收入拖累较低。

（四）保持支出强度，投向变化不大

2021 年财政支出规模不低，投向变化不大，与 2020 年决算接近。财政支出重点仍是保就业保民生保市场主体等相关领域。从支出占比来看，社保、就业、教育等分项支出占比较 2020 年明显提升，2020 年支出不及预算的节能环保、城乡社区、科学技术等分项及 2021 年的占比则有所下降。

财政越是困难的中西部地区，除了接受中央资金的扶持之外，越有可能通过向金融机构借贷发展资金从而形成政府债务。中国债务问题，主要关注两方面：一是居民部门债务，二是地方政府债务。

居民债务和杠杆率快速且持续上升，是不争的事实。一种解释认为，这是居民增加消费所致，进而强化了消费主导型的经济增长。但是实证研究显示，居民债务上升的主要原因是房地产贷款需求增长，而居民消费和短期消费性贷款仍处于负增长区间。对于中国居民债务和杠杆率问题，有四个要点值得关注：其一，增长趋势。分析历史过程可以看到，中国居民原本是不喜欢借钱的，随着 20 世纪末房地产市场的启动，中国居民开始借钱，21 世纪以来更是持续上升，2004—2009 年曾有过五年的稳定期（主要原因是作为杠杆率分母的经济增长达到两位数水平），此后便急剧上升。其二，2020 年，中国居民的杠杆率超过德国和日本。德国的可比性较低，但日本则肯定有相当强的可比性，因为日本曾因房价下跌使得房屋贷款的违约率增高，导致经济长期停滞。现在中国居民杠杆率超过日本，这本身就值得警惕。其三，居民债务大部分与房地产市场相关，这强化了居民债务风险与房地产市场风险的互溢。这个问题很值得关注，因为这个市场已经出现风险隐患苗头。度量房地

产市场风险的一个简单指标是出现"负资产",就是房屋的市价低于未清偿贷款余额。现在,有些地方已经出现了负资产房屋。进一步,市场风险相互叠加,会使问题变大。其四,比较中、美居民的杠杆率可以发现:美国居民的杠杆率呈"过山车"走势,顶峰是次贷危机爆发,其后,市场泡沫破灭,其杠杆率总体下行。中国居民的杠杆率走势和次贷危机爆发前美国居民的杠杆率趋势相似,这种状况是否会引发相同的后果,需要高度警惕。

中国地方政府债务近十余年来迅速增长。进入 2010 年之后,地方政府杠杆率始终高于中央政府。再来比较 2019—2020 年各地区债务率,可以看到,除陕西以外,其余省份 2020 年债务率均高于 2019 年,2021 年有可能趋缓,但债务率持续增长仍令人担忧。结合中国地方财政可支配财力的结构来进一步分析,就会看出这个问题的严重性。中国地方政府财政收支不平衡现象是世界罕见的。所谓地方"财力",主要包括三部分:一是公共财政收入,自主性较高但占比较低;二是中央转移支付和税收返还,占比较高,主要取决于中央和地方博弈的结果;三是政府性基金收入,主要是卖地收入。毋庸置疑,这种收入结构隐含着极大的不稳定性和不确定性:地方政府不能依靠自己的收入去平衡自己的支出,这是一个危险的财政现象。从财政部公布的 2019 年各地财政困难系数排名来看,绝大多数省份的 50% 以上的支出不能由其正常的预算收入予以平衡。这种格局非常畸形。

如果从各省份经济增长(人均地区 GDP)和其地方债务(债务率)之间的关系来分析,我们可以清楚地看到,少数省份呈现"低经济增长和高债务率并存"的现象,这就比较危险了。近年来,我国出现了地方政府债务风险与地方金融风险相互交织的现象,其具体表现就是,近 90% 的地方政府债券是由地方金融机构购买并持有的,这导致了财政政策的货币化以及金融政策的财政化,并使得财政风险和金融风险互溢性增强。这种状况必须改变。

六、新冠肺炎疫情刺激

就目前来看,根据图 11-7、图 11-8、图 11-9,我国东部地区生产总值增长率为 6.38%,中部地区生产总值增长率为 7.25%,西部地区生产总值增长率为 6.91%,中国经济增长放缓已经成定局,以何种方式或形式来推出一定规模的刺激经济发展的措施只是时间问题。但是如今的问题是,在推动经济增长的三大需求中,政府最擅长的是刺激投资需求,这就意味着想要尽快调整经济结构,加快经济发展方式的转变,还面临着更大的困难。

1979—2018 年,我国真实 GDP 年均增长率为 9.4%,而 2020 年,在新冠肺炎疫情的冲击下,我国 GDP 年均增长率仅为 6.85%,其中地区生产总值增长率最高的为西部地区的云南,增长率为 8.63%,而最低的为东部地区的天津,仅为 4.80%。尽管 GDP 增长速度无法直接反映经济与社会发展状况,但确实是当前用来衡量经济发展速度的无可替代的最重要的定量指标。

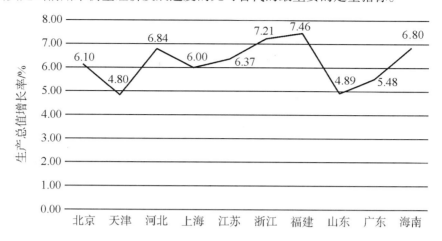

图 11-7　东部地区生产总值增长率

注：基础数据来源于历年《中国统计年鉴》，由笔者整理而得。

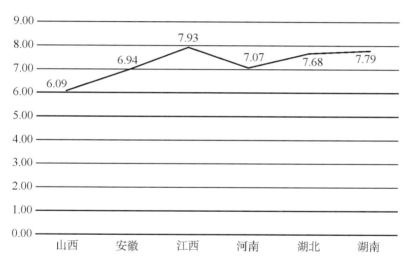

图 11-8　中部地区生产总值增长率

注：基础数据来源于历年《中国统计年鉴》，由笔者整理而得。

　　新冠肺炎疫情对我国经济和金融都产生了一定的冲击，造成了多方面、多层次的影响，增加了金融风险。

　　一是经济下行风险加大。当前，新冠肺炎疫情已经对全球经济造成了严重的损害，国际货币基金组织、经济合作与发展组织等国际组织都纷纷下调了全球及主要国家（地区）的经济增长预期。从中国的整体发展来看，各地区经济发展增速呈现几乎一致的下跌幅度。

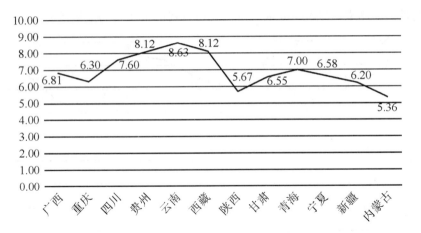

图 11-9　西部地区生产总值增长率

注：基础数据来源于历年《中国统计年鉴》，由笔者整理而得。

从中长期来看，疫情对产业的影响极大。旅游、交通运输、批发零售、住宿餐饮等服务业直接被疫情影响，而制造业生产规模也明显受到限制，居民消费行为将更趋理性、保守，投资需求将整体降低。

二是司法审判方面。根据最高人民法院及各省份高级人民法院发布的银行业典型案例公报分析可知，金融借款合同纠纷案件占比高达 93.77%；储蓄存款纠纷案件占比 1.65%。根据统计数据分析，2020 年金融借款合同纠纷案件中，金融机构基本以要求借款方提供担保作为借款的前提，由此可见，担保是保障金融借贷运行的基础，而由于疫情期间，企业经营严重受损，银行业在回款上承受着巨大的风险，而债务人提出的"不可抗力""情势变更"的免责理由势必大量增加。

第三节　新常态下金融风险的具体表现

一、产能过剩造成金融风险

为了在激烈的市场竞争中生存和发展，大多数企业打起了价格战，通过压低产品价格、提高产品产量来提升自身竞争力，结果使得产品供过于求。产能过剩意味着对大量发展资金的浪费型占用，并且这部分资金大多来自银行，那么银行也必然会在此过程中承担相应风险，最终导致企业与银行步入一种恶性循环中，从而进一步扩大金融机构所面对的信贷风险。

二、房地产投资带来金融风险

我国房地产行业正处在过度开发的状态，再加上其自身的行业特点，对于社会的资源占用十分庞大，尤其是金融方面。在二、三线城市，房地产供给严重过度的问题层出不穷。根据 2021 年 5 月重点城市纬房指数，在一线城市中，北京、上海、广州房价涨速均有所减缓，但上海房价涨速仍相对较高；在二线城市中，重庆、合肥、西安、杭州等城市房价上涨较快；在三线城市中，泉州、芜湖、泰州等城市房价上涨相对较快。2018 年，南宁、青岛、西安成为新的热点二、三线城市，房价环比上涨幅度分别为 4.29%、5.05%、5.10%，房价比较平稳的大连环比也上涨了 4.02%。CHFS（中国家庭金融调查与研究中心）报告显示：2017 年底，我国城镇住房共 2.7 亿套，其中有 6 500 万套空置住房，占用了 10.3 万亿元贷款，这是极大的社会资源浪费。长期供过于求的市场形势往往就会导致房地产销售量相对下滑，而对于绝大部分的企业而言，在银行抵押担保贷款的过程中，抵押标的物大都是房产，这势必会进一步提升金融机构所面对的金融风险。

三、影子银行可能带来金融风险

除此之外，影子银行风险亟须引起高度关注。近年来，影子银行在我国发展迅速。虽然我国影子银行运行模式同商业银行基本相同，但相关体制建设仍不完善，并且影子银行可能遭遇的发展风险较普通商业银行更高。影子银行往往有着较小的借贷规模与较少的预留资金，这也就意味着发展风险一旦出现，很有可能就会导致影子银行直接崩溃。从实际运行情况来看，部分金融资产交易场所实质上已成为游离于有效监管之外的全牌照金融机构，交易范围几乎囊括了所有可以产生现金流收益的资产，成为影子银行新的重要形态，一旦出现兑付风险，风险容易向金融机构传导，极易诱发区域性金融风险。

四、网络经济的迅速发展带来互联网金融风险

互联网金融是金融行业与互联网行业相互渗透的结果，第三方支付、虚拟金融、网络理财、网上金融交易等业务兴起，带来了巨大的金融风险。互联网金融风险主要来自技术性风险、业务性风险、法律监管风险。随着第三方支付的使用范围不断扩大，小到购物、缴费、娱乐、教育等日常消费，大到理财投资、信托借贷等金融活动，互联网金融潜在风险正不断扩大，如果其经营不善，极易引发系统性金融风险。而且第三方支付系统原理是与各大银行签约，通过虚拟账户流转资金，这种机制将会隐蔽某些资金流转情况，让中央银行难以实施监控管理，这无疑让赌博、贩毒、盗窃、洗钱、恶意投机等不良活动有机可乘。

此外，以银行为主体的各类金融机构为规避监管与追求高额利润而倾向于过度创新或者野蛮创新，各类金融衍生工具、新型交易模式的出现，埋下

了潜在风险。2018年实施严格监管之后，以P2P（点对点）网络借贷为代表的违法违规集资风险得到有效整治，P2P网络借贷平台大规模收缩，运行平台由2017年12月的2 415家下降至2019年10月的491家，一些重点机构和各类非法金融活动的增量风险得到有效控制，但存量风险仍然比较突出，需要继续引起高度关注。

五、地方政府债务导致金融风险

近年来，我国地方政府显性债务经过治理总体得到遏制，但化解地方隐性债务风险依旧任重道远，同时还需要对债券违约、透明度不足等新的风险加以关注。一是地方政府举债方式多样，来源广泛，通过银行理财和信托、表内贷款和保理、证券等非银行金融机构开放的各类非标类资管计划等方式变相举债和违法违规融资，甚至还存在大量的以国有企业身份出现的地方融资平台，通过"明股实债""抽屉协议""承诺回购"等违规方式变相融资，导致地方政府债务隐蔽性很高，缺乏透明度，规模快速增长。据财政部官网信息，2021年全国地方政府债务限额为332 774.3亿元，其中一般债务限额151 089.22亿元，专项债务限额181 685.08亿元。截至2021年7月末，全国地方政府债务余额279 901亿元，地方政府债券剩余平均年限7.2年，平均利率3.52%。虽然总体可控，却不可忽视前期大规模扩张已累积的存量规模，地方政府隐性债务显然已成为打好防范和化解风险攻坚战中需要重点化解的风险。

六、金融市场价格波动幅度有增无减

金融市场易受外部冲击较敏感，在全球流动性收紧和中美贸易摩擦升级以及国内经济下行的背景下，外源性风险冲击和内源性金融风险暴露在短时间内高度叠加，出现市场过度波动，资本大量无序流出，导致人民币汇率承受较大贬值压力，在2018年和2019年出现了较为剧烈的波动。人民币汇率的波动将会牵动我国各方面的经济问题，其产生的风险主要表现在主权货币，不可避免地会涉及资产泡沫问题。自2005年我国调整人民币汇率形成机制以来，截至2015年第二季度，人民币升值幅度累计接近25%。在此期间，大量国外资金涌入我国资本市场，进一步推动我国股市、房地产、土地、资源等资产价格上升，催生了资产泡沫。然而，在2015年12月美联储实施加息周期政策后，我国人民币汇率开始走弱，加速了人民币兑美元贬值的进程。2018年，我国由于受到中美贸易摩擦的冲击，全年人民币兑美元汇率中间价已经跌破了6.9元关口，濒临"破7"危险，共贬值约6.14%（除了2018年底到2019年第一季度出现了阶段性升值以外，人民币汇率持续向贬值方向波动，且在2019年8月5日当天"破7"），外汇储备稳定承压，资产价格下

跌、信贷紧缩、金融市场之间的交叉性感染变得更加可能，加上2018年金融强监管和结构性去杠杆等政策落地效果的显现，对当前企业融资、国内金融市场的冲击产生了较大影响，部分企业由于前期盲目扩张，导致杠杆率过高、对外担保过多、短期负债偏高、风险准备不足，极易遭遇流动性枯竭困境。虽然我国外汇储备基本保持在30 000亿美元，但是基于人民币持续贬值的趋势仍未消退，我国资金外逃的情况不容忽视，货币市场供不应求必然会戳破前期形成的高膨胀资产泡沫，泡沫的破裂将引起股市、房地产、土地、资源等资产价格的下跌，极易造成金融市场动荡。

七、过度的虚拟经济引发资产泡沫风险

在经济转型的新时代，我国的实体经济形势一路下滑，其根源在于：随着现代化经济的发展，市场的消费需求逐渐走向多样化、特殊化和个性化，造成传统盈利模式不再适用，于是多数企业忽视实体经济的发展，而纷纷扑向收益更加丰厚的虚拟经济部门。同时，很多个人投资者也把闲置资金投向楼市和股市，从而导致社会经济资源配置极不平衡，大量资源集中在虚拟经济部门，通过一轮又一轮的空头周转，引发资产泡沫价格。我国的股票市场是近年来火爆的投机炒作隐患区。2015年的股灾，3个月内，A股经历了"千股暴跌"；2016年开年，A股在两个交易日内发生了4次"熔断"以至于7万亿元市值被迅速蒸发，熔断机制可能都无法控制股票市场的动荡。在政策收紧的强监管背景下，金融机构对于放贷变得更为谨慎，使得企业融资难度进一步上升。财务加剧恶化，债券市场违约风险骤然上升就是最好的佐证，2018年全年违约债券达到119只，违约数量和规模均超过以往水平。相比于债券市场，2018年的股票市场则经历了比2016年股灾时期更为巨大的震荡，2019年虽有走稳趋势，但市场稳定性依旧不足。一旦外汇市场、债市、股市风险叠加共振，必然会成经济、金融周期震荡，严重的可能引发系统性金融风险。

八、金融资产质量低下，不良贷款居高不下

我国四大国有商业银行对不良贷款盘活存量所增加的资产数量远不能抵销不良资产的新增量。在银行资产质量低下、流动性差、周转速度缓慢的同时，银行应收未收利息增加，造成部分银行亏损，侵蚀了大量的银行自有资产，银行抗风险能力下降。

九、社会上乱办金融，严重扰乱正常的金融秩序

一是一些部门和地方受利益的驱动，各种"基金会""互助会"应时而生，非法从事存贷款业务，以高于法定利率为诱饵筹资，盲目投资，不仅扰

乱了金融秩序，而且造成了金融风险。二是一些不法分子，利用人们盲目趋利心理，高息集资，骗取资金后又大肆挥霍，造成巨大损失且无法挽回，引发了许多社会问题。

十、各种违纪违规活动比较严重，片面追求盈利性，忽视安全性

一是资金无序流动，投机活动猖獗。大量"游资"不顾高风险追逐利润，时而涌向国债，时而投入股市。二是个别金融机构和从业人员弄虚作假，违法违规经营，做假账，隐瞒存款，账外放款，高于法定利率收取利息，加大了自身的经营风险。

十一、少数从业人员违法乱纪，各类经济案件难以有效遏制

如暴力抢劫银行，诈骗银行资金，隐瞒、篡改和伪造结算凭证及交易凭据，当前利用高科技手段非法盗用资金现象不时出现。这些来自内外部或内外勾结进行的犯罪活动，造成的金融风险巨大。金融机构密度高，竞争不规范，加剧了金融风险金融机构过多，致使金融业务受到所在地经济发展的制约，表现出金融机构平均业务量小，处于不饱和状态。但金融机构为了生存和发展，各机构之间业务竞争十分激烈，且不时出现不文明、不合规竞争行为。金融业经营行为不规范，高息揽存、存款搬家等不仅增大了经营成本，而且给一些企业在多家银行贷款等有隙可乘，加剧了信贷风险。

十二、资金供需矛盾突出，银行资产单一而且集中，自身信用
　　　风险初露端倪

一是银行信贷资金自求平衡的能力越来越弱。由于贷款刚性需求和筹资难度大，银行负债增长缓慢。企业和政府主管部门要求银行解决资金的呼声很高，银行则以资金来源制约信贷资金运用，往往不计存款成本筹资，存款成本甚至超过了贷款收益。与此同时，短期资金长期运用，对长期放款所带来的信用风险认识和防范不足。二是资产结构单一而且投放对象集中。我国商业银行的主要资产是贷款，在基层集中对效益好的企业发放贷款和单笔贷款数额较大，这就使得商业银行难以通过合理的资产组合来减少和分散风险。

第四节　区域金融风险的主要成因

一、金融监管体系不够完善

2015年11月，习近平在《关于〈中共中央关于制定国民经济和社会发展第十三个五年规划的建议〉的说明》中指出，"现行监管框架存在着不适应

我国金融业发展的体制性矛盾"，要求"加快建立符合现代金融特点、统筹协调监管、有力有效的现代金融监管框架"；在 2017 年 7 月的全国金融工作会议上，指出"强化监管，提高防范化解金融风险能力"；在党的十九大报告中再次强调"健全金融监管体系"。中国在近几年出台了大量的法律法规来监管金融创新，然而监管法律体系与快速发展的金融相比，仍存在不足。我国仍缺乏一部统一的金融监管法。我国金融监管的法律法规散见于《中华人民共和国证券法》《中华人民共和国公司法》《中华人民共和国商业银行法》《中华人民共和国银行业监督管理法》《中华人民共和国中国人民银行法》《中华人民共和国保险法》《中华人民共和国票据法》《中华人民共和国信托法》《中华人民共和国证券基金投资法》等法律及行政法规和命令中。因此，分散的金融监管法律法规给监管造成了困难，不利于监管者确定监管依据，容易造成被监管者因不了解法规而违法违规。与此同时，在监管后的处理往往以罚代管，因而姑息甚至纵容了金融机构违章经营、风险经营。而现行的监督手段也比较落后，金融监管存在明显的"滞后性"，从而使监管工作被动应付，成效不显著，金融业违规行为依然存在。

二、金融经济与实体经济背离，金融经济过度发展

"金融活，经济活；金融稳，经济稳；经济兴，金融兴；经济强，金融强。经济是肌体，金融是血脉，两者共生共荣"，这是习近平对经济和金融关系的深刻理解，清晰揭示了回归实体经济是金融的根本落脚点。当前，我国实体经济与金融发展的基本趋势良好，然而，在高额利润的引诱下，大量资金由实体经济行业流向了房地产和股票市场，资产泡沫和影子银行体系不断膨胀。截至 2020 年底，金融机构房地产贷款余额达 49.6 万亿元，占金融机构各项贷款余额的 26.3%，即使与 2016 年的 44.8% 相比有明显下降，但仍有近 1/3 流向房地产。而企业的过度资本化运营，在实体经济部门有效投资不足、实体行业发展普遍面临困境，同时也造成企业在短期投机活动下不良资产率的急剧攀升，加剧银行系统以及整个金融体系的风险触发。针对目前金融经济与实体经济背离的问题，党的十九届五中全会明确指出："推动金融、房地产同实体经济均衡发展""构建金融有效支持实体经济的体制机制"。

三、地方政府债务问题严峻

地方政府债务由银行贷款和发行地方政府债券共同形成，多用于地方行政事业开支和地方公共设施建设，投资规模大、期限长、回报率低，债务周期与投资周期常常不匹配，地方政府债务利息与收益不对等，增加了地方政府债务的信用风险。高额政府债务导致地方政府对土地财政的依赖性增强，并通过土地抵押贷款的方式变相增加货币供应量，削弱了政府宏观调控的能

力。地方融资平台不规范，隐形担保、变相举债等造成债务风险。各级政府通过提高地方债务发行额度、增加中央转移支付、开展债务置换等多种方式来控制地方债务水平。而由于突发的新冠肺炎疫情，地方政府财政支出急剧增加，收入减少。截至 2020 年 12 月底，地方政府债务余额达 25.6 万亿元，同比增速超过 20%，而此债务只是政府显性债务。为稳经济、保民生，地方政府对企业提供复工复产补贴、减免税费以及事业救济，各项财政支出增加，收支缺口加大。

四、金融科技带来新的金融风险

在 2010 年之后，我国的金融科技快速发展，目前主要有互联网借贷、第三方支付、互联网股权众筹、互联网消费金融、互联网金融网销等。而在金融科技推动金融业快速发展的同时，也增加了新的风险。易于获取且没有明确限制用途的互联网贷款平台增加了金融体系的信用风险和流动性风险，而为了能够吸引更多的用户，金融机构不断推出更加灵活便利的金融科技，其发展创新速度超出了金融监管制度调整的速度，又产生了新的金融风险。此外，数据保护问题也随着金融科技的创新发展而愈加严峻。数据是金融科技公司开展业务的核心，对数据的需求可能会诱发违规获取客户信息、侵犯客户隐私等问题，而金融机构在合作使用客户数据时，亦存在数据泄露等安全隐患。

第五节　经济高质量发展背景下的区域金融风险防范对策

在归纳总结我国防范和化解金融风险的历史经验与教训的基础上，维护中央金融集权与地方金融分权的辩证统一关系，坚持以理性的思维来防范和化解金融风险是抑制和防范我国潜在的金融风险的重要法宝，我国仍需强化风险思维和底线思维，着力防范和化解金融风险，全面提升金融安全水平，同时进一步建立健全防范和化解风险的长效机制，助力经济高质量发展。

一、加强金融法制建设，建立健全金融监管体系，维护金融安全

纵观中国金融体系的发展历程，金融监管体系是成功防范和化解金融风险的有效策略。习近平指出，金融是国家重要的核心竞争力，金融安全是国家安全的重要组成部分，金融制度是经济社会发展中重要的基础性制度。习近平把金融安全纳入总体国家安全观与国家安全体系建设中，把金融安全上升到国家安全的战略高度，立足于本国金融治理的现状，逐步推进加强金融监管体系的建设，要求进一步完善金融治理政策框架，健全地方金融监管机制，提升地方监管能力与效率；加强对重要性金融机构的监管，强化中央与

地方政府的软约束机制；针对不同类型的金融机构，制定差异化的金融机构管理准则，明确金融机构自身的业务范围。

二、坚持金融回归服务实体经济的本源，防止金融脱实向虚

习近平指出，金融要为实体经济服务，经济是肌体，金融是血脉，两者共生共荣。金融活，经济活；金融稳，经济稳；经济兴，金融兴；经济强，金融强。实践证明，正确认识实体经济与金融之间的关系，尊重实体经济与金融发展的客观规律，是我国防范和化解金融风险的重要经验。尊重实体经济发展规律，优化经济结构，是防范和化解金融风险的基础。实体经济是金融发展的基础，实体经济的发展规模决定了金融发展的规模；尊重金融行业发展规律，平衡实体经济发展与金融发展之间的关系，唯有金融发展与实体经济发展相匹配，才能真正促进金融行业的发展。

三、提高地方政府债务透明度，稳妥化解债务风险

第一，树立区域性金融风险治理的全局观念，分地区治理我国的区域性金融风险。关注东部地区金融风险聚集问题，控制金融资源的配置方向，促进产业结构进一步优化升级；优化西部地区的金融环境，提高西部地区抵抗金融风险的能力，大力推广普惠金融，加大对民生领域的建设，重点帮扶西部地区的民生企业；中部地区要重点推进金融风险防范与化解体系建设，探索多元化的金融风险防范与化解措施。第二，分类治理地方政府债务风险，健全地方政府举债融资机制，坚决禁止地方政府的违法违规举债行为；严明财政纪律，落实终身问责制，对于存量债务要科学识别、分类治理。"开好前门，严堵后门"，多措并举，稳妥化解地方政府债务风险。

四、面向国际，扩大金融高水平开放与提高国际金融治理能力

扩大金融高水平开放与提高国际金融治理能力，是从外部消除金融风险隐患、维护我国金融安全与实现金融健康有序发展的关键举措。随着我国与全球金融的联系不断加深，习近平对扩大金融开放与参与国际金融治理提出了新的要求。在2017年召开的全国金融工作会议上，习近平提出：要积极稳妥推动金融业对外开放，合理安排开放顺序，加快建立完善有利于保护金融消费者权益、有利于增强金融有序竞争、有利于防范金融风险的机制。在随后召开的中央财经领导小组第十六次会议上，习近平强调：扩大金融业对外开放是我国对外开放的重要方面。我国金融业是在以开放促改革、以改革迎开放的实践背景下不断发展的，对内改革和对外开放为我国金融业的发展提供了良好的内外部环境。因此，在当前我国经济发展放缓的大环境下，我国金融业在发展的同时也要扩大金融高水平开放，提高参与国际金融治理能力。

参考文献

［1］ AMORE M D, SCHNEIDER C, ZALDOKAS A. Credit Supply and Corporate Innovation ［J］. Journal of Financial Economics, 2013, 109 (3): 835-855.

［2］ BOWEN H R. Social Responsibilities of the Businessman ［M］. New York: Harper Press, 1953.

［3］ CEM ERTUR, WILFRIED KOCH. Regional disparities in the European Union and the enlargement process: an exploratory spatial data analysis, 1995-2000 ［J］. The Annals of Regional Science, 2006 (4): 723-765.

［4］ CHOWDHURY R, MAUNG M. Financial market development and the effectiveness of R&D investment: Evidence from developed and emerging countries ［J］. Research in International Business and Finance, 2012, 26 (2): 258-272.

［5］ CORRADO G, CORRADO L. Inclusive finance for inclusive growth and development ［J］. Current Opinion in Environmental Sustainability, 2017 (24): 19-23.

［6］ DAVIS K. Understanding the social responsibility puzzle: what does the businessman owe to society? ［J］. Business horizons, 1967, 10 (4): 45-50.

［7］ DE LA FUENTE A, MARIN J M. Innovation, Bank Monitoring, and Endogenous Financial Development ［J］. Journal of Monetary Economics, 1996, 38 (1): 269-301.

［8］ DIAMOND D W. Financial Intermediation and Delegated Monitoring ［J］. The Review of Economic Studies, 1984, 51 (3): 393-414.

［9］ FRANKLIN ALLEN, DOUGLAS GALE. Diversity of Opinion and Financing of New Technologies ［J］. Journal of financial intermediation, 1999, 8 (1-2): 68-89.

［10］ FRIEDMAN M. Capitalism and freedom: Fortieth anniversary edition ［M］. Chicago: The University of Chicago Press, 2002.

［11］ GOLDSMITH R. Financial Structure and Economic Development ［M］.

New Heaven: Yale University Press, 1969: 155-213.

[12] INCN, UNEP, WWF. Caring for the Earth-A Strategy sustainable Living [M]. Gland, Switzerland, 1991.

[13] JAMES B ANG. Research, technological change and financial liberalization in South Korea [J]. Journal of Macroeconomics, 2010, 1 (1): 457-468.

[14] JAMES R BROWN, STEVEN M FAZZARI, BRUCE C PETERSEN. Financing Innovation and Growth: Cash Flow, External Equity, and the 1990s R&D Boom [J]. The Journal of Finance, 2009, 64 (1): 151-185.

[15] JIN D. The Inclusive Finance Have Effects on Alleviating Poverty [J]. Open Journal of Social Sciences, 2017 (3): 233-242.

[16] JOHN H BOYD, EDWARD C PRESCOTT. Financial intermediary coalitions [J]. Journal of Economic Theory, 1985, 38 (2): 211-232.

[17] JONES, CHARLES I. R&D-Based Models of Economic Growth [J]. Journal of Political Economy, 1995, 103 (4): 759-784.

[18] JULIE GALLO, CEM ERTUR. Exploratory spatial data analysis of the distribution of regional per capita GDP in Europe, 1980-1995 [J]. Papers in Regional Science, 2003 (2): 175-201.

[19] KING R, LEVINE R. 1993. Finance, entrepreneurship and growth [J]. Journal of Monetary Economics, 1993, 32 (3): 513-542.

[20] LEVINE R. Bank-Based or Market-Based Financial Systems: Which Is Better? [J]. Journal of Financial Intermediation, 2002, 11 (4): 398-428.

[21] LEVINE R. Financial development and economic growth: views and agenda [J]. Social Science Electronic Publishing, 1997, 35 (2): 688-726.

[22] LEVINE R. Finance and Growth: Theory and Evidence [J]. Handbook of economic growth, 2005 (1): 865-934.

[23] LIU X, BUCK T, SHU C. Chinese economic development, the next stage: outward FDI? [J]. International Business Review, 2005, 14 (1): 97-115.

[24] LUCAS R J. On the Mechanics of Development Planning [J]. Journal of Monetary Economics, 1988, 22 (1): 3-42.

[25] MARK, YA A, PEARCE D. Natural Environments and the Social Rate of Discount [J]. Project Appraisal, 1988, 3 (1): 2-12.

[26] MCKINNON R I. Money and capital in economic development [M]. Washington DC: The Brookings Institution, 1973: 135-140.

[27] MEHROTRA A N, YETMAN J. Financial inclusion and optimal monetary policy [R]. BIS Working Papers, 2014: 476.

［28］ MERTON R C. Financial innovation and the management and regulation of financial institutions ［J］. 1995, 19 (3-4): 461-481.

［29］ NICOLA CETORELLI, MICHELE GAMBERA. Banking Market Structure, Financial Dependence and Growth: International Evidence from Industry Data ［J］. The Journal of Finance, 2001, 56 (2): 617-648.

［30］ NORTH D C. Institutions, Institutional Change and Economic Performance: Institutions ［J］. Journal of Economic Behavior & Organization, 1992, 18 (1): 142-144.

［31］ PARK C Y, ROGELIO U MERCADO. Does Financial Inclusion Reduce Poverty and Income Inequality in Developing Asia? ［M］. London: Palgrave Macmillan UK, 2016: 61-92.

［32］ BEHR P, LEE S. Credit risk transfer, real sector productivity, and financial deepening ［R］. Working Paper Series: Finance & Accounting, 2005 (153): 1-3.

［33］ PAUL M ROMER. Endogenous Technological Change ［J］. Journal of Political Economy, 1990, 98 (5, part 2): S71-S102.

［34］ PHILIPPE AGHION, NICHOLAS BLOOM, RACHEL GRIFFITH, et al. Competition and Innovation: An Inverted U Relationship ［J］. Quarterly Journal of Economics, 2002, 120 (2): 701-728.

［35］ PIGOU A C. The Report of the Royal Commission on the British Income Tax ［J］. The Quarterly Journal of Economics, 1920, 34 (4): 607-625.

［36］ POLACKOVA H. Contingent government liabilities: a hidden risk for fiscal stability ［R］. The World Bank, Policy Research Working Paper Series, 1998 (1989): 2-8.

［37］ RAJAN, RAGHURAM, ZINGALES, LUIGI. Financial dependence and growth ［J］. Social Science Electronic Publishing, 1996, 88 (3): 559-586.

［38］ RIOJA F, VALEV N. Finance and the Sources of Growth at Various Stages of Economic Development ［J］. Economic Inquiry, 2004, 42 (1): 127-140.

［39］ ROMER PAUL M. Increasing Returns and Long-Run Growth ［J］. Journal of Political Economy, 1986, 94 (5): 1002-1037.

［40］ SCHUMPETER J A. The Theory of Economic Development ［M］. Cambridge MA: Harvard University Press, 1934.

［41］ SERGIO J REY, BRETT D MONTOURI. US Regional Income Convergence: A Spatial Econometric Perspective ［J］. Regional Studies, 1999 (2): 143-156.

［42］ SERGIO J, REY. Spatial Empirics for Economic Growth and Convergence ［J］. Geographical Analysis, 2001 (3).

［43］SHAW E S. Financial Deepening in Economic Development ［M］. New York：Oxford University Press，1973：227.

［44］LUCAS Jr R E. Money in a Theory of Finance ［C］. North-Holland，Carnegie-Rochester Conference Series on Public Policy，1984 （21）：9-46.

［45］SIMON KUZNETS. Economic Growth and Income Inequality ［J］. American Economic Review，1955，45 （1）：191-224.

［46］SOLOW R M. A Contribution to the Theory of Economic Growth ［J］. The Quarterly Journal of Economics，1956，70 （1）：65-94.

［47］VALERIE R BENCIVENGA，BRUCE D SMITH. Financial Intermediation and Economic Growth ［J］. Review of Economic Studies，1991，58 （2）：195-209.

［48］WADDOCK S，SMITH N. Corporate Responsibility Audits：Doing Well by Doing Good ［J］. Sloan Management Review，2000，41 （2）：75-83.

［49］WELLS D A，MCKINNON R I. Money and Capital in Economic Development （Book Review） ［J］. American Journal of Agricultural Economics，1974，56 （1）：201.

［50］WURGLER J. Financial Markets and the Allocation of Capital：ID 194902 ［R/OL］. Rochester，NY：Social Science Research Network. https：//papers. ssrn. com/abstract=194902.

［51］白钦先，谭庆华. 论金融功能演进与金融发展 ［J］. 金融研究，2006 （7）：41-52.

［52］蔡绍洪，谷城，张再杰. 长江经济带绿色发展水平测度及时空演化特征［J］. 华东经济管理，2021，35 （11）：25-34.

［53］曹倩. 我国绿色金融体系创新路径探析 ［J］. 金融发展研究，2019 （3）：46-52.

［54］曹炜威，杨斐，官雨娴，庞祯敬. 成渝经济圈城市群的经济联系网络结构 ［J］. 技术经济，2016，35 （7）：52-57，128.

［55］曾学文，刘永强，满明俊，沈启浪. 中国绿色金融发展程度的测度分析 ［J］. 中国延安干部学院学报，2014，7 （6）：105，112-121.

［56］陈超凡. 中国工业绿色全要素生产率及其影响因素：基于 ML 生产率指数及动态面板模型的实证研究 ［J］. 统计研究，2016，33 （3）：53-62.

［57］陈刚，李树. 金融发展与增长源泉：要素积累、技术进步与效率改善 ［J］. 南方经济，2009 （5）：26-37.

［58］陈敏，李建民. 金融中介对我国区域科技创新效率的影响研究：基于随机前沿的距离函数模型 ［J］. 中国科技论坛，2012，18 （11）：85-90.

［59］陈启斐，吴建军. 金融发展与技术进步：一项来自中国省级数据的研究 ［J］. 经济评论，2013 （6）：98-107.

［60］陈志，陈柳. 论我国中小企业融资改革与金融创新［J］. 金融研究，2000（12）：117-121.

［61］陈志刚，郭帅. 金融发展影响全要素生产率增长研究述评［J］. 经济学动态，2012（8）：129-136.

［62］丛树海，李生祥. 我国财政风险指数预警方法的研究［J］. 财贸经济，2004（6）：29-35.

［63］戴梦希. 绿色保险助力实现"双碳"目标大有可为［N］. 金融时报，2021-08-25（012）.

［64］习伟涛，王楠. 我国各省份地方政府偿债能力的空间格局和动态演进：一般债务和专项债务的分类评估［J］. 财经论丛，2017（4）：26-36.

［65］丁涛，胡汉辉. 金融支持科技创新国际比较及路径设计［J］. 软科学，2009，23（3）：50-54.

［66］豆建春，冯涛，杨建飞. 技术创新、人口增长和中国历史上的经济增长［J］. 世界经济，2015（7）：143-164.

［67］范秋芳，刘孜. 中国省域绿色金融与清洁能源产业共融互动式发展关系研究［J］. 新金融，2021（10）：36-46.

［68］方应波. 我国绿色发展评价指标体系研究综述：基于文献计量与社会网络分析［J］. 科技管理研究，2021，41（18）：73-79.

［69］傅家骥，施培公. 技术积累与企业技术创新［J］. 数量经济技术经济研究，1996（11）：70-73.

［70］高质量发展研究课题组，韩保江，邹一南. 中国经济共享发展评价指数研究［J］. 行政管理改革，2020（7）：14-26.

［71］龚恒清. 绿色金融对区域经济生态化的影响研究［J］. 市场研究，2018（4）：32-35.

［72］郭玉清，袁静，李永宁. 中国各省区财政偿债能力的比较与演进：2005—2012［J］. 财贸研究，2015，26（1）：80-90.

［73］郭玉清. 地方政府违约债务规模及偿债准备金研究：控制和化解地方财政风险的数理经济学视角［J］. 山西财经大学学报，2006（3）：44-48.

［74］郭芸，范柏乃，龙剑. 我国区域高质量发展的实际测度与时空演变特征研究［J］. 数量经济技术经济研究，2020，37（10）：118-132.

［75］国家统计局. 国家统计局印发全面建设小康社会统计监测方案［J］. 统计研究，2008（7）：114.

［76］国家统计局. 中国环境统计年鉴［J］. 北京：中国统计出版社，2012—2020各年版.

［77］国家统计局. 中国统计年鉴［J］. 北京：中国统计出版社，2020.

［78］国家统计局工业统计司. 中国工业统计年鉴［J］. 北京：中国统计

出版社，2012—2020各年版.

[79] 国家统计局能源统计司. 中国能源统计年鉴 [J]. 北京：中国统计出版社，2012—2020各年版.

[80] 郝云平. 我国绿色金融的空间外溢效应研究 [D]. 乌鲁木齐：新疆财经大学，2019.

[81] 何宏庆. 数字普惠金融风险：现实表征与化解进路 [J]. 兰州学刊，2020 (1)：68-78.

[82] 何雄浪，姜泽林. 自然资源禀赋与经济增长：资源诅咒还是资源福音？——基于劳动力结构的一个理论与实证分析框架 [J]. 财经研究，2016，42 (12)：27-38.

[83] 洪兴建. 中国地区差距、极化与流动性 [J]. 经济研究，2010 (12)：82-96.

[84] 洪源，王群群，苏知立. 地方政府债务风险非线性先导预警系统的构建与应用研究 [J]. 数量经济技术经济研究，2018，35 (6)：95-113.

[85] 胡鞍钢，周绍杰. 绿色发展：功能界定、机制分析与发展战略 [J]. 中国人口·资源与环境，2014，24 (1)：14-20.

[86] 胡滨. 数字普惠金融的价值 [J]. 中国金融，2016 (22)：58-59.

[87] 胡代光，高鸿业. 西方经济学大辞典 [M]. 北京：经济科学出版社，2000：63.

[88] 胡娟，范晓婷，陈挺. 地方政府性债务可持续性测度及对策研究：基于中国审计公报数据 [J]. 中央财经大学学报，2016 (6)：9-20.

[89] 黄国平，孔欣欣. 金融促进科技创新政策和制度分析 [J]. 中国软科学，2009，24 (2)：28-37.

[90] 黄茂兴，叶琪. 马克思主义绿色发展观与当代中国的绿色发展：兼评环境与发展不相容论 [J]. 经济研究，2017，52 (6)：17-30.

[91] 黄倩，李政，熊德平. 数字普惠金融的减贫效应及其传导机制 [J]. 改革，2019 (11)：90-101.

[92] 黄益平. 数字普惠金融的机会与风险 [J]. 新金融，2017 (8)：4-7.

[93] 柯孔林，冯宗宪. 中国商业银行全要素生产率增长及其收敛性研究：基于GML指数的实证分析 [J]. 金融研究，2013 (6)：146-159.

[94] 蓝虹. 商业银行环境风险管理 [M]. 北京：中国金融出版社，2012.

[95] 李晖，李詹. 省际共享发展评价体系研究 [J]. 求索，2017 (12)：87-95.

[96] 李建军，王鑫. 地方财政可持续性评估：兼论税收分权能否提升地方财政可持续性 [J]. 当代财经，2018 (12)：37-47.

[97] 李俊霞，温小霓. 中国科技金融资源配置效率与影响因素关系研究

[J]. 中国软科学, 2019 (1): 164-174.

[98] 李妮, 曾建光. 机构投资者持股与重大会计差错财务重述 [J]. 产业经济评论, 2018 (2): 86-104.

[99] 李青原, 李江冰, 江春, 等. 金融发展与地区实体经济资本配置效率: 来自省级工业行业数据的证据 [J]. 经济学 (季刊), 2013, 12 (2): 527-548.

[100] 李晓西, 夏光. 中国绿色金融报告 2014 [M]. 北京: 中国金融出版社, 2014.

[101] 李秀萍. 西部 12 省 (份) 经济增长极的实证研究 [D]. 成都: 西南财经大学, 2011.

[102] 李颖, 凌江怀, 王春超. 金融发展对国内科技创新影响的理论与实证研究: 基于对广东省面板数据的分析 [J]. 科技进步与对策, 2009, 26 (23): 9-15.

[103] 梁城城, 王鹏. 透明度与分权如何影响财政赤字风险: 基于中国省级面板数据的实证研究 [J]. 山西财经大学学报, 2018, 40 (2): 28-41.

[104] 梁双陆, 刘培培. 数字普惠金融与城乡收入差距 [J]. 首都经济贸易大学学报, 2019, 21 (1): 33-41.

[105] 廖林. 以绿色金融推动绿色发展 [J]. 中国金融, 2021 (2): 30-31.

[106] 林建华, 李琳. 西部大开发 20 年: 西部地区绿色发展的历史进程、存在问题与未来路径 [J]. 陕西师范大学学报 (哲学社会科学版), 2019, 48 (4): 76-88.

[107] 林毅夫, 刘培林. 中国的经济发展战略与地区收入差距 [J]. 经济研究, 2003 (3): 19-25.

[108] 林毅夫, 孙希芳, 姜烨. 经济发展中的最优金融结构理论初探 [J]. 经济研究, 2009 (8): 4-17.

[109] 刘昌宇, 孙继琼, 边慧敏. 共享发展理念: 特征、维度及促进机制 [J]. 科学社会主义, 2019 (4): 50-55.

[110] 刘凤朝, 沈能. 金融发展与技术进步的 Geweke 因果分解检验及协整分析 [J]. 管理评论, 2007, 19 (5): 3-8.

[111] 刘慧悦, 刘金全. 我国财政风险指数构建及区制状态研究 [J]. 上海经济研究, 2017 (4): 40-46.

[112] 刘林煦. 我国绿色金融发展研究: 评《绿色金融》[J]. 生态经济, 2021, 37 (10): 230-231.

[113] 刘尚希. 财政新常态: 公共风险与财政风险的权衡 [N]. 光明日报, 2015-03-18.

[114] 刘谊, 等. 地方财政风险监控体系的建立及实证分析 [J]. 中央财经

大学学报，2004（7）：1-5.

[115] 路晓蒙，赵爽，罗荣华. 区域金融发展会促进家庭理性投资吗？——基于家庭资产组合多样化的视角 [J]. 经济与管理研究，2019，40（10）：60-87.

[116] 罗嘉雯，陈浪南. 金融发展影响科技创新的实证研究 [J]. 中国科技论坛，2013，21（8）：128-133.

[117] 马骏. 中国绿色金融的发展与前景 [J]. 经济社会体制比较，2016（6）：25-32.

[118] 马骏，李治国，PM2.5 减排的经济政策 [M]. 北京：中国经济出版社，2015.

[119] 马骏. "双碳"目标下的绿色金融实践 [J]. 中国金融，2021（10）：54-55.

[120] 马晓熠，裴韬. 基于探索性空间数据分析方法的北京市区域经济差异 [J]. 地理科学进展，2010，29（12）：1555-1561.

[121] 马一德. 创新驱动发展与知识产权制度变革 [J]. 现代法学，2014，36（3）：48-61.

[122] 孟凡征，余峰，罗晓磊，等. 农村普惠金融发展及其福利效应研究：基于安徽省 975 户农村经营户的实证分析 [J]. 金融发展评论，2014（11）：107-117.

[123] 孟庆斌，杨俊华. 基于门限自回归模型的中国财政风险预警系统 [J]. 中国人民大学学报，2016，30（6）：86-94.

[124] 缪小林，伏润民. 我国地方政府性债务风险生成与测度研究：基于西部某省的经验数据 [J]. 财贸经济，2012（1）：17-24.

[125] 缪小林，史倩茹. 经济竞争下的地方财政风险：透过债务规模看财政效率 [J]. 财政研究，2016（10）：20-35.

[126] 牟燕，钱忠好. 破解地方政府土地财政困境的路径选择研究 [J]. 中国土地科学，2015，29（12）：18-25.

[127] 潘文卿，张伟. 中国资本配置效率与金融发展相关性研究 [J]. 管理世界，2003（8）：16-23.

[128] 彭曦，陈仲常. 西部大开发政策效应评价 [J]. 中国人口·资源与环境，2016，26（3）：136-144.

[129] 钱海章，陶云清，曹松威，曹雨阳. 中国数字金融发展与经济增长的理论与实证 [J]. 数量经济技术经济研究，2020，37（6）：26-46.

[130] 乔海曙，谭烨，刘小丽. 中国碳金融理论研究的最新进展 [J]. 金融论坛，2011，16（2）：35-41.

[131] 乔琴，樊杰，孙勇，宋邱惠. "一带一路"沿线省域绿色金融测度

及影响因素研究 [J]. 工业技术经济, 2021, 40 (7): 120-126.

[132] 邱兆祥, 刘永元. 维护金融稳定 助力实体经济高质量发展 [J]. 理论探索, 2018, 234 (6): 75-81.

[133] 沈健. 绿色金融服务区域高质量发展 [J]. 中国金融, 2021 (11): 56-57.

[134] 石腊梅, 杨庆芳. 金融发展对全要素生产率提高的影响: 基于我国各省数据的实证分析 [J]. 华北金融, 2014 (1): 11-16.

[135] 史玉芳, 兰欣颐. 中部地区资源型城市绿色发展效率的空间网络结构研究 [J]. 统计与信息论坛, 2021, 36 (10): 86-98.

[136] 世界资源研究所, 联合国环境规划署, 联合国开发计划署. 世界资源报告 (1992—1993) [M]. 张崇贤, 等译. 北京: 中国环境科学出版社, 1993: 2-3.

[137] 宋晓玲. 数字普惠金融缩小城乡收入差距的实证检验 [J]. 财经科学, 2017 (6): 14-25.

[138] 孙伍琴, 朱顺林. 金融发展促进技术创新的效率研究: 基于 Malmuquist 指数的分析 [J]. 统计研究, 2008, 25 (3): 46-50.

[139] 孙英杰, 林春. 财政分权、政府干预行为与地区不良贷款: 基于省级面板数据的实证分析 [J]. 财经理论与实践, 2018 (4): 88-93.

[140] 谈儒勇. 中国金融发展和经济增长关系的实证研究 [J]. 经济研究, 1999 (10): 53-61.

[141] 陶新宇, 靳涛, 杨伊婧. "东亚模式"的启迪与中国经济增长"结构之谜"的揭示 [J]. 经济研究, 2017, 52 (11): 43-58.

[142] 滕磊, 马德功. 数字金融能够促进高质量发展吗? [J]. 统计研究, 2020, 37 (11): 80-92.

[143] 天大研究院课题组, 王元龙, 马昀, 等. 中国绿色金融体系: 构建与发展战略 [J]. 财贸经济, 2011 (10): 38-46.

[144] 王春桥, 夏祥谦. 金融发展与全要素生产率: 技术进步还是效率改善——基于随机前沿模型的实证研究 [J]. 上海金融, 2015 (4): 35-39.

[145] 王聪聪, 党超, 徐峰, 等. 互联网金融背景下的金融创新和财富管理研究 [J]. 管理世界, 2018, 34 (12): 168-170.

[146] 王金波. 金融发展、技术创新与地区经济增长: 基于中国省际面板数据的实证研究 [J]. 金融与经济, 2018 (1): 57-64.

[147] 王凯, 庞震. 我国金融集聚促进了科技创新吗? ——基于时空异质性的视角 [J]. 当代经济管理, 2019, 41 (9): 92-97.

[148] 王遥, 潘冬阳, 张笑. 绿色金融对中国经济发展的贡献研究 [J]. 经济社会体制比较, 2016 (6): 33-42.

[149] 王永仓，温涛. 数字金融的经济增长效应及异质性研究 [J]. 现代经济探讨，2020 (11)：56-69.

[150] 王勇，李海英，俞海. 中国省域绿色发展的空间格局及其演变特征 [J]. 中国人口·资源与环境，2018，28 (10)：96-104.

[151] 温涛，刘渊博. 西部地区高质量发展的制约瓶颈和突破路径 [J]. 贵州财经大学学报，2019 (3)：75-81.

[152] 吴非，杜金岷，李华民. 财政科技投入、地方政府行为与区域创新异质性 [J]. 财政研究，2017 (11)：60-74.

[153] 习近平. 深入理解新发展理念 [J]. 当代党员，2019 (12)：4-9.

[154] 夏晓华，史宇鹏，尹志锋. 产能过剩与企业多维创新能力 [J]. 经济管理，2016 (10)：25-39.

[155] 谢婷婷，任丽艳. 技术创新、金融创新与经济增长：基于中国省际面板数据 [J]. 工业技术经济，2017 (11)：110-117.

[156] 信瑶瑶，唐珏岚. 碳中和目标下的我国绿色金融：政策、实践与挑战 [J]. 当代经济管理，2021，43 (10)：91-97.

[157] 胥刚. 论绿色金融：环境保护与金融导向新论 [J]. 中国环境管理，1995 (4)：13-16.

[158] 徐思远，洪占卿. 信贷歧视下的金融发展与效率拖累 [J]. 金融研究，2016 (5)：51-64.

[159] 许文彬，张丰. 金融发展、行业特征、地区差异与全要素生产率：基于1999—2011年中国省际行业数据的分析 [J]. 经济管理，2014 (2)：33-46.

[160] 薛勇民，曹满玉. 论绿色发展理念蕴含的生态实践智慧 [J]. 马克思主义研究，2018 (3)：116-123.

[161] 杨万寿. 筑牢数字普惠金融风险防控的堤坝 [J]. 人民论坛，2020 (21)：86-87.

[162] 杨伟明，粟麟，王明伟. 数字普惠金融与城乡居民收入：基于经济增长与创业行为的中介效应分析 [J]. 上海财经大学学报，2020，22 (4)：83-94.

[163] 杨艳琳，付晨玉. 中国农村普惠金融发展对农村劳动年龄人口多维贫困的改善效应分析 [J]. 中国农村经济，2019 (3)：19-35.

[164] 杨阳，李燕. 从中国看世界：全球绿色发展研究40年之回溯与展望 [J]. 智库理论与实践，2021，6 (5)：62-69.

[165] 杨友才. 金融发展与经济增长：基于我国金融发展门槛变量的分析 [J]. 金融研究，2014 (2)：59-71.

[166] 杨志安，宁宇之. 中国财政风险预警系统的构建：基于AHP评价法的实证研究 [J]. 中国经济问题，2014 (4)：30-37.

［167］姚绍学，宋立根，黄朝文. 地方财政风险问题研究［J］. 财政研究，2001（12）：71-74.

［168］姚耀军. 中国金融发展与全要素生产率：基于时间序列的经验证据［J］. 数量经济技术经济研究，2010（3）：68-80，161.

［169］叶生新，李绍华. 金融创新与战略性新兴产业融合发展路径研究［J］. 改革与战略，2012（8）：59-62.

［170］叶文辉，楼东玮. 资源错配的经济影响效应研究［J］. 经济学动态，2014（11）：47-57.

［171］易昌良. 2015 中国发展指数报告："创新、协调、绿色、开放、共享"新理念、新发展［M］. 北京：经济科学出版社，2016：117-130.

［172］易纲，吴有昌. 货币银行学［M］. 上海：格致出版社，2014：77-78.

［173］易行健，周利. 数字普惠金融发展是否显著影响了居民消费：来自中国家庭的微观证据［J］. 金融研究，2018（11）：47-67.

［174］尹虹潘. 成渝城市群空间经济格局与城际经济关联［J］. 西南大学学报（社会科学版），2019，45（3）：44-53.

［175］尹雷，沈毅. 农村金融发展对中国农业全要素生产率的影响：是技术进步还是技术效率——基于省级动态面板数据的 GMM 估计［J］. 财贸研究，2014（2）：32-40.

［176］尹志超，公雪，潘北啸. 移动支付对家庭货币需求的影响：来自中国家庭金融调查的微观证据［J］. 金融研究，2019（10）：40-58.

［177］尹志超，张号栋. 金融知识和中国家庭财富差距：来自 CHFS 数据的证据［J］. 国际金融研究，2017，366（10）：76-86.

［178］俞岚. 绿色金融发展与创新研究［J］. 经济问题，2016（1）：78-81.

［179］袁晓玲，吴琪，李朝鹏. 中国地方财政支出变化对环境污染影响的研究［J］. 北京工业大学学报（社会科学版），2019（5）：72-83.

［180］张帆. 金融发展影响绿色全要素生产率的理论和实证研究［J］. 中国软科学，2017（9）：154-167.

［181］张军，金煜. 中国的金融深化和生产率关系的再检测：1987—2001［J］. 经济研究，2005（11）：34-45.

［182］张莉，程可为，赵敬陶. 土地资源配置和经济发展质量：工业用地成本与全要素生产率［J］. 财贸经济，2019，40（10）：126-141.

［183］张林. 金融发展、科技创新与实体经济增长：基于空间计量的实证研究［J］. 金融经济学研究，2016，31（1）：14-25.

［184］张明喜，丛树海. 我国财政风险非线性预警系统：基于 BP 神经网络的研究［J］. 经济管理，2009，31（5）：147-153.

［185］张琦，等. 中国共享发展研究报告（2016）［M］. 北京：经济科学

出版社，2017：24-27.

[186] 张元萍，杨哲. 创新驱动经济增长的动力机制及其实现路径研究：基于中国省级面板数据分析 [J]. 经济体制改革，2016（6）：53-58.

[187] 张治忠. 马克思主义绿色发展观的结构体系 [J]. 中南林业科技大学学报（社会科学版），2015，9（3）：17-23，43.

[188] 赵勇，雷达. 金融发展与经济增长：生产率促进抑或资本形成 [J]. 世界经济，2010（2）：37-50.

[189] 郑录军，王冲. 区域绿色金融发展路径：基于山东省区域转型风险的分析 [J]. 金融理论与实践，2021（2）：32-38.

[190] 中国财政科学研究院宏观经济研究中心课题组. 财政风险指数框架研究 [J]. 财政科学，2016（4）：5-23.

[191] 中国工商银行环境因素压力测试课题组，张红力，周月秋，等. 环境因素对商业银行信用风险的影响：基于中国工商银行的压力测试研究与应用 [J]. 金融论坛，2016，21（2）：3-16.

[192] 中国统计学会"地区发展与民生指数研究"课题组，鲜祖德，等. 2011 年地区发展与民生指数（DLI）报告 [J]. 调研世界，2013（3）：3-5.

[193] 中国银保监会政策研究局课题组，洪卫. 绿色金融理论与实践研究 [J]. 金融监管研究，2021（3）：1-15.

[194] 周琛影，田发，周腾. 绿色金融对经济高质量发展的影响效应研究 [J]. 重庆大学学报（社会科学版），2021（5）：1-14.

[195] 周文和，郭玉清. 企业研发创新与经济增长的公共政策激励 [J]. 统计与决策，2007（22）：51-54.

[196] 朱欢. 我国金融发展对企业技术创新作用效果的实证分析 [J]. 科技管理研究，2010，30（14）：26-30.

[197] 朱文蔚，陈勇. 我国地方政府性债务风险评估及预警研究 [J]. 亚太经济，2015（1）：31-36.

[198] 庄佳强，陈志勇. 城镇化进程中的地方政府财政风险：基于三类融资模式的比较分析 [J]. 中南财经政法大学学报，2017（1）：33-40.

[199] 庄友刚. 准确把握绿色发展理念的科学规定性 [J]. 中国特色社会主义研究，2016（1）：89-94.

[200] 邹秀清，莫国辉，刘杨倩宇，等. 地方政府土地财政风险评估及预警研究 [J]. 中国土地科学，2017，31（9）：70-79.